南懷瑾文化

皇極經世書今說

——觀物篇補結〈三〉

閆修篆 輯說

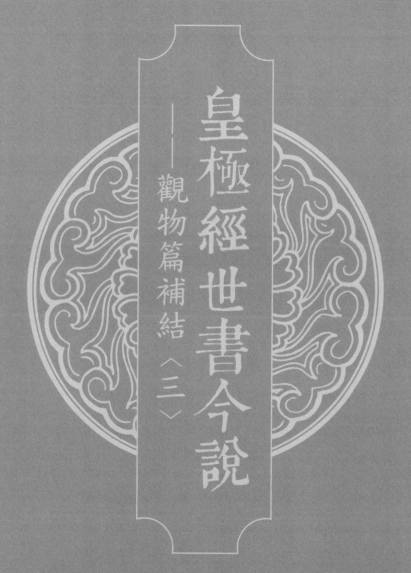

目錄

第三冊

第三册

第五章　以運經世

第一節　以運經世一——觀物篇二十五

上卷以一卦直兩世，每爻管十年，此則細分每卦直一年也。其法視直某世者為何卦，便照圓圖之六十用卦（去乾坤坎離），左旋次序（夬、大有、大壯……），從此卦配起，每年一卦，訖六十卦，配六十年。蓋一卦直兩世六十年也。一卦變六卦（一卦六爻，每爻變一卦）是六卦管六十年，今進六卦為六十年耳，下圖巳會末運午未兩世，共六十年，各配年卦，則從世卦小畜如法配起，畢六十卦而止，圖中所註午世初年甲子，小畜未世末年癸亥需是也。上卷言地道以生物為主，故起寅中開物，訖戌中閉物，此卷言君道，以治跡為主，故唐堯甲辰，迄周恭帝已未，凡三千三百一十六世。

上二卷、書經日、月、星、辰者，觀天地也。此則直書經元、會、運、世者，觀世代也。

黃氏曰：天之經會，用運卦，地之經運用世卦，人之經世用年卦。〈外篇〉曰：「自泰至否，其間則有蠱焉，自否至泰，其間則有隨矣！堯肇甲辰年，隨用顯德已未年卦蠱，非氣運之自然乎？」

經世之子二千一百四十九世，乾初變姤。
經世之丑二千一百五十世。
經世之寅二千一百五十一世，乾二變同人。
經世之卯二千一百五十二世。
經世之辰二千一百五十三世，乾三變履
經世之巳二千一百五十四世。
以上六世為堯以前之時代。以下六世為堯肇位後之時代：
經世之午二千一百五十五世，乾四變小畜。
經世之未二千一百五十六世。
經世之申二千一百五十七世，乾五變大有
經世之酉二千一百五十八世。
經世之戌二千一百五十九世，乾上變夬
經世之亥二千一百六十世。
按：乾各爻所變，分別為該兩世之首，世首即各世直年之第一卦。

經會之巳六，經運之癸一百八十，直乾。運卦一爻管二世，六爻管十二世，一世三甲，兩世六甲，一甲十年，六甲六十年，俗稱一甲子（前三甲為：甲子、甲戌、甲申；後三甲為：甲午、甲辰、甲寅）。經世之子至經世之巳六世，直乾之初、二、三爻，恰為巳會之半，乃堯以前之時代。以下經世之午二千一百五十五，直乾四變之小畜，小畜為經世之午二千一百五十五世之「世首」（各世直年之第一卦），歷甲子、甲戌、甲申之前三甲，迄甲午、甲辰、甲寅之後三甲，直經世之末二千一百五十六世甲辰之隨，為唐堯肇位平陽之年。

祝氏泌說：元經會，觀天之數也；會經運，觀地之數也；運經世，觀人之數也。（茲所謂數，蓋指抽象的氣運而言。）

以運經世，即以運統世之意。可知「世」乃是自「運」中生出來的。經世所載內容，為歷代治亂與人物之休咎（休咎，意指人才盛衰之意）。經世觀物，觀乎天地而歸於觀「人」（即觀人事），觀人則必從文化建設與治亂興衰之迹中，而分觀之。邵氏子伯溫說：「消長盈虛者，天之時也；治亂興廢者，人之事也，有消長盈虛，而後有春夏秋冬；有治亂興廢，而後有皇帝王伯。」朱氏隱老說：「地不徒觀，觀其開發收閉；人不徒觀，觀其治亂興衰。堯肇位於小畜之甲辰，恰值乾道乃革之時（乾《文言》釋九四「或躍在淵」曰「乾道乃革」），乃文德昌明之日也。（乾《文言》：「夫大人者，與天地合其德，與日月合其明，與四時合其序，與鬼神合其吉凶，先天而天弗違，後天而奉天時……」蓋言《易》所謂之大人，已達天人合一之境界，故云盛德。）

孔子訂書，斷自唐虞，邵子法孔子，特於巳會末運（經運之癸一百八十）第八世甲辰唐堯元年，為以經世之始（即經日之甲一，經月之巳六，經星之癸一百八十之第八世）。

經世起年卦之法，以所直運卦各爻之變卦，以為卦首，如經運之癸一百八十之運卦為乾，乾初爻變為天風姤，姤卦即為第一世（經世之子二千一百四十九世）之「卦首」，即從圓圖姤上起年卦，依次為大過、鼎、恒等……。乾四爻變風天小畜，小畜即為第七世（經世之午二千一百五十五世）之「世首」，即從小畜起年卦，依伏羲六十四卦圓圖，以次順數為大壯、大有、夬、姤、大過等，每卦一年，至經世之未二千一百五十六世甲辰之隨，即帝堯即位之元年，從隨起，復依次為无妄、明夷、賁、既濟、家人、豐、革，同人……，迄大畜、需等，至經世之申二千一百五十七，直世之卦為乾五變之大有，大有即為五十七世之世首，自甲子起大有……除乾、坤、離、坎四卦不用外，其餘六十卦，各依直世之甲子起年卦，每年配一卦，邵子書經世之卦，共三千三百一十六卦，是為運經世，世經年之年卦。

編者加註：直卦依下列順序排列，但遇乾、坤、離、兌四母卦跳過，則六十四卦成六十卦，配合配六十甲子。

（乾）、姤、大過、鼎、恆、巽、井、蠱、升、訟、困、未濟、解、渙、坎、蒙、師、遯、咸、旅、小過、漸、蹇、艮、謙、否、萃、晉、豫、觀、比、剝、（坤）、復、頤、屯、益、震、噬嗑、隨、无妄、明夷、賁、既濟、家人、豐、（離）、革、同人、臨、損、節、中孚、歸妹、睽、

（兑）、履、泰、大畜、需、小畜、大壯、大有、夬。（回接前面）

會經運，運卦一卦管十二世，每世三十年，亦即運卦一爻，管兩世六十年，謂之一甲子；運經世，則每卦直世之一年，六十卦直六十年。換言之，即運卦之一爻，當世卦之六十年（除乾坤坎離外），故說運經世。

前之元經會、會經運，稱「經日之甲一，經月之巳六，經星之甲……，經辰之子……」等。稱經日、經月、經星、經辰者，即觀天地之意；運經世則直書「經元之甲一，經會之巳六、經運之癸一百八十，經世之……者」，即觀世代之意。邵子〈內篇〉說：「日經天之元，月經天之會，星經天之運，辰經天之世。」義即在此。

先生之子邵伯溫氏說：「以會經運，紀歷代年表，以見天下離合治亂之迹；以運經世，則紀書傳所載，歷代興廢治亂、得失邪正之迹。蓋前者詳於各代曆年、其事迹略舉其綱，此乃頗詳於其事迹之大目也。」意即是說：以會經運，各代僅紀其人事、治亂之大略；以運經世，則舉事較詳而已。

黃氏畿謂：天地十六象，乾、坤、離、坎，不易者也（此四卦無論正看反看，皆不變，如乾上下看皆為乾）；交而為泰、否、既濟、未濟，則皆反易（如天地為否，地天為泰等是）；震、艮、兌、巽，反易者也（如震反為艮，艮反為震等）；交而為頤、中孚、大過、小過，則皆不易（參考《乾坤注》）。天之經會用運卦，地之經運用世卦，人之經世用年卦。如直斯象，必有非常之事焉，其與君臣、父子、夫婦，君子、小人、中國、外夷，所關者大矣！易否為泰，則惠迪吉；易泰為否，則從逆凶，其惟慎微乎？

黃氏此段，蓋言直卦之用，如否變泰則吉，泰變否則不吉反凶矣。

前面說過，元經會，總計為十二萬九千六百年，學者稱其為一元，即所謂觀天之數。用現在的觀點看，意或即一個冰河時期之終始；會經運取開物至閉物之二百五十二運，故以九萬零七百二十（編按：252*12*30=90720）為元，為地球生物之時間，故說去其交數（天地生物之前與物滅之後之間，謂之交數，亦即不用之數），取其用數，所謂觀地之數也；運經世，一運三百六十年，故以三百六十年為元，載三千年來，歷朝帝皇之治續，理亂之變遷，人物之泰否，各時代人物之盛衰，以觀人為主，故說觀人之數也。邵子書不名經會、經運、而曰經世，乃是憂於世變之故。

劉氏斯組說：此以運經世分直年之卦也。第經世之卦不同，學者當知隅反，如此圖載唐堯甲辰，系在巳六會，癸一百八十運，第八世之甲辰（經世之未二千一百五十六世）。其前此之甲子俱略而不記（世以七前之各世），即此第七世之甲子（經世之午二千一百五十五世之三甲：甲子、甲戌、甲申），亦不復詳列。但合兩世（七、八兩世），為一甲子（六十年），分直運卦之一爻。如一百八十運卦為乾，世卦初為姤、二同人、三履、四小畜、五大有、上夬（如運卦乾初變姤、二變同人，三變履，四變小畜……上變夬等六變卦，每卦直兩世，共直十二世），是第八世起甲午，實即第七世甲子之延續，兩世合為六十年之一甲子，自小畜起，依次（除乾坤坎離四卦外）順數六十卦，即為七、八二世之年卦，（小畜一卦直七、八兩世），甲辰正當隨卦，即唐堯肇位之年。經世所紀，蓋自隨起。餘如第九、十世，世卦大有，又當于大有起甲子，十一世、十二世夬，又當於夬卦起甲子，年卦既濟，則月卦、日卦，亦從可推矣！

劉氏以為：以運經世，乃分直年之卦於各年，再者一世三十年，分三甲，合兩世六甲為一甲子，可見兩世間之關連性。如堯即位為一百八十運第八世，經世之未二千一百五十六，直世之卦，為乾四所變之小畜，小畜分直經辰之「午、未」兩世（小畜初直經辰之午第七世之甲子、甲戌、甲申之三十年；及第八世之甲午、甲辰、甲寅之三十年），故堯即位之年雖直小畜，但小畜分直兩世，有關堯之事迹，即起自第八世、經辰之未二千一百五十六，後三甲，甲辰之隨始。

祝氏泌曰，康節序第一百八十運，自經辰之子二千一百四十九世，至經世之午二千一百五十五世，書數而不書事（僅紀其干支而不紀其事迹，因其事迹難以考信），於二千一百五十六世，方書唐堯即位。堯元年起第八世之甲午，必自第七世之甲子而來，七、八兩世，即運卦乾四爻所變小畜之所直。故劉氏說：「第八世起甲午，必自七世之甲子起，合成小畜一卦。」六十四卦圓圖自小畜數至二十一，即隨（參考六十四卦圓圖），故說甲辰正當隨卦，直年卦即從隨起。再如第九、十兩世，直世卦為大有，又當于大有起甲子；十一、十二世夬，又於夬卦起甲子，既得年卦，則月卦、日卦，亦可援而推之矣。

按：經會之巳六，經運之癸一百八十會直乾，直世之卦，即從運卦各爻所變之卦起，如乾初變天風姤、依次為二變天火同人、三變天地否，直乾運之前六世。乾四變風天小畜、五變火天大有、上變澤天夬，直乾運之後六世，如本章直世之卦為乾卦所變之風天小畜，即於小畜上起甲子，挨次順六十四卦圓圖（如遇乾、坤、坎、離四正卦時，則跳過不用），每卦一年，即為所得之年卦。世卦自甲子起，歷十卦至癸酉，十一卦起甲戌，順數至癸未，以下起甲申，數至癸巳後起甲午，再依次為甲辰、甲寅。如下圖小畜為五十五、五十六二世直世之卦，自甲子起小畜，數（數為動辭）十卦至十一卦，為甲戌直蠱，再十卦為甲申直咸，以下再十卦即五十六世之甲午豫，再十卦即堯元年之甲辰隨，依次為甲寅年之損。直年卦法，詳請參看以下附圖。

經元之甲一，經會之巳六，經運之癸一百八十，乾。

甲子 小畜	乙丑 大壯	丙寅 大有	丁卯 夬	戊辰 姤	己巳 大過	庚午 鼎	辛未 恒	壬申 巽	癸酉 井
甲戌 蠱	乙亥 升	丙子 訟	丁丑 困	戊寅 未濟	己卯 解	庚辰 渙	辛巳 蒙	壬午 師	癸未 遯
甲申 咸	乙酉 旅	丙戌 小過	丁亥 漸	戊子 蹇	己丑 艮	庚寅 謙	辛卯 否	壬辰 萃	癸巳 晉

經世之午二千一百五十五（世），乾四變小畜。

甲午 豫	乙未 觀	丙申 比	丁酉 剝	戊戌 復	己亥 頤	庚子 屯	辛丑 益	壬寅 震	癸卯 噬嗑
甲辰 唐堯元年 隨	乙巳 二年 无妄	丙午 三年 明夷	丁未 四年 賁	戊申 五年 既濟	己酉 六年 家人	庚戌 七年 豐	辛亥 八年 革	壬子 九年 同人	癸丑 十年 臨
甲寅 十一 損	乙卯 十二 節	丙辰 十三 中孚	丁巳 十四 歸妹	戊午 十五 睽	己未 十六 兌	庚申 十七 履	辛酉 十八 泰	壬戌 十九 大畜	癸亥 二十 需

經世之未二千一百五十六。

上表甲午至癸卯，乃堯即位以前之十年，《皇極》紀事自甲辰堯元年始。

以上為經世之未二千一百五十六世，三十年之干支，甲辰紀唐堯元年，乙巳為唐堯二年……甲寅為唐堯十一年，以至經世之申，甲子為堯二十一年，經世之酉，甲寅堯七十一（詳次章附圖），皆為唐堯在位之年。《綱目》謂堯元年為民元前4268年。

經世之末二千一百五十六。（以下之變體字，乃邵書《經世》原文，其他乃筆者援引他書所加。）

甲辰，隨。

西元前2357年，民元前4268年。

唐帝堯肇位於平陽，號陶唐氏（帝堯元年）。

據清康熙五十四年龔士炯《御定歷代紀事年表》，堯帝元年，為西元前2357年，民元前4268年。

按：堯帝名放勳。平陽（今山西平陽），因封于陶（今山東定陶），復封于唐（今河北唐縣），故稱陶唐氏」。陶唐亦國號。甲辰唐帝肇位，乃邵書以運經世之始。

上上表之三甲及上表甲午至癸卯，乃堯即位以前之四十年，《皇極》紀事自甲辰堯元年始。

堯二十一年，經世之酉，甲寅為堯七十一年（詳次章附圖），皆為唐堯在位之年。

命義、和，欽若昊天、曆象、日月星辰，敬授人時。欽、敬也。羲和，即羲氏、和氏，乃主曆象授時之官。若、順也。昊、廣大之意。

朞，三百六旬有六日，以閏月定四時、成歲，曰載。建寅月為始，允厘（厘同釐）百工，庶績咸熙。

按：朞，猶周也。允：信。厘：釐治。百工：庶眾。績：功。熙：廣也。

以上乃邵子引《書經》、《堯典》之文，就一般而言，吾人咸認為「一年十二月，一月三十日，一年三百六十日」，乃自然而然之事，甚少有人探問其所以然之故（世人行之而不知其道）。但在堯時，問題卻很嚴重。彼時雖天有晝夜，歲有寒暑，與今無異，但因人們在大自然支配之下討生活，當然困難多多。帝堯因命羲叔、和叔，「欽若昊天」，要十分敬謹、深入的去觀察、瞭解大自然，把天文狀況，曆象，日月星辰等，仔細研究，製成曆法，公諸於世，來教育人民，所謂「敬授人時」，使人民瞭解自然、適應自然、進而運用自然。

羲、和乃觀察日月運行的情形，大概經過三十個日出日落，日與月交會一次，後人稱為十二次舍，也叫宿（學校的宿舍，即由此而名），或曰辰，即我們常說的「時辰」，日月星辰之辰；日月經十二次交會，約三百六十五六日，重新回到原來之處，便是一年。由於日行月行之速度有所差異（日與天會多五日有奇，謂之氣盈；月與日會則少五日有奇，謂之朔虛。二者相合多十日有餘，故三年一閏），乃「以閏月定四時成歲」，以寅月為歲首，這樣才使四季分明，無論官民、士庶、農工，咸受其惠而蒙其利，所謂置閏成歲，即後世的曆法。

甲子 堯二一 大有初變鼎	乙丑	丙寅	丁卯	戊辰	己巳	庚午	辛未	壬申	癸酉
甲戌 堯三一 九二變離	乙亥	丙子	丁丑	戊寅	己卯	庚辰	辛巳	壬午	癸未
甲申 堯四一 九三變睽	乙酉	丙戌	丁亥	戊子	己丑	庚寅	辛卯	壬辰	癸巳

經世之申二千一百五十七，大有初九變鼎，九二變離，九三變睽。

甲子，鼎。

西元前2337年。民元前4248年。

唐帝堯二十一年。

朱氏隱老說：凡甲子、甲午無論有無事情發生，均應紀帝王之年數，一則表示其在位之久暫，再則以示世道之升降訊息。

按：前卷元經會、會經運，皆用表格方式紀事，茲以運經世邵書字數較多，為保持邵書原貌及閱讀方便計，茲後皆用干支獨立排列法，並加注西曆紀元，以資與古今、東西時空之對比。經世之申二千一百五十七。

甲戌，離。

甲申，睽。

甲午 堯五一比	乙未	丙申	丁酉	戊戌	己亥	庚子	辛丑	壬寅	癸卯 无妄
甲辰 明夷	乙巳	丙午	丁未	戊申	己酉	庚戌	辛亥	壬子 損 鯀治水不成	癸丑 節
甲寅 中孚	乙卯 薦於天命之位	丙辰 正月受終文帝	丁巳	戊午	己未	庚申	辛酉	壬戌	癸亥 大壯

經世之酉二千一百五十八，乾五變大有。

甲午，比。（即下表之第一格）

唐帝堯五十一年。

甲辰，明夷。

壬子，損。

鯀治水、績用弗成。

帝堯求禪。明明揚側陋，始徵舜登庸。歷試諸難，釐降二女於溈、汭，作嬪于虞以觀法焉。

癸丑，節。

帝堯求禪：禪，即代的意思。求禪，是尋訪、覓求，可以作皇帝的人，是求之於人，請求人家來幫忙當皇帝的。堯年紀老了，自己的兒子丹朱，無論能力、品德，皆不如堯，希望覓找一個能力強、品德高、一位肯熱心為人民服務的人，來擔任皇帝這個職位，來為老百姓服務。即所謂「禪代其帝位。」

明明揚側陋：上明字為「眾所周知」之意，有類於今日所謂之聞人，知名度很高的人。下明字謂有高位者（有工作經驗）的人。揚，即舉，選舉、推薦。側陋，乃至如傅說，在板築之間，亦所不棄。

始徵舜登庸：幾經多方面明察暗訪，博選慎舉，咸認為舜的條件最好，但還不放心，所謂「猶為未也」，復經多方查、檢、測、試，以檢驗舜之品德、治事能力，最後還把自己的兩個女兒嫁給舜，以觀其內行，這樣始纔把天下的擔子交給舜，以見古人傳天下之難也。所謂：歷試諸難，釐降二女於溈汭，作嬪于虞以觀法焉。

婚姻問題，是我古代社會極其重視的問題，上自帝王，下至凡庶，皆視為人生第一等大事。《史記‧外戚世家》：「夏之興也以塗山（禹娶於塗山氏），殷之興也以有娀（帝嚳娶有娀氏生堯），周之興也以姜原（周始祖后稷之母）、大任（生文王）……故《易》基乾坤（《易》自乾坤始），詩始〈關雎〉（《詩經》的第一篇），書美釐降（堯以女娥皇、女英妻舜）。禮之用，唯婚姻為兢兢（言非常慎重夫婦之道）……堯以二女妻舜，其故由此可見。

甲寅，中孚。

乙卯，歸妹。

舜言底可績，帝以德薦於天，而命之位。

三年試用，經過多方面的觀察瞭解，所謂「詢事考言，乃言底可績」，堯以舜之言說行事，有為有則，顧慮周詳，十分穩妥，且富有創見，故說「言底可績」。然堯認為舜之德尤為可取，所以堯之所以讓、所重者為舜之德。

丙辰，睽。

正月上日，舜受命于文祖。

帝堯經過審慎思考之後，決定薦舜於天——向其祖廟敬禮、祈禱而命之位，乃於丙辰年正月上旬（或謂新年元旦），始正式授舜以居攝之位。

用璿璣、玉衡，以齊七政。類于上帝、禋于六宗，望於山川、遍於群神。輯五瑞、五玉，班於群后。肇十有二州，封十有二山，四時行巡狩。協時月，正日，同律、度量衡，修五禮。象以典刑，流共工於幽州（今河北）、放驩兜（讀歡鬥）於崇山（今湖北岳陽一帶），竄三苗于三危（今陝西部），殛鯀（讀泣滾）於羽山（今山東東登州），四罪正而天下咸服。

按：璿璣、玉衡：皆觀測天文之儀器，堯以前觀象，是用肉眼看的，今則用璿璣、玉衡，亦如今日之科學儀器。

七政：即金木水火土五星、並日月為七政；日月五星之所以稱七政，乃是以人君之施政，取觀象於五星之運行，五星之運行間或有疾有遲，有順有逆，因以象徵人君之施政得失，再者觀察天文有無異象，預防災害發生。藉資儆惕，此所謂齊七政者。

類于上帝、禋于六宗，望於山川、遍於群神：類、禋，望，皆祭祀名。古時國家的祭祀，因時間的不同，所祀之物亦不同，然皆有定名定時，如祭天地之禮，即所謂郊祭，天子對於正常祭祀之外，臨時的祭祀，援用郊祭之禮，像郊祭之禮一樣，即所謂「類於上帝」猶如祭祀上帝之禮一樣。禋，即精誠，發於至誠之意。六宗，宗即尊而敬之之意。其祀有六，如祭時、祭寒暑、祭日、祭月幽宗、祭星雩宗、祭水旱也，即所謂「禋于六宗」。名山、大川，如五嶽、四瀆之屬，望而祭之，故曰望於川，亦即今所謂之遙祭之意。他如丘陵、墳衍，古昔聖賢之類，即所謂「遍於群神」者。舜即位後，即祭祀上下神祇，稟告於天地。

輯五瑞五玉，班於群后：輯或釋為斂，似應作製作解；五瑞即五等之信物，如公執桓圭、侯執信圭、伯執躬圭、子執穀璧、男執蒲璧，五等諸侯執之，以合符于天子，朝廷五瑞五玉，頒之諸侯，所謂「班於群后」以重信守。

肇十有二州，封十有二山：分天下為十二州，即冀（今河北）、兗、青（今山東）、徐（今江蘇）、荊（今湖北）、揚（今江蘇）、豫（即嵩山）、梁（今四川）、雍（即陝西）、幽（今河北）、並（即山西）、營（即山東與大遼寧之間）等十二州。已包括今日中國大部分土地。每州一山，如兗之岱山、（即泰山）、豫之嵩山、雍之華山、並之恒山、揚州之會稽等。

四時行巡狩：孟子說：「天子適諸侯曰巡狩，巡狩者，巡所狩也；諸侯朝于天子曰述職，述職者，述所職也。」舜受禪後，分季巡狩四方諸侯，如二月、五月、八月、十有一月，分別巡狩，東至岱宗，即泰山；南至南嶽；西至西嶽；北至北嶽等地。巡狩之義，一則視察諸侯國之行政，如有未協，則協之；再則亦所以親睦邦國也。巡視所至，諸侯以臣禮見，天子則以賓禮見。天子五年一巡狩諸侯之國，諸侯每四年一朝于天子。

癸巳，十五載，帝遊於康衢，有老人擊壤而歌曰：「日出作，日入息，鑿井而飲，耕田而食，帝力於我何有哉！」

協時月，正日，同律度量衡：協即所謂調和，意即諸侯之國，其有不齊者，則協而正之。時，謂四季；月，即月之大小；日，即日之甲乙丙等，諸侯之國，其有所不齊，則協而正之。此段亦即堯時之以閏月、定四時成歲。曆法之繼續，與廣泛之運用。

周禮：「太師掌六律、六同，以合陰陽之聲。」概稱十二律呂。為古人鑑定音聲的工具，律為陽，呂為陰，各分六等。陽聲為黃鍾、太簇、姑洗、蕤賓、夷則、無射；陰聲為大呂、應鍾、南呂、林鍾、仲呂、夾鍾，皆文之以五聲：宮、商、角、徵、羽（各律皆分五音）。即所謂六律六同者，在我國古文化中，佔有十分重要的位置，清人江慎修氏謂：「制律呂，正聲音，王者重大之事，亦造化最微妙之理。」可見一斑。

律呂與聲音的關係是：黃鍾為宮，太簇為商，姑洗為角，林鍾為徵，南呂為羽（此所謂五音。猶今音樂之1、2、3、4、5、6、7）。以旋相為宮（猶古人所謂之旋宮圖），則每一律皆具宮商角徵羽五音。十二律呂配合月令為：黃鍾，子之氣也，十一月建焉，即所謂天正者。大呂丑之氣也，十二月建焉；丑為陰之始，所謂地正者。太簇寅之氣也，正月建焉，所謂天正者。應鍾，亥之氣也，十月建焉。姑洗，辰之氣也，三月建焉。南呂，酉之氣也，八月建焉。蕤賓，午之氣也，五月建焉。林鍾，未之氣也，六月建焉。夷則，申之氣也，七月建焉。中呂，巳之氣也，四月建焉。無射，戌之氣也，九月建焉。夾鍾，卯之氣也，二月建焉。

十有二律，始於子月之黃鍾，終於亥月之應鍾，六陰六陽，一歲之運畢矣。以上說明律呂與聲音、月令之陰陽，乃至十二辰，皆有密切相關。（度量衡的重要，與人民生活，社會秩序，亦息息相關。皆由律呂產生。時至今日，國家掌理度量衡的權責，仍在中央，由此當可窺其一斑。）

十二律呂，各有一定的長度、粗、細及中空度，黃鍾最長，有九寸，應鍾最短，以之以分聲音之高低，而定其宮、商、角、徵、羽五音，長者其聲重濁舒遲而下，短者聲則輕清而飄疾，度量衡即由律呂產生。如黃鍾長九十分，取其一分而十之為一寸，十寸為尺，十尺為丈，十丈為引……量是取其黃鍾之管，容穀黍一千二百以為龠（龠音月），十龠為合（合音各），十合為升，十升為鬥（即斗），十鬥為石（石音擔）即斛。衡即所以權輕重，以黃鍾之龠一千兩百黍，重十二銖，二十四銖為一兩，十六兩為斤，三十斤為鈞，四鈞為石，可知十二律呂，乃自度量沖之出。

修五禮：乃指修五禮之器而言。

象以典刑，天下咸服：聖人本諸天地之道之自然現象，如四季之寒暑，萬物之生殺（天之陰陽，人之善惡，歲之春夏秋冬），所謂「象天地而制刑罰」。

流、竄、放、殛：如蒙之「利用刑人，用說桎梏」，期使不正者正之，以安定社會民生，其穿偷淫盜之徒，非大憝怙惡之輩，則有所謂五刑之正（五刑即墨、劓、刖、宮、大辟等）。對於元惡大憝、殺人越貨、罪之不可宥者之罰，如所謂流、竄、放、殛。如流共工（共工號窮奇）、放驩兜（驩兜號渾沌）、竄三苗（三苗號饕餮，讀桃鐵。或謂三苗為國名，在江南荊揚之間，恃險為亂者）、殛鯀（鯀號檮杌、檮杌讀桃巫，或謂共工等為四種惡獸，為害於人，故放之）。流即遣之使遠去，如流水之意。

四罪正而天下咸服：之外有所謂官刑（鞭刑）、撲（教刑）、金（贖刑）等。眚、災、肆、赦：眚，謂普通過錯，無傷宏旨，沒沒無無錯誤；災，即不幸，無意之惡，則應從輕處理；肆赦，予以赦免，怙終賊刑。怙，背後有背景靠山；終，為再犯，屢犯；賊，殺也。此等惡徒，應施以極刑，其他刑犯，則各以其常，常即所謂之典刑。

黃氏畿釋說：以上為巳會第十二運之十二世也。於甲辰書曰：「唐帝堯肇位於平陽，號陶唐氏，羲、和欽若昊天……以潤月定四時成歲，建寅月為始，允厘百工，庶績咸熙，故建寅為人正，若天以欽，授時以敬，人合天道之義昭矣。年卦隨者，泰之先也，至於革，則治曆明時，其告成乎？」

又說：申酉之世，大有伏比，天地之用也。懲鯀則急先務，舉舜則急親賢。歸妹其釐降之年乎？舜命以睽，則同而異矣。用璿璣玉衡，以齊七政；四時行巡狩，象以典刑；四罪正而天下咸服。兌也，其十六象之一乎？

黃氏以為建寅為人正（天開於子，地辟於丑，人生於寅，正月建寅，故以寅為人正），即以正月為歲首，「若天以欽（即欽若昊天。欽，敬也；若，順也。曆象日月星辰），授時以敬（敬授人時，以閏月定四時成歲），人合天道之義昭矣！」說「若天、授時」，這兩句話的基本精神，說明「人合天道之義」，是十分明白的。

又說：年卦「隨」者，泰先也。至於治曆明時，其告成乎」？隨在泰之先，亦即隨而後有泰，是「泰自隨來」。隨至於革，則治曆明時（革象：君子以治曆明時），業已告成了。

又說：「申酉世，大有伏比，天地之用也。」經世之申五十七，世首甲子直大有，為帝堯二十一年；經世之酉五十八，世首甲午直比，為帝堯五十一年，甲午伏於甲子，亦即所謂大有伏比，再者從六十四卦圓圖看，比又為大有對宮，（即圓圖大有之下對方），故說大有伏比。也可以說是比之後，而為大有。比《象》曰：「先王以建萬國，親諸侯。」大有《象》曰：「其德剛健而文明，應乎天而時行。」二卦皆王天下之卦，然而不甯方來，「比之匪人」（比六三），鯀治水績效不彰（按：鯀因治水無功，即施以極刑，似稍過，何故？）

「火在天上，大有。君子以遏惡揚善，順天休命。」（大有《象》），故黃氏說：「懲惡，則急先務，舉舜，則急親賢。」再者大有為火天，比為水地，大有與比之用，即天地之用。故黃氏說「申酉世，大有伏比，天地之用也」。

「歸妹」，顧名思義，即知為婚姻嫁娶之卦，堯於時以二女妻舜，事與卦幾乎如響斯應。「釐降」，釐合乎義理；降，委身以求，合乎義理的行為。故說釐（同釐）降。

舜命以睽，則同而異矣。舜受終於文帝（堯終其位，舜受其位），直睽，睽《象》說：「上火下澤，睽，君子以同而異。」睽卦上離下兌，離為火，兌為澤，火炎上，澤潤下，本為上下相反之卦，故說睽。何以說同而異呢？來知德氏說：「同者其理，異者其事，天下無不同之理，而有不同之事，異其事而同其理，所以說同而異。」舜受命之日直睽。堯與舜一禪一受，在形式上是相反對的，但其在國家，在萬民之理則一，所謂事異而理同，故說睽同而異。

按：天地十六象。乾坤坎離，四象不易者也（即無論正看反看皆不變，如乾卦正看為乾，反看亦為乾，坤坎等皆然）；交而為泰、否，既濟、未濟，則皆反易者也（如泰為地天泰，反之則為天地否，其他皆相反。水火為既濟，火水為未濟等是）；震、艮、兌、巽反易者也（震反為艮，艮反為震，兌反為巽，巽反為艮），交而為頤、中孚、大、小過（如山雷交為頤，巽兌交為中孚；澤風交為大過；雷山交為小過等是），則皆不易。以上為天地十六象。

隨為澤雷、歸妹為雷澤、睽為火澤、咸為澤山、兌為重澤（兌，帝舜求代禹於天）。諸卦皆為澤，說天下咸服，兌也，十六象之一乎！

甲子 夬 舜九年	乙丑 姤	丙寅 大過	丁卯 鼎	戊辰 恒	己巳 巽	庚午 井	辛未 蠱	壬申 升	癸酉 訟
甲戌 困	乙亥 未濟	丙子 解	丁丑 渙	戊寅 蒙	己卯 師	庚辰 遯	辛巳 咸	壬午 旅	癸未 小過 堯殂落
甲申 漸	乙酉 蹇	丙戌 艮	丁亥 謙	戊子 否	己丑 萃	庚寅 晉	辛卯 豫	壬辰 觀	癸巳 比

經世之戌二千一百五十九，乾上變夬。

甲子，夬。

虞帝舜九年。

癸未，小過。

堯殂落。

堯十六歲踐天子位於平陽，七十載，徵召虞舜登庸（用也），舜攝位了二十八年，堯一百載（年）崩於陽城（今河南洛陽附近之登封縣，與少林寺同縣），壽一百一十八歲，百有二載，舜避堯之子于河南，天下不歸堯之子而歸舜，舜於是踐位。

此處有令人不解者，舜攝位了二十八年，亦可說是堯的副手（換言之亦即堯的執行長，或行政院長，還需要如此長時間的攷校嗎？）不無令人費解之處。

丙戌，艮。

月正元日，舜格于文祖，號有虞氏，都蒲阪。

堯舉舜為帝，經過三年試用，代理了二十有八年（攝位），至甲戌之癸未堯崩，更三年丙戌，舜始正式即位，所謂「月正元日，舜格于文祖……號有虞氏，都蒲阪」。

月正元日，元日或謂正月初一，或謂正月上旬等不同說法，似以正月初一之說法較當。舜格于文祖，格，至也，文祖、堯始祖之廟。意即舜至堯祖廟祭告其即帝位。號有虞氏，都蒲阪，即今山西平陽蒲州。

詢四嶽、辟四門、明四目、達四聰，咨十有二牧。

命九官：以伯禹為司空，稷司農，契司徒，皐陶司士，垂司工，益司虞，夷司禮，夔典樂，龍司言，此九人使宅百揆。三載考績，黜陟幽明，庶績其凝。

以上即舜受禪後之行政措施，深入瞭解地方官吏意見，所謂「詢四嶽、咨十有二牧」（牧即地方首長，後漢曹操曾領冀州牧）。並且採取開放政策，如帝廣視聽，求賢以自輔；欲納諫以聞其失；立誹謗之木，使天下得攻其惡；置敢諫之鼓，使天下得盡其言。即所謂「辟四門、明四目、達四聰」。並訂定考績制度，以評鑑官吏，作為人事運用，黜陟升降之參考。

命九官：以禹為司空，總管一切行政；稷為司農，主管農業研究與發展；契為司徒管教育，負責教化（契音泄）；皐陶司士（陶音遙）管司法；垂司工，管工程；益司虞，管山林；夷司禮，管宗教祭祀之類；夔典樂；龍司言，為納言之官，出納君命，即今之發佈命令等職。此九人使宅百揆。

按：丙戌之前，仍為帝堯時代，但行政大權，堯已交給了舜，為舜居攝時期。及至堯退位後，始為大舜有虞氏之新王朝，仍都蒲阪，故有詢四嶽，命九官之行政措施。

這裡有幾個問題，史書未予交待，其一是堯都平陽，也是舜工作了三十年的都城，何以即位于阪？換言之，即是舜遷都了，然而遷都之故為何？其二、舜執政三十年，何以今日始「詢四嶽、命九官」，選拔賢能之士來協助治國？堯既以國家相授，使之攝政，難道不俾予其人事、行政之權，而必待自己即位之後，纔「辟四門、明四目、達四聰，咨十有二牧」？再者既有禹、稷、契、皐陶、益等一般賢能之士，舜居攝之三十年中，何以竟不起用？三十年中，竟無「考績」制度？亦未「黜陟幽明，庶績其凝」，難道竟無施政績效？三十年中朝臣之勤惰優劣，寧無考評？其所以然之故為何？

甲午 剝 舜三十九	甲辰 賁	甲寅 歸妹
乙未 復	乙巳 既濟	乙卯 睽
丙申 頤	丙午 家人	丙辰 兌 舜求代
丁酉 屯	丁未 豐	丁巳 履
戊戌 益	戊申 革	戊午 泰
己亥 震	己酉 同人	己未 大畜
庚子 噬嗑	庚戌 臨	庚申 需
辛丑 隨	辛亥 損	辛酉 小畜
壬寅 无妄	壬子 節	壬戌 大壯
癸卯 明夷	癸丑 中孚	癸亥 大有

經辰之亥二千一百六十，乾上變夬。

丙辰，兌。

西元前2225年。民元前4136年

帝舜求代，以功薦禹於天，而命之位。

丁巳，履。

西元前2224年。民元前4135年。

正月朔旦，禹受命于神宗。

堯之所以薦舜於天命之位者（帝位），以德；舜之所以薦禹於天命之位者，以功。兩者皆謂之薦，其所不同者，禹以功，舜以德，禹治洪水，辟土地，可說是功冠古今；舜則具有聖賢的德行，足化民成俗。朱氏隱老以為，舉舜薦禹，兩者著眼的不同與差異，乃是帝（舜）與王（禹）之所以分者歟（帝位）！

正天下水土，分九州、九山、九川、九澤，會于四海。修其六府，咸則三壤，成賦中邦。

禹治洪之後，相山川形勢，分天下為九州、九山、九川、九澤，所謂以開九州，九個大的行政區。各行政區之間，要有道路連接，所以通九道，地勢之窪下而無所注者，疏導之以為九澤，所謂「陂九澤」，九州四海悉皆平治，民知稼穡，正式進入農業社會，並依其土地之沃瘠，分成等級，依等級徵收賦稅，所謂「修其六府，咸則三壤，成賦中邦」。修其六府，即金木水火土及稼穡功效的擴大運用。咸則三壤，三壤即土地之等級。成賦中邦，在中國以內者，開始了賦稅制度。中國向文明的道路上，更跨進了一大步。

隱老論舜、禹二帝謂：「舜禹之既受命也，有嚴於觀天者矣（舜用璿璣玉衡觀天，以齊七政），於察地者矣（禹平水土，分天下為九州，謹於察地），天道得，則於人事，必無所失焉；地道順，則其于天道，必無所逆焉。」

說：凡能得天道，必不致失於人事；如能順於地道，則于天道必無所逆。這一點我們從現代人對山林、熱帶雨林的肆意濫墾濫伐，對水資源的濫用與污染，不順於地已至於極點，如北極冰山之融解，天之報施於人類者，也已使舉世科學家束手無策矣！

黃氏畿說：「戌亥世首夬、剝，則天地交矣！小過則帝堯殂落，艮則舜格于文祖，兌則薦禹於天命之位，皆十六象之一也。」（小過為雷山，兌為澤）「履則禹受命于神宗，正天下水土，分九州，修六府，成賦中邦矣！非人之所以參天者乎？」

經世之戌二千一百五十九，世首甲午直夬，為帝舜九年；經世之亥二千一百六十，世首甲午直剝，帝舜三十九年。夬為澤天，剝為山地，夬、剝則天地交矣！五十九世甲戌之癸未直小過（小過為雷山），則帝堯殂落；甲申之乙酉月正元日，直蹇，則舜于文祖（格，至也，文祖堯始祖之廟），舜至文祖廟祝告其即位。甲寅之丙辰直兌，兌則薦禹於天命之位。

履則禹受命于神宗，正天下水土，分九州，修六府，成賦中邦，乃參天地之造化者，說人力可與天地參。自否至泰，其間則有隨，帝堯肇位直之；漢高帝之王關中（午六運），晉武帝之平吳（午七運），唐太宗之得政（午八運）；明太祖之取金陵（午十世之亥）皆然。

邵子說：「自否至泰，其間則有隨焉；自泰至否，其間則有蠱焉。」帝堯肇位之年直隨；漢高帝王關中，晉武帝之平吳，唐太宗之得政，明太祖之取金皆直隨。天下事有如此巧合者？

第二節　以運經世二——觀物篇二十六

經會之午七，經運之甲百八十一，直乾。

按：乾卦所變各爻，分別為各世直世之卦，並為該世之世首，所謂世首，即各世直年之第一卦。

經世之子二千一百六十一（世），乾初變姤。
經世之丑二千一百六十二（世）。
經世之寅二千一百六十三（世），乾二變同人。
經世之卯二千一百六十四（世）。
經世之辰二千一百六十五（世），乾三變履。
經世之巳二千一百六十六（世）。
經世之午二千一百六十七（世），乾四變小畜。
經世之未二千一百六十八（世）。
經世之申二千一百六十九（世），乾五變大有。
經世之酉二千一百七十（世）。
經世之戌二千一百七十一（世），乾上變夬。
經世之亥二千一百七十二（世）。

甲子 姤 夏八年	乙丑 大過	丙寅 鼎	丁卯 恒	戊辰 巽	己巳 井	庚午 蠱	辛未 升	壬申 訟	癸酉 困 舜陟方崩
甲戌 未濟 都安於塗山	乙亥 解	丙子 渙	丁丑 蒙	戊寅 師	己卯 遯	庚辰 咸	辛巳 旅	壬午 小過	癸未 漸 禹崩會稽
甲申 蹇 夏啟有扈戰甘	乙酉 艮	丙戌 謙	丁亥 否	戊子 萃	己丑 晉	庚寅 豫	辛卯 觀	壬辰 比	癸巳 剝 夏太康

經世之子二千一百六十一，乾初九變姤。

甲子，姤。

西元前2217年。民元前4128年。

夏王禹八年。

癸酉，困。

西元前2208年。民元前4119年。

帝舜陟方乃死。

舜生三十年堯方召用，經過三年之多方考驗，居攝（代理堯推行政令）二十有八年，乃即帝位，五十年而崩。

陟方，猶言升遐，陟，升也，即升天之意。陟方乃死，猶言殂落而死。朱氏隱老說：陟猶殂也，陟猶落也，陟則愈升而愈遠，魂不返矣！死則愈澌（澌音斯，漸次悄滅之意）而愈盡，體不復矣。又說：一般人但知死之為死，而不知所以死者，乃由於其氣之升而不降，故肉體不能復蘇。古人視死生猶旦暮，通乎旦暮，而知死生之變，所謂：「其生也順，其死也安矣。」歷代聖賢，但求以其全而歸，即人格之完美而已。

甲戌，未濟。

西元前2207年。民元前4118年。

禹都安邑徙居陽翟。大會諸侯於塗山，執玉帛者萬國，防風氏後至，戮焉。

禹都安邑，徙居陽翟。朱氏以為禹初都平陽，後徙安邑，未嘗徙陽翟，並援《括地志》謂自禹至太康皆未有徙居陽翟情事。（按：安邑、平陽在山西，陽翟即今河南禹州，河南地名，又有太康、夏邑，如謂禹未有遷居河南事實，則斷不至有人揑造地名來張冠李戴，一般事情容或有失誤，禹遷都大事，當不至有太大而明顯之失誤。塗山，今安徽壽春東北。）

癸未，漸。

西元前2198年。民元前4109年。

夏王禹東巡狩，至於會稽崩，元子啟踐位。

會稽，即會而之意，禹東巡會天下諸侯，討論天下大事，所謂：「禹於焉，會天下之當會者計之。」會稽之名緣此。禹崩元子啟踐位。

甲申，蹇。

西元前2197年。民元前4108年。

啟與有扈戰于甘之野。

黃氏謂：甲申，啟與有扈，戰于甘之野，征其悖於義也。反身修德（蹇，上坎下山，故《象》說：「山上有水，君子以反身修德。」）而有扈服，思不出位（艮，兼山艮，兼山即重山，上下皆為山。《象》：「君子以思不出位。」）而天下之嫡定（天地間萬物各有定位，君臣父子夫婦皆然，思不出位，即各守其本份之意），非蹇而後艮歟？

扈、夏為同姓之國。《史記》以為：「啟立，有扈不服，遂滅之。」甘，在今陝西扶風鄠縣。（斑扶風之鄠縣，古扈國也，鄠音護。杜佑曰：「有甘亭在焉。」）即啟與有扈交戰處。

按：蹇，難也，因山上之水，滯而不得流行，故說難。蹇與困不同，困則是澤無水，澤中水乾涸了。蹇與坎亦不同，蹇為滯水，坎為流水，故說蹇為難，而坎為險。反身修德，乃濟蹇難之道。黃氏謂：啟能反身修德，故有扈服而思不出位，這是由於啟之「反身修德」，有感于有扈之「思不出位」之故。

朱氏隱老以為，堯舜禹三代，在行政措施上，有其迥然不同之處，堯在行政措施上，或用命、或用咨，如「乃命羲和」、「分命羲仲」；如「咨四嶽，湯湯洪水方割」……等，而不及於「放、殛」。及舜開始用「放、殛」之法，如流共工、放驩兜、殛鯀等，而未及於「殺、戮」字樣。到了有夏，不但用殺、戮，而且開始了大規模的戰爭。識者有感於此，對我國古代歷史，有如下之概念：認謂三皇象春、五帝象夏、三王象秋。自啟始，其肅殺之秋意，于國史已蒙上了一層肅殺之秋影？

關於三皇五帝：

《史記》以天皇、地皇、人皇為三皇；

《通鑑》以伏羲、神農、黃帝為三皇。

五帝：《史記》以伏羲、神農、黃帝、堯、舜為五帝；

《通鑑》以少昊、顓頊、帝嚳、堯、舜為五帝，夏、商、周為三王。

春：為萬物始發之時，從三皇始，三皇的開天闢地，煉石補天，無論其是否可靠，但人民已開始了熟食，之後進入五帝，伏羲畫八卦，造書契；神農氏教民稼穡，樹益五穀；黃帝制衣裳，造指南車，設官分職，堯舜禪讓等，使人文世界的精義，昇華至極高境地。

夏：為萬物成熟時期，人文更向前邁進了一大步，即使皇帝的寶座，亦可拱手讓人，其他尚有什麼可以攘奪的？國家設官制，興禮樂，大臣們皆致其智力於人民生活的改良與發展，除堯舜時因鯀治水無功，受到懲罰外，社會可說是一片祥和。

秋：到了夏朝家天下之後，首先便是中央政權對地方的戰爭，「大戰于甘」，再便是太康失國。秋肅殺之氣，日益凜烈。政治手段隨之也日益嚴峻，然而天下之亂，亦與日俱增。馴致一次戰役，動員即達十餘萬之眾。如甘之戰，所動員兵力，如所謂天子六軍，即達七萬五千之眾（一軍萬二千五百人），用車約千乘，此為輕車，輕車必有重車支援，故通而計之不下十萬之眾。安邑之于有扈，何啻千里？

孫子兵法云：「凡用兵之法，馳車千駟，革車千乘，帶甲十萬，千里饋糧，日費千金，然後十萬之師舉矣！」因之〈甘誓〉即謂：「大戰于甘」。

甘之戰，是否即由於禹之不傳賢而傳子？雖不敢斷言，但不傳賢而傳子，卻開了家天下之先河，從此一部二十五史所發生之戰爭，幾乎皆為爭天下而戰者。

再者，甘之戰就性質及形式看，乃中央對地方，天子對諸侯之行罰，而非國與國間之「戰爭」，其用辭不曰征、討、誅、伐，而曰戰，曰大戰（見〈甘誓〉），似乎是國與國間的事，不無奈人尋味之處。或謂「曰大戰者，乃加重其懲罰」之意，說似未允。

甲戌禹自安邑遷居陽翟，大會諸侯於塗山。防風氏後至，即因其傲慢無禮，而誅戮之。黃氏謂「誅其慢於禮」也。又說：「羅陟方（陟如登山陟嶺，升降曰陟黜，此言遭遇重大變故曰陟）之喪而致命遂志；分而慎辨物居方，非困而後未濟歟？」

二千一百六十一世之癸酉，舜罹陟方之喪，癸酉直困，困為「澤無水」，兆舜之油盡燈枯。「陟方乃死」，意即大舜升天了。堯以天下授舜而後崩，舜以天下授禹而後崩，堯舜以公天下為志，志在萬民，而無關乎個人之禍福利害，故困《象》說：「君子以致命遂志」（困《象》：澤無水，困，君子以致命遂志）。萬氏年淳說：「坎險，故曰致命；兌悅，故曰遂志，致命困也，遂志亨也。」君子處困，其所能為者，「遂志」而已，而無關乎個人之生死禍福，後世如諸葛武侯、文天祥，皆所謂「致命遂志」者（遂志，言當事者，認知其事當為，不計生死，而遂行其志）。

塗山之會，雖執玉帛者萬國，而亦有防風氏後至之誅。姑不論其是何原因，其美中不足之事實，已然產生，誠所謂困而未濟者。（未濟為火上水下，火炎向上，水流向下，南熱北寒，永遠是南轅北轍，所謂「未濟」者在此。再者火性上，水性下，南熱北寒，各有其位，非徒寒熱，即天地萬物，莫不有其位。）禹能明白個中道理，審慎的予以運用，為其所當為，即所謂「慎辨物居方，定群臣之分」。禹乃「慎辨物居方，定群臣之分（未濟《象》：「君子以慎辨物居方。」）」，豈非因困之致命遂志，而後兆未濟之「慎辨物居方」，定群臣之分」者。

壬辰，比。

夏王啟崩，元子太康踐位。

甲午 復 太康二年	乙未 頤	丙申 屯	丁酉 益	戊戌 震	己亥 噬嗑	庚子 隨	辛丑 无妄	壬寅 明夷	癸卯 賁
甲辰 既濟	乙巳 家人	丙午 豐	丁未 革	戊申 同人	己酉 臨	庚戌 損	辛亥 節	壬子 中孚	癸丑 歸妹
甲寅 睽	乙卯 兌	丙辰 履	丁巳 泰	戊午 大畜	己未 需	庚申 小畜	辛酉 大壯	壬戌 大有	癸亥 夬

經世之丑二千一百六十二（世）。

甲午，復。

西元前2187年。民元前4098年。

夏王太康二年。

甲辰，既濟。

西元前2177年。民元前4088年。

甲寅，睽。

西元前2167年。民元前4078年。

辛酉，大壯。

西元前2160年。民元前4071年

夏王太康失邦，盤遊無度，畋於有洛之表，十旬不返。有窮后羿因民不忍，距於河而死，子仲康立。

夏禹王之家天下，纔傳了三代，至其孫太康時，便發生了問題。太康於壬辰即位，在位三十年，而身死國亡，其原因則是「畋於有洛之表，十旬不返」。有窮后羿「因民不忍」，「距於河而死」。天子田獵，去國千餘里為時三月，引起了民怨，強臣后羿拒之於河而死。皇帝去渡假三個月，老百姓有什麼不能忍的？難道人民竟如此關心國是，愛護國君？抑太康出畋，朝中無主，野心份子因取而代之？抑太康畋於有窮，狼藉其稼禾，戕賊其生存，致生民怨？后羿乃將其包圍，加以王師之不肯用命，遂困死于洛水之濱。

註：洛表：洛水之南。有窮：地名，河南有窮穀。或謂后羿為官名，或謂羿善射，後人對善射者，皆以后羿稱之。

壬戌，大有。

西元前2159年。民元前4070年。

夏仲康命胤侯征羲氏、和氏。

太康失國，國政為后羿所把持，羿廢太康而立仲康，仲康即位後，即命胤侯掌六師，次年即命胤侯征羲氏、和氏（羲和二氏，在夏合為一官，非如堯時之羲、和二氏），是太康被篡弒後，仲康尚能掌握其六軍，以事征伐羲和氏，以翦誅羿之羽翼朋黨，可謂禮樂征伐，自天子出者。雖然后羿羽毛已豐，羿尚未能滅仲，仲亦無力滅羿，迨仲子相即位，羿即滅相取而代之矣！由而思之，仲康之崩，或者其羿之所為歟？

太康失國，弟仲康立，壬戌命胤侯征羿黨羲和，年卦直大有，黃氏畿曰：大有而後夬甚矣！決一陰之難也。夬為澤天，僅上爻為陰，全卦五陽而不能決一陰，其難可知。或謂三王之象秋，夏王仲康命胤侯征羲和，其勇氣固佳，然於此時，以一胤侯之力，似難制之矣！故黃氏說：三王似秋，則系金柅以止車，能無戒乎？（按：金柅，柅音泥；金柅，古人之剎車木。姤初六「系于金柅」。黃氏之意，以當時仲康之力量，對抗后羿，無異於螳臂擋車）。故說：「系金柅以止車，能無戒乎？」戒，意即課題嚴峻，當謹慎其事。

甲子 同人 仲康三年	乙丑 臨	丙寅 損	丁卯 節	戊辰 中孚	己巳 歸妹	庚午 睽	辛未 兌	壬申 履	癸酉 泰
甲戌 大畜 夏王仲康崩	乙亥 需 相直	丙子 小畜	丁丑 大壯	戊寅 大有	己卯 夬	庚辰 姤	辛巳 大過	壬午 鼎	癸未 恒
甲申 巽	乙酉 井	丙戌 蠱	丁亥 升	戊子 訟	己丑 困	庚寅 未濟	辛卯 解	壬辰 渙	癸巳 蒙

經世之寅二千一百六十三（乾二變同人）。

甲子，同人。

夏王仲康三年。

甲戌，大畜。

西元前2147年。民元前4058年。

夏王仲康崩，子相繼立，依同姓諸侯斟灌、斟鄩氏。

按：斟灌、斟鄩，斟，即斟選，斟酌之斟，鄩音尋。斟灌、斟鄩，二國名，在今山東壽光東萊，漢為萊州。

斟灌、斟鄩，為夏之同姓諸侯，仲康之子相即位，時有夏似乎已名存實亡，故相一即位，即成為流亡皇帝，而依棲於斟灌、斟鄩。朱氏隱老歎謂：「煢煢在疚（煢煢孤獨之意，久病不愈曰疚，即依人苟活，朝不保夕之意），難乎其久立於獨，不斟氏之依誰依？嗚呼！天步之艱，一至於此，亦危矣哉！」可見夏王朝不夕之窘狀。

仲康依同姓斟灌、斟鄩，直需，黃氏引邵子〈觀三皇吟〉謂：「水天無應不成需。」需為坎上乾下，乃水在天上之卦。水性下，今居天上而不能下；乾主進，卻處坎險陷之下而難於進。故說需，待也，恐怕仲康所依於斟氏者，終將落空，仲傳位於相，即被寒浞所滅，故說水天無應不成需。

按：邵子〈觀三王吟〉：「一片中原萬里餘，殆非足德所宜居（說中原土地廣闊，非有德者無以居之），夏商正朔能猶布，湯武干戈未便驅（乾二變同人），澤火有名方受革（革為澤火，說湯武革命，必當應乎天而順乎人，始可稱為革命），水天無應不成需，詳知仁義為心者（為政者要深知必當以仁義存心，以禮存心，始可為淺丈夫），肯作人間淺丈夫。（屈原《九歌》：石瀨淺淺，水流貌。虎鹿春日皮上生細毛曰淺，淺丈夫，名副其實的好領袖）」

甲申，巽。

甲午 師	乙未 遯	丙申 咸	丁酉 旅	戊戌 小過	己亥 漸	庚子 蹇	辛丑 艮	壬寅 謙 浞殺羿滅相	癸卯 否
甲辰 萃	乙巳 晉	丙午 豫	丁未 觀	戊申 比	己酉 剝	庚戌 復	辛亥 頤	壬子 屯	癸丑 益
甲寅 震	乙卯 噬嗑	丙辰 隨	丁巳 无妄	戊午 明夷	己未 賁	庚申 既濟	辛酉 家人	壬戌 豐	癸亥 革

經世之卯二千一百六十四（世）。

甲午，師。

西元前2127年。民元前4038年。

夏相二十一年晉。

壬寅，謙。

西元前2119年。民元前4030年。

寒浞殺有窮后羿，使子澆（音交）及豷（音亦，小豬喘氣叫豷）伐斟灌、斟鄩氏，以滅相。相之臣靡，逃於有鬲氏，相之后緡，還於有仍氏，遂生少康。

按：寒，國名。鄭樵《通誌》：今山東濰縣東二十三里，有寒亭。有鬲氏（鬲作器具講，念力；作地名念隔，在山東德縣，有仍氏，今山東濟甯東南。

有夏自太康失國，已四十餘年，羿荒淫無道，猶逾于太康，卒被其臣寒浞所弒，浞之暴虐較羿尤有過之，卒滅羿，次滅二斟。癸卯直否，夏亡。

甲辰，萃。

甲寅，震。

甲子 履 少康生二三年	乙丑 泰	丙寅 大畜	丁卯 需	戊辰 小畜	己巳 大壯	庚午 大有	辛未 夬	壬申 姤	癸酉 大過
甲戌 鼎	乙亥 恆	丙子 巽	丁丑 井	戊寅 蠱	己卯 升	庚辰 訟	辛巳 困	壬午 未濟 靡滅浞立少康	癸未 解
甲申 渙	乙酉 蒙	丙戌 師	丁亥 遯	戊子 咸	己丑 旅	庚寅 小過	辛卯 漸	壬辰 蹇	癸巳 艮

經世之辰二千一百六十五（乾三變履）。

甲子，履。

西元前2097年。民元前4008年。

夏王少康生二十三年。

甲戌，鼎。

壬午，未濟。

西元前2079年。民元前3990年。

夏之遺臣靡，自有鬲氏收斟灌（鬲有二義，一音格為地名。一音力，類鼎之物名）、斟鄩二國之燼，以滅寒浞而立少康，少康立遂滅澆於過，滅豷于戈，以絕有窮氏之族。

過、戈，皆古國名，鄭樵《通誌》：「過」在今山東，萊州掖縣有過鄉；戈在宋、鄭（即今河南商邱、鄭州）之間。燼，大亂之後尚存活之人，謂為「餘燼」。五峰胡氏以為，當國破君辱，為大臣者，「能以天道為定命，不觀敵勢而改圖」。說當國破君辱之際，國之大臣，以救亡圖存為天職，不以敵勢之強狠而移志，便很了不起了。少康靡鬲，受困厄而不渝，演死亡而不怠，兢兢業業，經營四十年，克殄元兇而復舊物，故唐人虞世南謂：「歷代中興之主，以少康為冠，足可為後王之師。」張南軒氏亦謂少康中興，以「田一成，眾一旅」，其勢可謂湮微，而卒興其國。所謂有鬲氏、有仍氏，皆佐少康以有為者也。

再者，靡之所以得滅寒浞，在於其君臣能含辱忍垢，潛以待時，苟不得其時而動，則其身且不保，而況於復國乎？惟其潛也，深藏乎九地之下，故其發也，若春雷之動，靡收二斟殘兵敗卒，所謂收灌、鄩二國之燼，以滅浞而立少康。康遂滅澆於過，滅豷于戈，終殄元兇而復舊物，以絕有窮氏棄族焉。

甲申：渙。

甲午 謙 少康五三年	乙未 否	丙申 萃	丁酉	戊戌	己亥	庚子	辛丑	壬寅	癸卯 頤 少康崩子杼踐位
甲辰 屯 夏杼	乙巳	丙午	丁未	戊申	己酉	庚戌	辛亥	壬子	癸丑 家人
甲寅 豐	乙卯	丙辰	丁巳	戊午	己未	庚申 杼崩子槐踐位	辛酉 歸妹	壬戌 睽	癸亥 兌

經世之巳二千一百六十六（世）。

按：甲午為少康生五十三年，踐位之十三年。

甲午，謙。
西元前XX年。民元前XX年。
夏王少康五十三年。

癸卯，頤。
西元前2058年。民元前3969年。
少康崩，子杼踐位。
少康在位二十一年，壽六十一。

甲辰，屯。
西元前XX年。民元前XX年。

甲寅，豐。
西元前XX年。民元前XX年。

庚申，中孚。
西元前2041年–2037年。民元前3952—3948年。

夏王杼崩，子槐踐位。

杼在位十七年崩，子槐踐位。

甲子 小畜 槐四年	乙丑 大壯	丙寅 大有	丁卯 夬	戊辰 姤	己巳 大過	庚午 鼎	辛未 恆	壬申 巽	癸酉 井
甲戌 蠱	乙亥 升	丙子 訟	丁丑 困	戊寅 未濟	己卯	庚辰	辛巳	壬午	癸未 遯
甲申 咸	乙酉 旅	丙戌 小過 槐崩芒踐	丁亥 夏芒	戊子	己丑	庚寅	辛卯	壬辰	癸巳 晉

經世之午二千一百六十七（乾四變小畜）。

甲子，小畜。

西元前2037年。民元前3948年

夏王槐五年。西王母來朝。

甲戌。

西元前XX年。民元前XX年。

甲申。

西元前XX年。民元前XX年。

丙戌，小過。

西元前2015年。民元前3926年。

夏王槐崩，子芒踐位。

甲午 豫 芒八年	乙未	丙申	丁酉	戊戌	己亥	庚子	辛丑	壬寅	癸卯 噬嗑
甲辰 隨	乙巳 无妄	丙午	丁未	戊申	己酉	庚戌	辛亥	壬子	癸丑 臨
甲寅 屯	乙卯	丙辰	丁巳	戊午	己未	庚申 泰夏不降	辛酉	壬戌	癸亥 需

經世之未二千一百六十八（世）。

甲午，豫。

西元前XX年。民元前XX年。

夏王芒八年。

甲辰，隨。

西元前1997年。民元前3908年。

隨夏王芒崩，子泄踐位。

甲寅，屯。

西元前XX年。民元前XX年。

庚申，泰。

西元前1981年。民元前3892年。

夏王泄崩，子不降踐位。

甲子 大有 不降四年	乙丑	丙寅	丁卯	戊辰	己巳	庚午	辛未	壬申	癸酉 升
甲戌 訟	乙亥	丙子	丁丑	戊寅	己卯	庚辰	辛巳	壬午	癸未 旅
甲申 小過	乙酉	丙戌	丁亥	戊子	己丑	庚寅	辛卯	壬辰	癸巳 觀

經世之申二千一百六十九（乾五變大有）。

甲子，大有。
西元前1977年。民元前3888年。
夏不降四年。

甲戌。
西元前XX年。民元前XX年。

甲申。
西元前XX年。民元前XX年。

甲午 比 不降三四	乙未 剝	丙申	丁酉	戊戌	己亥	庚子	辛丑	壬寅	癸卯 无妄
甲辰 明夷	乙巳	丙午	丁未	戊申	己酉	庚戌	辛亥	壬子 損	癸丑 節
甲寅 中孚	乙卯	丙辰	丁巳	戊午	己未 泰 不降崩	庚申 大弟扃立	辛酉	壬戌	癸亥 大壯

經世之酉二千一百七十（世）。

甲午，比。
西元前1947年。民元前3858年。
夏王不降三十四年。

甲辰。
西元前XX年。民元前XX年。

甲寅。
西元前XX年。民元前XX年。

己未，泰。
西元前1922年。民元前3833年。
夏王不降崩，弟扃立。
不降在位五十九年。

甲子 夬 扃五年	乙丑	丙寅	丁卯	戊辰 恆	己巳	庚午	辛未	壬申	癸酉 訟
甲戌 困	乙亥	丙子	丁丑	戊寅 蒙	己卯	庚辰 遯 扃崩	辛巳 咸 子廑踐	壬午	癸未 小過
甲申 漸	乙酉	丙戌	丁亥	戊子	己丑 萃	庚寅	辛卯	壬辰	癸巳 比

經世之戌二千一百七十一（乾上變夬）。

甲子，夬。
西元前1917年。民元前3828年。
夏王扃六年。

甲戌。
西元前XX年。民元前XX年。

庚辰，遯。
西元前1901年。民元前3812年。

夏王扃崩，子廑踐位。

甲申。

西元前XX年。民元前XX年。

甲午 剝 廑十四	乙未	丙申	丁酉	戊戌 益	己亥	庚子	辛丑 隨 廑崩降子	壬寅 无妄 孔甲立	癸卯 明夷
甲辰 賁	乙巳	丙午	丁未	戊申 革	己酉	庚戌	辛亥	壬子	癸丑 中孚
甲寅 歸妹	乙卯	丙辰	丁巳	戊午 泰	己未	庚申	辛酉	壬戌	癸亥 大有

經世之亥二千一百七十二（世）。

甲午，剝。

西元前1887年。民元前3798年。

夏王廑十四年。

辛丑，隨。
西元前1880年。民元前3791年。
夏王廑崩，不降子孔甲立。

甲辰。
西元前XX年。民元前XX年。

甲寅，歸妹。
西元前1867年。民元前3778年。

黃氏畿說，以上為午會第一運之十二世，為陰長陽消之始（一日十二時，自子至巳，為陽長陰消；自巳至亥，為陰長陽消。一年十二月，子至巳會，為陽長陰消；巳至亥會，為陰長陽消）。甲子世為陽（甲午世為陰）。其所直年卦，則為圓圖右方之地卦（自天風姤起、歷大過、鼎迄比、剝，為右方之地卦，亦即陰卦；自地雷復起、歷頤、屯、益……至大有、夬為天卦），似乎象徵「亂生於治之極」，亦即俗所謂之「治生於亂，亂生於治」，治亂相生之意。

以運經世，乃以天道而驗人事者。天道陰長陽消，象徵三皇五帝之治，將於此結束，而入于夏、商、周三時代，世道也因而每況愈下，「敬授人時」，由人事以觀天道，治亂皆由於人事。

經運之甲百八十一運，夏王朝自太康失國，至少康之生，已四十餘年，至經世之卯二千一百六十四世、甲午之癸卯，直否而夏亡（寒浞殺羿滅相，相浞後緡生少康），此固天地之大變也；戊辰之世，又四十年，夏之遺臣靡，自有鬲收斟灌、鄩二國之燼，以滅寒浞而立少康。少康又滅澆於過、滅豷于戈，消滅了有窮氏之族，所謂未濟而後解（經世之辰二千一百六十五世，甲戌之壬午，直未濟，次年癸未直解，靡滅寒浞、立少康，遂弭寒浞之禍，夏王朝亡國八十餘年，國復而亂紛得解。

君居臣位而亂成：治生於亂，大有伏比，不降為君而治復。非天地之用歟！

按：經世之丑二千一百六十二世，甲寅之辛酉，太康以畋而亡國，所謂亂生於治者。再者經世之寅二千一百六十三之甲子，直同人；經世之卯二千一百六十四世之甲午直師，同人居師之前，師居同人之後，故說同人伏師。

經世之申二千一百六十九世之甲子直大有；經世之酉二千一百七十世之甲午直比，大有居比之前，比居大有之下，故說大有伏比（圓圖自乾至夬、大有為左旋；坤自剝、比為右旋。大有在左上，比在右下。（按：圓圖之看法，面對圓圖，乾為左上，坤為右下，故說大有伏比）。

寅卯之世，仲康、相，皆受制於后羿、寒浞，所謂君居臣位，天下遂亂；經世之末二千一百六十八世，甲寅之辛酉，時直泰，再次年癸亥直需，不降為君而治復（不降在位五十九年。無寒浞之亂，何有不降之治）？所謂治生於亂者。亂生於治，此以天道而驗人事者。

天火為同人，地水為師；火天為大有，水地為比。天地水火之用，豈非天地之用？所謂以天道而瞻人事。

然險莫如川，川失其性則上於天（川即指水，水變為蒸氣而上升為雲，所謂川失其性則上于天為水天，水天為需）；止莫如山，山失其性，則下於地（艮為山，山入於地為謙），需與謙，在人雖吉，在天地則為變焉。所謂「險莫如川，川失其性則上於天；止莫如山，山失其性，則下於地」。如水天為需，天水為訟；地山為謙，山地為剝，地天為泰，天地為否；水火為既濟，火水為未濟，此所謂天地之變者，苟人謀之不臧，則天變亦隨之矣。

第三節　以運經世三——觀物篇二十七

經元之甲一，經會之午七，經運之乙一百八十二，遯。

經世之子二千一百七十三（世），遯初六變同人。

經世之丑二千一百七十四（世）。

經世之寅二千一百七十五（世），遯六二變姤。

經世之卯二千一百七十六（世）。

經世之辰二千一百七十七（世），遯九三變否。

經世之巳二千一百七十八（世）。

經世之午二千一百七十九（世），遯九四變漸。

經世之未二千一百八十（世）。

經世之申二千一百八十一（世），遯九五變旅。

經世之酉二千一百八十二（世）。

經世之戌二千一百八十三（世），遯上九變咸。

經世之亥二千一百八十四（世）。

甲子 同人 孔甲二三	乙丑	丙寅	丁卯	戊辰	己巳	庚午	辛未	壬申 履 孔甲崩子皐踐	癸酉 泰 夏皐
甲戌 大畜	乙亥	丙子	丁丑	戊寅	己卯	庚辰	辛巳	壬午	癸未 恒
甲申 巽 夏發	乙酉	丙戌	丁亥	戊子 訟	己丑	庚寅	辛卯	壬辰	癸巳 蒙

經世之子二千一百七十三（世）遯初六變同人。

甲子，同人。

西元前1857年。民元前3768年。

夏王孔甲二十三年。

壬申，履。
西元前1849年。民元前3760年。
夏王孔甲崩，子皐踐位。

甲戌，大畜。
西元前XX年。民元前XX年。

癸未，恒。
西元前1838年。民元前3749年。
夏王皐崩，子發踐位。

甲申，巽。
西元前XX年。民元前XX年。

甲午 師 發一一年	乙未	丙申	丁酉	戊戌	己亥	庚子	辛丑	壬寅 謙 發崩癸踐	癸卯 否 夏癸桀
甲辰 萃	乙巳	丙午	丁未	戊申	己酉	庚戌	辛亥	壬子	癸丑 益
甲寅 震	乙卯	丙辰	丁巳	戊午	己未	庚申	辛酉	壬戌	癸亥 革

經世之丑二千一百七十四（世）。

甲午，師。

西元前1827年。民元前3738年。

夏王發十一年。

壬寅，謙。

西元前1819年。民元前3730年。

夏王發崩，子癸踐位，是謂之桀。

按：癸乃發之弟，系本以為帝皋生發及履癸。桀字有俊傑與殘暴不同二義，此所謂桀，蓋取其俊傑之義。然而才能出眾而不能將之以德，其所以暴戾恣睢而為惡者，亦必離類絕倫，卒致喪身亡國，皆為俊傑之才所誤。司馬溫公謂：「德勝才為君子，才勝德為小人。」；「君子挾才以為善，善無不至矣！小人挾才以為惡，惡亦無不至矣！」夏桀之所以亡，才勝德也。

甲辰。

西元前XX年。民元前XX年。

甲寅。

西元前XX年。民元前XX年。

甲子 姤 癸二二	乙丑	丙寅	丁卯	戊辰	己巳	庚午	辛未	壬申	癸酉 困
甲戌 未濟 癸三二	乙亥 解 嬖妹喜	丙子 渙	丁丑 蒙 湯用伊尹	戊寅 師 湯征葛	己卯 遯 薦尹于夏	庚辰	辛巳	壬午 小過 伊尹歸亳	癸未 漸
甲申 蹇 桀囚湯夏台	乙酉	丙戌	丁亥	戊子	己丑	庚寅	辛卯	壬辰	癸巳 剝

經世之寅二千一百七十五（世），六二變姤。

甲子，姤。
西元前XX年。民元前XX年。
夏王癸二十二年。

甲戌，未濟。
西元前XX年。民元前XX年。

乙亥，解。
西元前1786年。民元前3697年。
始嬖妺喜。
桀為寵妺喜之一笑，乃為瑤台以處之，為之酒池肉林，一鼓而牛飲者三千人，以博美人之一笑。囚湯，殺諫臣關逢，最後奔南巢而亡。二者卒皆致國亡身滅，而為後人哀之、笑之者。

丁丑，蒙。
西元前1784年。民元前3695年。
成湯即諸侯位，自商丘徙至亳，始用伊尹。
湯名履，姓子氏，契十二世之孫，契始封于商，故曰商丘。即今河南商丘（又名睢陽為古梁國之地）。因以「商」為號。丁丑湯三十有五，成湯嗣位，始居亳。

何以說「成湯」，「成」謂功業之成就，至於「湯」字，或以為是封號，或以之為諡號。亳，今江蘇有亳州，朱氏隱老以為徙亳之亳，當在河南洛陽附近之偃師，因商之祖先帝嚳，咸都洛陽偃師之亳，湯自梁遷亳，乃所謂「從先王居」者。可知湯所治之亳，乃河南偃師之亳，非商丘之亳。如謂商徙亳為商丘之亳，則商丘近有穀熟稱南亳、蒙城稱北亳，皆梁國之地，豈有自梁國徙梁國之理？足證徙亳之亳乃在偃師無疑。

始用伊尹。

己卯湯三十七歲，以幣聘伊尹於有莘之野（今河南開封陳留，傳說伊尹生於空桑，空桑滌地名，在陳留縣南），進于夏桀，伊尹教桀以堯舜之道，桀不聽。朱氏隱老論說：自乙亥至丁丑，纔三年而已，而治亂之機已判，桀於乙亥嬖施氏之女；湯以丁丑用莘野之夫，其治亂之機似微而實著，邵子觀物之變，皆以「始」字書之，可知邵書始字，即含有關鍵時刻之意，如「始嬖」妹喜而夏亡，「始用」伊尹而湯興。

戊寅，師

西元前1783年。民元前3694年。

成湯征葛。

葛，古國名，位於今河南陳留、甯陵之葛（今河南有長葛縣）。湯為什麼征葛？《書經》說因為葛伯「仇餉」（餉即饋贈），葛伯暴虐不仁，不奉祭祀，湯使人往助其耕，奉獻其收穫時，葛伯竟將奉獻的童子給殺了，於是湯便出兵征伐葛伯。葛國的老百姓，都仰領而望，湯軍早日來拯救他們。所以孟子說：「湯一征自葛始，天下信之。東面而征西夷怨，南面而征北狄怨，」《書經》說：「徯為後我，後來其蘇。」老百姓都抱怨說，湯為什麼不先來拯救們呢？

己卯，遯。

西元前1782年。民元前3693年。

成湯薦伊尹于夏王。

壬午，小過。

西元前1779年。民元前3690年。

伊尹丑夏，復歸於亳。

按：丑（此與醜意似同），此作厭惡、不滿之意。成湯以伊尹有治世之才，特獻于桀，伊尹以堯舜之道告桀，夏桀聽不進去，伊尹只好仍舊回亳，前後曾五次入夏，桀皆不接納其建言，原因是桀太聰明了，伊尹所說的道理，桀明白得很，「所謂智足以拒諫，言足以飾非」。夏桀自有一套非常高明的享樂哲學與治國理念。誠如程子所說：「所謂下愚，非必愚也，往往強戾而才力有過人者」。伊尹聖人之道不能行于夏者在此。然而如紂者，倒底是聰明還是下愚呢？有智者而不假用，一意孤行，卒致國亡家滅，失去了任性縱慾的資源，終以「眾苦俱集」，身死為天下笑，其為上智抑下愚，其義立判，毋待言說矣！伊尹歸亳，自屬必然。

甲申，蹇。

西元前1777年。民元前3688年。

桀囚湯于夏台

夏台，夏獄名。既而釋之。

甲午 復 夏王癸五二年	乙未 頤 伊尹相湯伐桀	丙申	丁酉	戊戌 震	己亥	庚子	辛丑	壬寅	癸卯 賁
甲辰 既濟	乙巳 家人	丙午 豐	丁未 革 湯崩太甲不明伊尹放	戊申	己酉	庚戌 損 伊尹復王	辛亥	壬子	癸丑 歸妹
甲寅 睽	乙卯	丙辰	丁巳	戊午	己未	庚申	辛酉	壬戌	癸亥 夬

經世之卯二千一百七十六（世）。

甲午，復。

西元前XX年。民元前XX年。

夏王癸五十二年。

乙未，頤。

西元前1766年。民元前3677年。

伊尹相成湯，伐桀，升自陑，遂與桀戰於鳴條之野，桀敗走三朡，遂伐三朡，俘厥寶玉，放桀于南巢。

按：陑音而，位河曲之陽，即今山西永濟東南，本作隭。朡音綜，古國名，在山東定陶附近。三朡，國名，在今山東定陶。鳴條，今山西平陽安邑縣。南巢，今安徽巢縣。

桀為瓊宮、瑤台、玉床，男女雜處，縱情聲色，為酒池可以行舟，肉山脯林，三旬不朝，太史令終古泣諫不聽，出奔商，大臣費昌（其祖伯翳，舜時賜姓嬴，即秦之先祖）亦去夏奔商，嬴氏遂多顯達，其子孫遂有秦國。關龍逢諫以節用愛人，侈靡嗜殺，恐有亡國之憂，桀怒而殺之。老百姓受不了夏桀暴虐，皆十分怨歎的說：「時日曷喪，余及汝偕亡。」人人皆欲與桀同歸於盡，人心如此。天象尤為詭異，史載兩日相鬥，泰山崩坍，伊、洛水竭，伊尹五次入夏，說桀以堯舜之道，桀不聽，乃相湯代桀，戰於鳴條，放桀南巢，《彖傳》革卦說：「湯武革命，順乎天而應乎人。」

還至大坰，仲虺作誥。歸至亳，乃大誥萬方，南面朝諸侯，建國曰商，以丑月為歲始曰祀，與民更始。

按：坰音迥，即原野之意；仲虺（音灰）還至大坰，司馬貞謂大坰在山東定陶，似有商榷餘地，就當時形勢看湯滅夏後，應是返亳，此言還至大坰，當是亡夏後返亳經過之地，仲虺見湯有慚德，因而作誥，一則以破成湯心中之惑，再則以決眾疑，原文應作如是句讀「還至大坰，仲虺作誥」。「歸至亳，乃大誥萬方，南面朝諸侯……」，以丑即陰曆十二月為正月，現在我們所乃以寅為正月。

湯伐夏在實質上雖是弔民伐罪，所謂「湯武革命，順乎天而應乎人」，但湯畢竟與桀有過上下之份，湯亦無法免於以下犯上的事實，所以戰國時公孫丑，就提出湯放桀、武王伐紂的問題來問孟子，孟子說：史書是這樣說的。湯放桀當然也為後世野心分子以作奸犯科的藉口，商湯十分擔心予後人這種不良的影響，仲虺乃作誥昭告天下，說明放桀之故，解除成湯心中的芥蒂。說明上天以夏桀為人民的主人，今桀不但不保護人民，反而來危害人民，以至民不聊生，於是天賜湯以勇智，使其來「正萬邦，撫萬民」，是來執行夏禹愛民保民的責任的……

甲辰。

西元前XX年。民元前XX年。

丁未，革。

西元前1754年。民元前3665年。

商王成湯崩，元子太甲踐位，不明，伊尹放之桐宮。

按：桐宮，今河南虞城南，商湯墳塋所在之地，《史記》以為湯崩，太子太丁未立而亡，因立太丁之弟外丙，二年，又立外丙之弟仲壬，四年崩，伊尹乃立太丁之子太甲。程伊川先生以為古人以歲為年，湯崩時外丙年方二歲、仲壬方四歲，惟太甲較長故立之也。似以程說為近。

太甲踐位後，伊尹告訴他，祖父成湯為國謀民的辛苦，天不亮即上朝，所謂「孜孜為善，不遑寧處」又遍訪天下俊彥，來教誨他的子孫，要能辛苦勤儉，希望自己的子孫都能勤儉作人，天下才能太平長久。但太甲卻以為是老生常談，置若罔聞，全不念商湯愛民之苦心，胡作非為、亂法敗度，所謂「太甲顛覆湯之典刑」。伊尹乃修一桐宮，讓太甲為其祖父守墓，閉門思過，所謂「太甲不明，伊尹放之桐宮」。公孫丑曾問過孟子說：「如果一位君主，不盡君王的責任，而害民虐民時，為臣子的可以把他趕走、放逐嗎？」孟子說：有伊尹之志則可，無伊尹之志則是為篡，為亂臣賊子了，當然不可。伊尹只有愛國愛民的責任心，故甘冒天下之大不韙，流放其君而自攝國政，而誨之，俾其改過自新而復其位，較之堯舜禪讓，尤為艱難多了。

庚戌，損。

西元前1751年。民元前3662年。

商王太甲，思庸，伊尹乃冕服奉嗣王於亳，返政。

思庸，古人解釋乃太甲已體悟到伊尹的教誨，心中深切懺悔之意。

太甲居桐宮三年，自怨自艾，處仁遷義，「思庸」或以乃思用伊尹之言之意。

孟子說：「三年，太甲誨過，自怨自艾於桐宮，處仁遷義，三年，以德之訓己也，復歸於亳。」伊尹乃以冕服（簡單說即奉上皇帝的衣帽）奉太甲歸亳，伊尹乃返政於太甲而告歸。

甲寅。

西元前XX年。民元前XX年。

甲子 否 太甲一七年	乙丑 萃	丙寅 晉	丁卯 豫	戊辰 觀	己巳 比	庚午 剝	辛未 復	壬申 頤	癸酉 屯
甲戌 益	乙亥 震	丙子 噬嗑	丁丑 隨	戊寅 无妄	己卯 明夷	庚辰 賁 商王太甲崩	辛巳 既濟 商沃丁	壬午 家人	癸未 豐
甲申 革	乙酉 同人	丙戌	丁亥	戊子	己丑	庚寅	辛卯	壬辰	癸巳 履

經世之辰二千一百七十七（世），遯九三變否。

甲子，否。
西元前XX年。民元前XX年。
商王太甲十七年。

甲戌。
西元前XX年。民元前XX年。

庚辰，賁。
西元前1721–1717年。民元前3632–3628年。共29年。
商王太甲崩，子沃丁踐位。

甲申。
西元前XX年。民元前XX年。

甲午 泰 沃丁一四年	乙未	丙申	丁酉	戊戌	己亥	庚子	辛丑	壬寅	癸卯 鼎
甲辰 恒	乙巳	丙午	丁未	戊申	己酉 訟 沃丁崩	庚戌 困 商太庚	辛亥	壬子	癸丑 渙
甲寅 蒙	乙卯	丙辰	丁巳	戊午	己未	庚申	辛酉	壬戌	癸亥 謙

經世之巳二千一百七十八（世）。

甲午，泰。
西元前XX年。民元前XX年。

甲辰。
西元前XX年。民元前XX年。

己酉，訟。
西元前1692年。民元前3603年。共二十九年。
商王沃丁崩，弟太庚立。

甲寅。西元前XX年。民元前XX年。

甲子 漸 太庚十五年	甲戌 剝	甲申 賁
乙丑 蹇 商小甲踐位	乙亥 復	乙酉
丙寅	丙子	丙戌
丁卯	丁丑	丁亥
戊辰	戊寅	戊子
己巳	己卯	己丑
庚午	庚辰	庚寅
辛未	辛巳	辛卯 損
壬申	壬午	壬辰 節
癸酉 比	癸未 明夷	癸巳 中孚

經世之午二千一百七十九（世），遯九四變漸。

甲子，漸。西元前XX年。民元前XX年。商王太庚十五年。

甲戌，剝。

西元前1667年。民元前3578年。共25年。

商王太庚崩，子小甲踐位。

甲申。

西元前XX年。民元前XX年。

辛卯，損。

西元前1650年。民元前3561共十七年。

商王小甲崩，弟雍己立。

甲午 歸妹 雍己三年	乙未	丙申	丁酉	戊戌 泰	己亥	庚子	辛丑	壬寅	癸卯 大有 商王雍己崩
甲辰 夬 商太戊是謂中宗	乙巳	丙午	丁未	戊申	己酉	庚戌	辛亥	壬子	癸丑 訟
甲寅 困	乙卯	丙辰	丁巳	戊午	己未	庚申	辛酉	壬戌	癸亥 小過

經辰之末二千一百八十（世）。

甲午，歸妹。

商王雍己三年

王居位號令不行，商衰。

癸卯，大有。

西元前1638年。民元前3549年。

商王雍己崩，弟太戊立，是為中宗。伊陟、臣扈，格于上帝，巫咸乂王家，大修成湯之政。

伊陟，伊尹之子。臣扈、巫咸，皆一時賢能之臣輔佐，太戊亦能勵精圖治，早朝晚入，盡瘁王事，敬老尊賢，大修成湯之政，商芷復興（芷即白芷，香草名，可入藥），諸侯來朝者七十六國。

甲辰。

西元前XX年。民元前XX年。

甲寅。

西元前XX年。民元前XX年。

甲子 旅 太戊二十一	乙丑	丙寅	丁卯	戊辰	己巳	庚午	辛未	壬申	癸酉 豫
甲戌 觀	乙亥	丙子	丁丑	戊寅	己卯	庚辰	辛巳	壬午	癸未 隨
甲申 无妄	乙酉	丙戌	丁亥	戊子	己丑	庚寅	辛卯	壬辰	癸巳 損

經世之申二千一百八十一（世），遯九五變火山旅。

甲子，旅。

商王太戊二十一年。

甲戌。

西元前XX年。民元前XX年。

甲申。

西元前XX年。民元前XX年。

甲午 節 太戊五一	甲辰 大壯	甲寅 升
乙未	乙巳 大有	乙卯
丙申	丙午	丙辰
丁酉	丁未	丁巳
戊戌 兌	戊申	戊午 解 中宗崩子仲丁踐遷嚚
己亥	己酉	己未 渙 商仲丁
庚子	庚戌	庚申
辛丑	辛亥	辛酉
壬寅	壬子	壬戌
癸卯 小畜	癸丑 蠱	癸亥 咸

經辰之酉二千一百八十二（世）。

甲午，節。

西元前XX年。民元前XX年。

太戊五十一年。

甲辰。

西元前XX年。民元前XX年。

甲寅。

西元前XX年。民元前XX年。

戊午，解。

西元前1563年。民元前3474年。

商王中宗崩，子仲丁踐位，遷於囂。

囂音枵，或作敖，在河之南，即河南開封附近之河陰縣。亦即春秋晉楚七戰之地。商都亳因有黃河決口之患，故遷於囂。

經世之戌二千一百八十三（世），遯上變咸。

甲子 咸 仲丁六年	甲戌 豫	甲申 隨
乙丑	乙亥	乙酉
丙寅	丙子	丙戌 明夷 外壬崩國復亂
丁卯	丁丑 剝	丁亥 賁 河亶甲徙居相
戊辰 蹇	戊寅	戊子
己巳	己卯	己丑 家人
庚午	庚辰	庚寅
辛未 否 仲丁崩國亂	辛巳	辛卯 革
壬申 萃 商外壬	壬午 震	壬辰 同人
癸酉 晉	癸未	癸巳 臨

甲子，咸。
西元前XX年。民元前XX年。
商王仲丁六年。

辛未，否。
西元前1550年。民元前3461年。
商王仲丁崩，國亂。弟外壬立。

甲戌。
西元前XX年。民元前XX年。

甲申。
西元前XX年。民元前XX年。

丙戌，明夷。
西元前1535年。民元前3446年。
商王外壬崩，國復亂，弟河亶甲立，徙居相。
相，今河南彰德。商道遂衰。

甲午 損 河亶甲八年	乙未 節	丙申 中孚 祖乙徙邢	丁酉	戊戌	己亥	庚子	辛丑	壬寅	癸卯 需
甲辰 小畜	乙巳 大壯	丙午 大有	丁未 夬	戊申 姤	己酉 大過	庚戌 鼎	辛亥 恒	壬子 巽	癸丑 井
甲寅 蠱 高祖辛	乙卯	丙辰 訟	丁巳	戊午	己未 解	庚申	辛酉	壬戌 師	癸亥 遯

經世（辰）之亥二千一百八十四（世）。

甲午，損。

西元前XX年。民元前XX年。

商王河亶甲八年。

乙未，節。

西元前1526年。民元前3437年。

商王河亶甲崩，子祖乙踐位，圮于耿，徙居邢，巫賢為相。

河亶甲以囂有河決之虞，遂自囂遷都於相（即今之開封附近之彰德），及至祖乙，相又有河決之虞，祖乙乃又自相遷于耿（今山西平陽），之後祖乙又以耿圮于水，復自耿徙都于邢（直隸順德）然《史記・索引》則以為耿、邢音似，故以為邢即是耿。

巫賢乃巫咸之子，巫咸為相，商道復興。

甲辰。

西元前XX年。民元前XX年。

甲寅，蠱。

西元前1507年。民元前3418年。

商王祖乙崩，子祖辛踐位。

劉氏斯組說：以上為午會之第二運，直姤之遯之十二世也。起夏孔甲十三年甲子，遯之同人，辛九年癸亥。歷甲子六紀（即六個甲子），三百六十年，中間治亂興亡，各視世卦之分，年卦之直，如前法以求焉。

意即是說，午會十二世已如上述，其間之治亂興亡，可從世卦與年卦求之焉。

黃氏畿以為：以上為午會第二運之十二世，世當同人之革，蓋成湯「聖敬日躋」之時。而桀立值否，時日能無喪哉？

又謂：午會第二運之十二世，世當同人之革，乃是成湯「聖敬日躋」、盛德日隆之時。即子世（經世之子二千一百七十三世）年卦起同人，至二千百七十四世，丑世最後一年，值革，故說「世當同人之革」。桀立於咸世甲午之癸卯，恰值否卦，竟不免於「時日偕亡之喪」之兆（《書經・湯誓》說：「時日曷喪，予及汝偕亡。」一時日指桀，意即是說只要能使桀死，人民不惜與其同歸於盡。

蓋夬姤之交，而有乾焉；剝復之交，而有坤焉，亂生於治。未濟之後始嬖妹喜，則戾嫡妾之序矣！瓊宮瑤台以處之，肉山脯林以奉之，而又一鼓而牛飲者三千人，以資其一笑，王綱安得而不解耶？

從伏羲圓圖看，由夬至姤，其間有乾卦；由剝至復，其間有坤卦，所謂「夬姤之交有乾；剝復之交有坤」，由夬至姤，象徵由治生亂；由剝至復，象徵由亂生治。（姤，一陰始生，乃陰盛之始；復一陽復生，為陽長之始，陽象徵治，象徵興盛，國家太平；陰象徵亂，象徵民生凋敝，社會不安）。即所謂「亂生於治，治生於亂」，其故在此。桀於未濟之後，始嬖妹喜（乃三十二年之後，寅世甲戌之乙亥，年卦值解），乖亂了後宮制度！而又瓊宮、瑤台以處之，行淫縱欲，為肉山脯林以奉之，酒池可以行舟，一鼓而牛飲者三千人，以為戲謔，以資妹喜之一笑……。國家律令法度，悉為蕩然，綱常悉已渺然泯滅。夏桀搞得民怨沸騰，人民指天誓日，咸欲與之偕亡，「治生於亂」，於此成湯即諸侯位，始用伊尹，「維心亨，行有尚」（坎卦辭），將是一個新時代的來臨。

第四節　以運經世四——觀物篇二十八

經元之甲一，經會之午七，經運之丙一百八十三，訟。

經世之子二千一百八十五（世），訟初六變履。

經世之丑二千一百八十六（世）。

經世之寅二千一百八十七（世），訟九二變否。

經世之卯二千一百八十八（世）。

經世之辰二千一百八十九（世），訟六三變姤。

經世之巳二千一百九十（世）。

經世之午二千一百九十一（世），訟九四變渙。

經世之未二千一百九十二（世）。

經世之申二千一百九十三（世），訟九五變未濟。

經世之酉二千一百九十四（世）。

經世之戌二千一百九十五（世），訟上九變困

經世之亥二千一百九十六（世）。

甲子 履 商祖辛十年	乙丑 泰	丙寅 大畜	丁卯 需	戊辰 小畜	己巳 大壯	庚午 大有	辛未 夬 商沃甲	壬申 姤	癸酉 大過
甲戌 鼎	乙亥 恒	丙子 巽	丁丑 井	戊寅 蠱	己卯 升	庚辰 訟	辛巳 困	壬午 未濟	癸未 解
甲申 渙	乙酉 蒙	丙戌 師	丁亥 遯	戊子 咸	己丑 旅	庚寅 小過	辛卯 漸	壬辰 蹇	癸巳 艮

經世之子二千一百八十五（世），訟初六變履。

甲子，履
西元前XX年。民元前XX年。
商王祖辛十年。

庚午，大有。
西元前XX年。民元前XX年
商王祖辛崩，弟沃甲立。

甲戌。

西元前XX年。民元前XX年。

甲申。

西元前XX年。民元前XX年。

甲午 謙 沃甲二四	乙未 否 沃崩亂	丙申 萃 商祖丁	丁酉 晉	戊戌 豫	己亥 觀	庚子 比	辛丑 剝	壬寅 復	癸卯 頤	
甲辰 屯	乙巳 益	丙午 震	丁未 噬嗑	戊申 隨	己酉 无妄	庚戌 明夷	辛亥 賁	壬子 既濟	癸丑 家人	
甲寅 豐	乙卯 革	丙辰 同人	丁巳 臨	戊午 損	己未 節	庚申 中孚	辛酉 歸妹	壬戌 睽	癸亥 兌	

經世之丑二千一百八十六（世）。

甲午，謙。

西元前XX年。民元前XX年。

商王沃甲二十四年。

乙未，否。

西元前1466年。民元前3377年。

商王沃甲崩，國亂。兄祖丁立。

按：《史記》謂沃甲崩，兄祖辛之子祖丁立。可知祖丁乃沃甲叔父之子。

甲辰。

西元前XX年。民元前XX年。

甲寅。

西元前XX年。民元前XX年。

甲子 否 祖丁二九年	甲戌 益	甲申 革
乙丑 萃	乙亥 震	乙酉 同人
丙寅 晉	丙子 噬嗑	丙戌 臨
丁卯 豫 祖崩亂	丁丑 隨	丁亥 損
戊辰 觀 南庚	戊寅 无妄	戊子 節
己巳 比	己卯 明夷	己丑 中孚
庚午 剝	庚辰 賁	庚寅 歸妹
辛未 復	辛巳 既濟	辛卯 睽
壬申 頤	壬午 家人	壬辰 兌 南庚崩國亂
癸酉 屯	癸未 豐	癸巳 履 陽甲

經世之寅二千一百八十七（世），訟九二變否。

甲子，否。

西元前XX年。民元前XX年。

商王祖丁二十九年。

丁卯，豫。

西元前1434年。民元前3345年。

商王祖丁崩，國亂，沃丁之子南庚立。

甲戌。

西元前XX年。民元前XX年。

甲申。

西元前XX年。民元前XX年。

壬辰，兑。

西元前1409年。民元前3320年。

商王南庚崩，國亂。祖丁之子陽甲立，諸侯不朝。

南庚在位二十有五祀王崩，國亂。子陽甲立，商道復衰，諸侯不朝。

甲午 泰 陽甲二年	乙未 大畜	丙申 需	丁酉 小畜	戊戌 大壯	己亥 大有 陽甲崩	庚子 夬 盤庚立	辛丑 姤	壬寅 大過	癸卯 鼎
甲辰 恒	乙巳 巽	丙午 井	丁未 蠱	戊申 升	己酉 訟	庚戌 困	辛亥 未濟	壬子 解	癸丑 渙
甲寅 蒙	乙卯 師	丙辰 遯	丁巳 咸	戊午 旅	己未 小過	庚申 漸	辛酉 蹇	壬戌 艮	癸亥 謙

經世之卯二千一百八十八（世）。

甲午，泰。

西元前XX年。民元前XX年。

商王陽甲二年。

己亥，大有。

西元前1402年。民元前3313年。

陽甲崩，弟盤庚立，復歸於亳，改號曰殷。

七年己亥，王崩。庚子弟盤庚立，改國號為殷，時因商道寖衰，於是乃決計遷都於亳，（即洛陽附近之偃師），不少王公大臣，富商巨賈及國人，因安土重遷，乃作〈盤庚〉三篇，告諭人民以遷都之利，與不遷都之害，遂遷都於西亳，改國號為殷。（因溵水出於亳，乃改國號曰殷。盤庚行湯之政，商道中興。）

按：商自成湯都亳即今河南商邱，湯七傳至仲丁，因河患遷都于囂，河南開封河陰縣；仲丁再傳至河亶甲，遷都于相，河南彰德。

河亶甲傳祖乙，祖乙又遷于耿，（今山西平陽）。九年又徙都于邢，（今河北邢臺縣）。祖乙六傳至盤庚，時商道中衰，乃謀遷都于殷，再遷於稾亳，即西亳也，今河南洛陽偃師。改國號殷。

甲辰。

西元前XX年。民元前XX年。

甲寅。

西元前XX年。民元前XX年。

甲子 姤 盤庚二五	乙丑 大過	丙寅 鼎	丁卯 恒	戊辰 巽 商小辛	己巳 井	庚午 蠱	辛未 升	壬申 訟	癸酉 困
甲戌 未濟	乙亥 解	丙子 渙	丁丑 蒙	戊寅 師	己卯 遯	庚辰 咸	辛巳 旅	壬午 小過	癸未 漸
甲申 蹇	乙酉 艮	丙戌 謙	丁亥 否	戊子 萃	己丑 晉 商小乙	庚寅 豫	辛卯 觀	壬辰 比	癸巳 剝

經世之辰二千一百八十九（世），訟六三變姤。

甲子，姤。

西元前XX年。民元前XX年。

商王盤庚二十五年。

丁卯，恒。

西元前1374年。民元前3285年。

商王盤庚崩，弟小辛立。

甲戌，未濟。

西元前XX年。民元前XX年。

甲申。

西元前XX年。民元前XX年。

戊子，萃。

西元前1353年。民元前3264年。

商王小辛崩，弟小乙立。

甲午 復 小乙六年	甲辰 既濟	甲寅 睽
乙未 頤	乙巳 家人	乙卯 兌
丙申 屯	丙午 豐	丙辰 履
丁酉 益	丁未 革	丁巳 泰 武丁是謂高宗
戊戌 震	戊申 同人	戊午 大畜
己亥 噬嗑	己酉 臨	己未 需
庚子 隨	庚戌 損	庚申 小畜
辛丑 无妄	辛亥 節	辛酉 大壯
壬寅 明夷	壬子 中孚	壬戌 大有
癸卯 賁	癸丑 歸妹	癸亥 夬

經世之巳二千一百九十（世）。

甲午，復。
西元前XX年。民元前XX年。
商王小乙六年。

甲辰。
西元前XX年。民元前XX年。

甲寅。
西元前XX年。民元前XX年。

丙辰，履。
西元前1325年。民元前3236年。
商王小乙崩，子武丁踐位，是謂高宗。甘盤為相，以夢求傅說，得之于傅岩。

由湯歷二十三帝，四百餘年（湯起西元前一七六六年，迄武丁即位，為西元前一三二五），而至於武丁，國勢由衰落而復中興，史稱高祖中興。

武丁為父服喪期間，政事悉委于其相甘盤，自己則不言不語，三年服喪期滿，甘盤還政退休，武丁仍然不言不語，朝中群臣皆紛紛諫勸，非常擔心其情態異常，實則武丁只是在默默祈禱，希望能得到一位賢能之臣，協助其治理國家，果然夢到上神賜給他一位聖賢，可以幫他化民治國。所謂：「恭默思道，夢上帝賚（音來，賞賜之意）以良弼。」武丁乃使人將其夢中所見天賜良弼的圖像，畫了下來，派人到民間尋訪，果然于傅岩（地名，在今河南洛陽西之陝州）作苦工的罪犯內，找到了夢中賢臣傅說（說念月）。武丁與其交談後，知道傅說是位聖人，遂立為相，置諸左右，把國家的重責大任，都交給傅說，遂成就了武丁的中興事業。史稱武丁為殷王高宗，《商書》有〈說命〉三篇。史書上說：「武丁宅憂，亮陰三年不言，夢帝賚予良弼。」宅就是居；憂，即服喪；宅憂即為其父服喪守孝。

武丁從夢中得到傅說，用以為相，史書則津津樂道，今人視之，或以為無稽，其實古往今來，天地之大，無奇不有，苟未能得其所以然之故者，似當以「理有未窮，知有不盡」觀之，斷言其無稽，似乎未可。即以順風耳、千里眼，昔人咸以神怪目之，而今雖則匹夫匹婦之愚，人人咸具其能，近如數十年之間，電視機未問世時，如說人在北京家中坐，便可觀看美國紐約歌舞表演，孰不謂為癡人囈語？程伊川先生所謂：「人心虛明，善必先知之，不善亦先知之。」朱氏隱老說：「若心之虛，則與天同體，天之體無窮，則心之體亦無窮也，物雖不來，吾固有以照之矣！」揚雄以為「夢寐乃誠之形」，亦即至誠之精神反應，由是而言，武丁之夢，似無足怪者。

甲子 渙 武丁八年	乙丑 蒙	丙寅 師	丁卯 遯	戊辰 咸	己巳 旅	庚午 小過	辛未 漸	壬申 蹇	癸酉 艮
甲戌 謙	乙亥 否	丙子 萃	丁丑 晉	戊寅 豫	己卯 觀	庚辰 比	辛巳 剝	壬午 復	癸未 頤
甲申 屯	乙酉 益	丙戌 震	丁亥 噬嗑	戊子 隨	己丑 无妄	庚寅 明夷	辛卯 賁	壬辰 既濟	癸巳 家人

經世之午二千一百九十一（世），訟九四變渙。

甲子，渙。

西元前1317年。民元前3228年。

商王武丁八年。

甲戌。

西元前XX年。民元前XX年。

甲申。

西元前XX年。民元前XX年。

甲午 豐 武丁三八	甲辰 履	甲寅 鼎
乙未 革	乙巳 泰	乙卯 恒
丙申 同人	丙午 大畜	丙辰 巽 商祖庚
丁酉 臨	丁未 需	丁巳 井
戊戌 損	戊申 小畜	戊午 蠱
己亥 節	己酉 大壯	己未 升
庚子 中孚	庚戌 大有	庚申 訟
辛丑 歸妹	辛亥 夬	辛酉 困
壬寅 睽	壬子 姤	壬戌 未濟
癸卯 兌	癸丑 大過	癸亥 解 商祖甲

經世之未二千一百九十二（世）。

甲午，豐。
西元前XX年。民元前XX年。
商王武丁三十八年。

甲辰。
西元前XX年。民元前XX年。

甲寅。
西元前XX年。民元前XX年。

乙卯，恒。

西元前1266年。民元前3177年。

商王高宗崩，子祖庚踐位。

壬戌，未濟。

西元前1259年。民元前3170年。

商王祖庚崩，弟祖甲立。

甲子 未濟 祖甲二年	乙丑 解	丙寅 渙	丁卯 蒙	戊辰 師	己巳 遯	庚午 咸	辛未 旅	壬申 小過	癸酉 漸
甲戌 蹇	乙亥 艮	丙子 謙	丁丑 否	戊寅 萃	己卯 晉	庚辰 豫	辛巳 觀	壬午 比	癸未 剝
甲申 復	乙酉 頤	丙戌 屯	丁亥 益	戊子 震	己丑 噬嗑	庚寅 隨	辛卯 无妄	壬辰 明夷	癸巳 賁 周文王生

經世之申二千一百九十三（世），訟九五變未濟。

甲子，未濟。

西元前XX年。民元前XX年。

商王祖甲二年。

甲戌。

西元前XX年。民元前XX年。

甲申，復。

西元前XX年。民元前XX年。

癸巳，賁。

周文王生。

甲午 既濟 祖甲三二	乙未 家人	丙申 豐 商廩辛	丁酉 革	戊戌 同人	己亥 臨	庚子 損	辛丑 節	壬寅 中孚 商丁	癸卯 歸妹
甲辰 睽	乙巳 兌	丙午 履	丁未 泰	戊申 大畜	己酉 需	庚戌 小畜	辛亥 大壯	壬子 大有	癸丑 夬
甲寅 姤	乙卯 大過	丙辰 鼎	丁巳 恒	戊午 巽	己未 井	庚申 蠱	辛酉 升	壬戌 訟	癸亥 困 武乙徙河北

經世之酉二千一百九十四（世）。

甲午，既濟。
西元前1227年。民元前3138年。
商王祖甲三十二年。

乙未，家人。
西元前XX年。民元前XX年。
商王祖甲崩，子廩辛踐位。

辛丑。
西元前1220年。民元前3131年。
商王廩辛崩，弟庚丁立。

甲辰。
西元前XX年。民元前XX年。

甲寅。

西元前XX年。民元前XX年。

壬戌，訟。

西元前1199年。民元前3110年。

商王庚丁崩，子武乙踐位，徙居河北（今河南衛輝）。

代商先機兆於此矣。

文王生於壬辰之明夷與甲午既濟之間。

文王生於明夷既濟之間，值賁。賁《彖》說：「觀乎天文，以察時變，觀乎人文，以化成天下。」又《象》曰：「山下有火，賁，君子以明庶政。」明夷去而未濟來，兆示治生於亂，商亂之極，周將起而代之。

世卦當困，武乙震死，而年值解，子太丁立則值渙焉（經世之戌二千一百九十五世，甲子之丙寅值解，武乙震死，子太丁立值渙），太丁《竹書紀年》作文丁為是，蓋湯之元子，已名太丁矣（經世謂武乙死，子太丁立。王氏據《竹書紀年》，更正太丁為文丁，因湯之嫡子已名太丁，其後世子孫，似不可能亦名太丁）。丙子周文王始即諸侯位，至是勢日昌矣。

甲寅值夬，治生於亂也。始孌妲己，糟邱、酒地、飾非、拒諫，其亦剛決者乎？（夬《彖》曰：夬，決也，剛決柔也，剛決，剛愎自用意。）

丁巳值鼎，囚文王於羑里（經世之亥二千一百九十六世，甲寅之丁巳鼎）；己未值巽（一百九十六世之己未，值巽），放文王歸國，且賜命為西伯。殆天命在周，故紂之刑賞，無恒如此歟？說紂對文王，時囚時放，文王獻上紂王一份厚禮（文王被囚，其臣散宜生等送紂以美女、寶馬及奇怪之物，紂大悅，乃赦西伯，西伯又獻洛西之地於紂，請除炮烙之刑，紂大喜，許之，並賜之弓矢鈇鉞，使專征伐），紂王極其高興，不但將文王放歸，並且賜爵、授予專征之權。似乎殷商氣數已盡，天命在周，所以殷紂似鬼迷心竅，才對文王忽而欲囚殺、忽而又釋放，乃至授權專征，關係國家、自身，生死存亡的關鍵問題，竟率性視之如兒戲，國之云亡，豈非指顧間事？

按：黃氏注經世書，以

二千一百九十三世，甲申之癸巳，文王生，值賁。

二千一百九十五世，甲戌之己卯，文王即諸侯位，值萃。

二千一百九十六世，甲寅之辛酉，文王被囚羑里，值蠱；癸亥，賜命為西方諸侯伯，值訟。

二千一百九十七世，甲子伐崇；乙丑伐密須。武王嗣諸侯位為下一運之庚午（經運之丁百八十四之子世）（以上同四庫全書本）。

《綱鑑易知錄》則以為：祖甲二十八年庚寅，周文王生，帝乙七年周公季歷羑，世子昌立，是為文王。丁巳十有一祀，囚西伯于羑里，戊午演易；己未十有三祀釋西伯，賜弓矢鈇鉞，專征之權。十有九年伐崇，作豐邑，徙都之……。

王氏植認為：《周書》紀國初事甚詳，〈泰誓〉曰：惟十有三年春（武王在位之十三年），大會于孟津。〈武成〉曰：惟九年大勳未集（說文王大功尚未完成，武王承繼其業），蓋文王即諸位，在帝乙之丙子（經世之戌二千一百九十五世）。

越丁巳而見囚於紂（經世之亥二千一百九十六世）。

己未賜命為西伯（經世之亥二千一百九十六世）。

壬戌伐密須（同一百九十六世），乙丑伐崇，丙寅戡黎（均為次運，經運之丁百八十四運，經世之子二千一百九十七世）。

丁卯武王嗣位（百八十四運，一百九十七世），己未至是適九年矣。

又十三年至己卯，而武王伐商，踐天子位（八十四運，經世之子二千一百九十七世甲戌之己卯）。

又說：黃氏注經世書，以文王即位為己卯，卦值萃，囚羑里為辛酉值蠱，賜命為癸亥值訟，因於下文第四運內，謂伐崇為甲子，伐密須為乙丑，武王嗣侯位為庚午，又配以卦而強為之說，豈沿舊本之誤歟？王氏說：今一為正之，以核其實。

甲子 困 武乙二年	乙丑 未濟	丙寅 解 武乙震死	丁卯 渙 商太丁	戊辰 蒙	己巳 師	庚午 遯 商帝乙	辛未 咸 裎	壬申 旅	癸酉 小過
甲戌 漸	乙亥 蹇	丙子 艮 文王始即諸侯位	丁丑 謙	戊寅 否	己卯 萃	庚辰 晉	辛巳 豫	壬午 觀	癸未 比
甲申 剝	乙酉 復	丙戌 頤	丁亥 屯	戊子 益	己丑 震	庚寅 噬嗑	辛卯 隨	壬辰 无妄	癸巳 明夷

經世之戌二千一百九十五（世），訟上九變困。

甲子，困，

西元前XX年。民元前XX年。

商王武乙二年。

丙寅，解。

西元前1195年。民元前3106年。

商王武乙震死。子太丁立。

武乙無道，忽發狂想，要與天神決鬥，用木頭或泥土，製成天神像，令人與天神相鬥，天神不勝，便將之砍頭斷肢以辱之，又製皮囊，裝滿血漿，懸于高處，仰而射之，謂之射天，後於射獵時，被暴雷殛斃。

按：《皇極》敘事法，父死子繼者，說「踐位」；兄終弟及者，說「立」。此章商王武乙死，子太丁即位，不說踐位而說立。朱氏隱老以為可能有兩種理由，其一，或者以為武乙死于震（雷殛）者，其位業已絕滅，已無位可踐，故以變例書之；其二，或者以為商王帝乙死，繼位者為次子受辛而非嫡長，故說立而不說「踐」。

甲午 賁 帝乙二五年	乙未 既濟	丙申 家人	丁酉 豐	戊戌 革	己亥 同人	庚子 臨	辛丑 損	壬寅 節	癸卯 中孚
甲辰 歸妹	乙巳 睽	丙午 兌	丁未 履 受辛元	戊申 泰	己酉 大畜	庚戌 需	辛亥 小畜	壬子 大壯	癸丑 大有
甲寅 夬 始嬖妲己	乙卯 姤	丙辰 大過	丁巳 鼎	戊午 恒	己未 巽	庚申 井	辛酉 蠱 囚文王羑里	壬戌 升 西伯伐密須	癸亥 訟 文王為西伯

經世之亥二千一百九十六（世）。

甲午，賁。

西元前XX年。民元前XX年。

商王帝乙二十五年。

甲辰。

西元前XX年。民元前XX年。

丙午，兌。

西元前1155年。民元前3066年。

商王帝乙崩，次子受辛立，是謂紂。

帝乙后為妾時生微子而賢，又生仲衍，後妾立為后，生辛受。帝乙及后，以微子賢，欲立為太子。太史力爭之，以為有妻之子，不可以立妾之子，以微子生時，其母尚為妾，受辛生時，則已封為后，殷太史認為不應立微子，應立辛受為太子，始合乎宗法，於是遂立辛受為太子。

甲寅，夬。

西元前1147年。民元前3058年。

始嬖妲己。

辛酉，蠱，

西元前1140年。民元前3051年。

商囚文王於羑里。

西伯演周易六十四卦，各為《彖》。

癸亥，訟。

西元前1138年，民元前3049年。

商王放文王歸於國，錫命為西方諸侯伯。

劉氏斯組說：以上為午會第三運，值姤之訟之十二世，起商祖辛十年訟之履，迄周文王受命為西伯之癸亥，仍值訟，凡三百六十年間，即事考占，良多驗應。如文王年卦值蠱，囚於羑里；至訟，則賜矢專征，未必非鞶帶受服之在西伯、終朝三褫之，應伐崇也。明夷、訟之對，《彖》曰：「文王以之。」或謂：「易遊日月在天，光應在地，視其所對，明無不及云。」

劉氏以為：午會第三運十二世之三百六十年，自訟而起，至訟而終，治亂相仍，其間重大事故與所遇卦值，頗多驗應。如文王年卦值蠱（經世之亥二千一百九十六甲寅之辛酉），而囚於羑里；至訟則「賜矢專征」（甲寅之癸亥）。猶訟上九「或賜之鞶帶，終朝三褫之」。賜鞶帶，三褫之，豈非西伯囚、放、專征（伐崇）

之應？西伯伐崇而自岐徙豐（今陝西安附近之鄠縣，鄠音戶），奠定大周開國八百餘年之基業。

劉氏說，明夷為訟之對（地火為明夷，天水為訟，天地相對、水火相對），二者之吉凶，亦猶日月在天，光應在地之月然。明夷《彖》說：「明入地中，明夷：內文明而外柔順，以蒙大難，文王以之。」光明被埋於地下，謂之「明夷」。殷紂因拒諫而將九侯剁成肉醬、鄂侯製成肉干，文王只是因為對九侯、鄂侯的遭遇有所感歎而已，即被紂囚於羑里，所謂「卒蒙大難」者，文王懷盛德而被囚羑里，猶明入地中，而不敢反抗。恰如明夷所說之「內文明而外柔順，以蒙大難」不是明夷之應嗎？故說「文王以之」。也有人以為：「日月在天，光明照地，凡其所照，即與日月相應。」故說日月在上，其應在地，無所不及。

按：第三運第十二世為癸亥，值訟，商放文王歸國，命為西方諸侯，並授予代天子專征之權。訟上九謂「或賜之鞶帶，終朝三褫之」。鞶，音盤，寬大的帶子，為官服或命婦，所用之飾物。

黃氏畿云：午會第三運之十二世，世卦當謙而年值否，沃甲崩國亂驗矣（見經世之丑二千一百八十六世，甲午值謙）！及世當否而南庚、陽甲亦亂，不尤驗乎（同上八十六世）？

世卦當泰，年卦值大有（見經世之卯二千一百八十八世，甲午值泰，己亥值大有。又水地為比）。

盤庚復歸於亳（此指西亳言，今河南洛陽附近之偃師縣），改號曰殷。蓋亳之地有溵水出焉，故殷以水名，非伏比之應歟？比為水地，上坎下坤，水在地上，殷以水而名，故說伏比。比《象》曰：「地上有水，比。」先王以建萬國、親諸侯。又比卦辭曰：「不甯方來，後夫凶。」已很明白的啟示了殷後繼者之兇險、與殷道之將窮。

姤復，天地之交也（經世之辰二千一百八十九世、甲子值姤），高宗元年，則交而為泰矣（經世之巳二千一百九十世，甲午值復）！復為一陽始生，由地而交天，為地天泰，高宗即位。

甘盤為相，武丁以夢求得傅說，用以為相。傅說作〈說命〉三篇，陳帝王之學焉，傅說作〈說命〉，教商之繼起為君者以為君之道，然而十分遺憾的是，「不甯方來，後夫凶」。商之後繼者，一代不如一代，不旋踵而商亡，伏比已示警矣！

祖甲承「震伐鬼方」之餘烈。（經世之午二千一百九十一世，甲申之戊子，高宗伐鬼方，殷道復興。未濟九四說：「震用伐鬼方，三年有賞於大國。」（震用，即雷厲風行，大張撻伐之意）

世卦未濟，而文王生於明夷、既濟之間。經世之申二千一百九十三世，甲申之壬辰，值明夷；明夷次年為癸巳，值賁，周文王生。癸巳之次年為二千一百九十四世之甲子，值既濟。文王生於賁，適明夷與既濟之間），以圖示之如下衣之（觀物之二十九，經世之子二千一百九十七世圖）。

第五節　以運經世五——觀物篇二十九

經元（日）之甲一，經會（月）之午七，經運（星）之丁一百八十四，巽。

經世之子二千一百九十七（世），巽初六變風天小畜。

經世之丑二千一百九十八（世）。

經世之寅二千一百九十九（世），巽九二變風山漸

經世之卯二千二百（世）。

經世之辰二千二百〇一（世），巽九三變風水渙

經世之巳二千二百〇二（世）。

經世之午二千二百〇三（世），巽六四變天風姤

經世之未二千二百〇四（世）。

經世之申二千二百〇五（世），巽九五變山風蠱。

經世之酉二千二百〇六（世）。

經世之戌二千二百〇七（世），巽上九變水風井。

經世之亥二千二百〇八（世）。

甲子 小畜 商王受一八年西伯自岐徙豐	甲戌 蠱	甲申 咸
乙丑 大壯 西伐密須	乙亥 升	乙酉 旅 武王崩周召分治陝洛
丙寅 大有 西伯戡黎	丙子 訟	丙戌 小過 周成王踐位三監及淮夷叛
丁卯 夬 西伯伐邢	丁丑 困 武王東觀兵於孟津	丁亥 漸
戊辰 姤	戊寅 未濟 殺比干囚箕子微子奔周	戊子 蹇 三監平始黜商命殺武庚
己巳 大過 周文王沒元子發踐	己卯 解 武王伐商殺受立其子武庚為後武王踐位	己丑 艮
庚午 鼎 周武王即諸侯位	庚辰 渙 命管蔡霍監邶鄘衛	庚寅 謙 營成周
辛未 恒	辛巳 蒙	辛卯 否
壬申 巽	壬午 師	壬辰 萃 周公分政城周東郊
癸酉 井	癸未 遯	癸巳 晉

經世之子二千一百九十七（世），巽初六變小畜。

甲子，小畜。

西元前1137年。民元前3048年。

商王受辛十八年，西伯伐崇，自岐徙居豐。

《史記》，崇侯虎譖文王於紂，紂囚文王於羑里，西伯臣散宜生等，以寶馬、奇獸、及其它奇怪珍玩之物獻紂，紂王大喜，遂將文王開釋，並授以專征之權。於是文王伐崇，因作豐邑，並以豐為都。

按：崇侯見《詩・大雅・皇矣》。崇、豐皆國名。崇、于商為崇；于夏稱扈，于秦則因扈之名而改為鄠。（戶、扈、鄠三字同義，位在今西安寶雞之間，文王由岐山遷都於此。）

西伯演易。

西伯演《易》於羑里。《史記・周本紀》，伏羲氏之畫卦，初有圖無書，有占而無文（邵子所謂，圖雖無文，吾終日言，未嘗離乎是可見），自文王之後，始有文有書，重為六十四卦，文王囚於羑里，是乎演而為是。是《正義》曰：「伏羲制卦，文王卦辭，周公爻辭，孔子十翼」。

乙丑，大壯。

西元前XX年。民元前XX年。

周西伯伐密須。

密須，今甘肅靈台。

丙寅，大有

西元前1087年。民元前2998年。

周西伯戡黎。

黎古國名，今山西黎城。（《綱鑑》：丙寅文王薨，世子發嗣，此戡黎之西伯為武王。）

丁卯，夬。

西元前XX年。民元前XX年。

周西伯伐邘。

《綱鑑》謂西伯武王元年。

己巳，大過。

西元前1132年。民元前3043年。

周文王沒，元子發踐位，是謂武王，葬文王於畢。

畢，在長安西北之杜南。

甲戌，蠱。

西元前XX年。民元前XX年。

商受二十八。

丁丑，困。

西元前1124年。民元前3035年。

周武王東觀兵於盟津。

盟津，即孟津，在河南孟縣。武王觀兵於此，諸侯不期而會盟者八百餘人，故曰盟津，今謂孟津。皆曰紂可伐。武王曰未可，退而修德。按，武王於即位之次年改元，至此纔八年，觀兵之事，有說在十一年，有說在十三年，如說十一年，則當為庚辰，如謂十三年，則應為壬午，而此為八年之丁丑，說各不同，朱氏隱老說：「未知何說為是，此存疑。」

戊寅，未濟。

西元前1123年。民元前3034年。

商王紂殺太師比干，囚箕子，微子以祭器奔周。

紂三十二祀，西周發十有二年，賢臣梅伯諫不聽，殺而醢之；微子數諫不聽，便離紂而去了；箕子諫不聽，乃披髮佯狂為奴；比干極諫，紂以比干自以為聖人，謂聖人之心有九竅，遂剖視之，孟子所謂「比干極諫而死」。

按：紂殺比干、囚箕子在紂三十二年。武王伐紂，在周武王一十三年。《大事年表》則同列之，因一表涵四年之故。

己卯，解。

西元前1122年。民元前3033年。

呂尚相武王伐商，師逾盟津，大陳兵于商郊，敗之於牧野。殺紂。立其子武庚為後，還歸在豐踐天子位，南面朝諸侯，大誥天下，以子月為歲始，曰年，與民更始。

周武王十有三年冬，商紂暴虐已達極點，武王乃帥師會諸侯伐商。春正月大會諸侯于孟津，誓師伐商。二月癸亥，大軍集結完畢。甲子，商受亦發兵七十萬拒武王，大戰於牧野（即今河南輝、汲縣一帶之地），商師皆反兵以引周師，商師大潰。紂奔鹿台衣珠玉，自燔而死。武王斬妲己，封比干之墓，表旌商容之居，發鉅橋之粟，散鹿台之財，紂宮之婦女，悉行放歸其家。商民大悅，咸感武王之仁德。

立紂子武庚為殷後，諸侯尊武王為天子，以子月為歲首，解散軍隊，把戰爭所用馬牛，放歸原野，所謂歸馬華山（即今之華山），放牛桃林（今潼關附近），武器亦悉行入庫封存，表示從此不再用兵。

按：漢鄭玄《月令》注有十二辟卦之說，冬至一陽始生為子月，於卦為地雷復；二陽生為丑月，於卦為地澤臨；三陽生為寅，於卦為泰；四陽生為卯，於卦為大壯；五陽生為辰月，於卦為夬；六陽生為巳月，於卦為乾。

一陰始生為午月，於卦為姤；二陰生為未月，於卦為天山遯；三陰生為申月，於卦為否；四陰生為酉月，於卦為觀；一陽五陰生為戌月，於卦為剝；六陰生為亥月，於卦為坤，即所謂之十二辟卦。

夏以建寅月為正，平旦為朔；殷以建月為正，雞鳴為朔；周以建子月為正，夜半為朔。吾人今日所之陰曆，即以三陽之寅月為正月，所謂國曆，即以地澤臨之二陽為正，亦即陰曆之十二月為正。簡言之，亦即古時政府行政所用之時間。

庚辰，渙。

西元前1121年。民元前3032年。

命管叔、蔡叔、霍叔，守邶、鄘、衛三邑，謂之三監。

武王滅商後，大封建諸侯於天下，如神農、黃帝、堯、舜之後；功臣之後與宗室等，以鮮叔封于管（今河南鄭州）、度叔封于蔡（今河南上蔡）、封叔虔于霍（今山西平陽之霍州。此霍是否為河南霍山？）、康叔于衛（今河南衛輝），以守邶、鄘、衛，名曰三監，實監視武庚。

謂：邶、鄘、衛三國名，以商都朝歌而北，謂之邶；南謂之鄘；東謂之衛。

按：邶、鄘、衛三國，似武王克商後，三分殷之地，而以三監監之，惟其間本已封康叔于衛，又以霍叔監康叔，為理所未解。

甲申，咸。

西元前XX年。民元前XX年。

乙酉，旅。

西元前1116年。民元前3027年。

周武王崩，元子誦踐位，是為成王。周公為太師，召公為太保，二公分治陝、洛，受顧命，率天下諸侯，夾輔王室，葬武王於畢。

甲申之乙酉，武王子誦即位，是為成王（年十三歲），國政由周、召二公分治，自陝以東周公主之，自陝以西召公主之。成王年幼，周公攝政當國，南面負扆以朝諸侯（扆音依，皇帝座位背後之屏風），「一沐三握發，一飯三吐哺」，唯恐怠慢天下賢士。周公攝政，召公心生懷疑，欲告老還鄉，周公作《君奭》以留之。三監亦散播流言，說周公將不利於孺子（幼主成王）。成王亦感不安。周公見此情形，遂將政權交還成王，自己離開朝廷，東居洛陽，閉門為文王《易經》作研究。

丙戌，小過。

西元前1115年。民元前3026年。

三監及淮夷叛，周公東征，大誥天下。

周公攝政當國，以成王年幼，召公心生疑惑，三監則散佈謠言，謂周公將不利於孺子（幼主成王）。周公遂將政權交還成王，乃退而返洛，為文王周易作辭，所謂「易歷三聖，事歷三古」，其所貢獻於我千年萬世、曠古及今文化之卓獻，較周天下之長治久安之功，其大小、深遠，固不可同日而語矣。

周公居東之時，忽然天象突變，風雷交加，不但將成熟之稼禾，悉行吹倒在地，並將大樹亦連根拔起，天昏地暗，舉國慌恐。成王與諸大臣，恐怖無措。乃以戒慎恐懼之心，打開金縢之匱，原來金縢中所藏，乃武王病重時，周公以國家初立，王子年幼，如武王壽命將終，周公願以身代死之祈禱文。成王這纔明白周公謀國之忠，對兄弟（自己父親武王）友愛之情，心中十分慚愧，悔恨自己的無知，便親往洛陽迎周公返朝，繼續執政。說也奇怪，竟又一陣大風雨，把倒地之上稼禾，重新又吹了起來。

這時三監見離間成王與周公之計不成，生怕自己的計劃敗露，便鼓動淮夷、徐戎，共同謀反，成王令周公東征，周公作《大誥》（主言天命、人事之不可違與討叛之卜吉之義），以曉諭天下。

按：周大風吹禾之說，與南宋泥馬渡康王、水鬥之異，同為世所不可思議、難以理解者。

戊子，蹇。

西元前1113年。民元前3024年。

三監平，始黜商命，殺武庚，命微子、啟于宋，代商侯。封康叔于衛，以保商民，命箕子於高麗，辟管叔于商，囚蔡叔于郭鄰；降霍叔為庶人、不齒。東征淮夷，魯侯伯禽亦誓師於費。淮夷平。遂踐奄，肅慎來賀。

周公用了三年的時間，始將三監之亂弭平。於是誅紂子武庚，封微子啟于宋，以繼商後；封康叔于衛以保商民。

又命箕子於高麗（其首都為平壤，本漢之樂浪郡，可知商周時，朝鮮已為中國領土）；致辟（即誅戮）管叔于商，囚蔡叔于郭鄰（或以郭鄰為國境之外，或謂郭即虢，虢有三，虢州、三秦三川郡為鼙虢州；虢國今河南滎陽，即虢亭），降霍叔為庶人，魯侯伯禽東征淮夷（伯禽即周公之子），遂定徐淮，所謂「東土以寧」。

踐奄。（踐，滅也；奄、古國名，其地在今山東曲阜）。

肅慎來賀。（肅慎古國名，在今東北遼寧）。

庚寅，謙。

西元前1111–1107年。民元前3022–3018年。

往營成周，命召公相宅。

經過了三監及徐淮之亂，周室天下雖漸為安定，然而殷之「頑民」，猶未盡服，為加強關東諸侯之掌控，與四方諸侯之連絡，乃命召公於天下之中的洛陽，經營成周，以便於政令之推行。

壬辰，萃。

西元前1109年。民元前3020年。

成周既成，周公分政成周東郊，以王命誥多士。

對周王朝政權產生威脅的，似乎仍然為「殷之頑民」，故遷殷民於此，且由周公坐鎮而治之，〈多士〉篇開始即說：「惟三月，周公初於新邑洛，用告商王士。」明白看出。周公一再諄諄告誡商民，欲過安樂的生活，便要恪守法令，所謂「爾克敬，天惟畀矜爾；爾不克敬，爾不啻不有爾土」，要商民自求多福。

甲午 豫 周成王九年	乙未 觀	丙申 比 周公沒、命君陳分政	丁酉 剝	戊戌 復	己亥頤	庚子 屯	辛丑益	壬寅 震	癸卯 噬嗑
甲辰 隨	乙巳 无妄	丙午 明夷	丁未 賁	戊申 既濟	己酉 家人	庚戌 豐	辛亥 革	壬子 同人	癸丑 臨
甲寅 損	乙卯 節	丙辰 中孚	丁巳 歸妹	戊午 睽	己未兌	庚申 履	辛酉 泰	壬戌 大畜 成王崩子釗踐	癸亥 需 周康王

經世之丑二千一百九十八（世）。

甲午，豫。

西元前1107年。民元前3018年。
周成王九年。

丙申，比。
西元前1105年。民元前3016年。
周公沒。命君陳分政成周東郊，葬周公於畢。
君陳（人名），繼周公為政。

甲辰，隨。
西元前XX年。民元前XX年。

甲寅。
西元前XX年。民元前XX年。

壬戌，大畜。
西元前1079年。民元前2990年。
周成王崩。召公、畢公受顧命，輔元子釗踐位，是為康王。
成王名誦，武王之子，十三年即位，在位三十一年。畢公名高，文王第十五子，領三公之職，故稱畢公（畢，今陝西長安；叔高，文王子）。成王崩受顧命（帝王臨終，託付大臣以後事，謂之顧命，亦即臨死回顧而所發之命令）、輔元子釗踐位，是謂康王。

癸亥，需。

康王元年，命畢公代君陳，分政成周東郊。

（年與上同）

甲子 漸 康王二	乙丑 蹇	丙寅 艮	丁卯 謙	戊辰 否	己巳 萃	庚午 晉	辛未 豫	壬申 觀	癸酉 比
甲戌 剝	乙亥 復	丙子 頤	丁丑 屯	戊寅 益	己卯 震	庚辰 噬嗑	辛巳 隨	壬午 无妄	癸未 明夷
甲申 賁	乙酉 既濟	丙戌 家人	丁亥 豐	戊子 革 康王崩	己丑 同人	庚寅 臨	辛卯 損	壬辰 節	癸巳 中孚

經世之寅二千一百九十九，巽九二變漸。

甲子，漸。

西元前XX年。民元前XX年。

周康王二年。

甲戌。

西元前XX年。民元前XX年。

甲申。

西元前XX年。民元前XX年。

戊子，革。

西元前1053年。民元前2964年。

周康王崩，子瑕踐位，是為昭王。

康王名釗，成王之子在位二十六年，四夷賓服，海內晏安，百姓興于禮義，囹圄空虛，刑錯不用者四十餘年，有唐虞之風。史家論說：文武成康，父子祖孫，聖賢相聚二百餘年，或謂太和在唐虞成周宇宙間，貞元會合之運，亙千古而再見者。

太和，陰陽會合的沖和之氣，如所謂天地氤氳，萬物化生之氣。就人文而言，普天之下，夜不閉戶，道不舍遺，刑錯不用者達四十餘年，唐虞成周的政治氣氛，即此種沖和之氣的具體展現。

乾《文言》所謂「元、亨、利、貞」之四德，即貞元會合之運，其首為元，四德為貞，貞之後而元之德復繼，故說貞下啟元。貞下啟元，即貞元會合之意，亦即千載難逢虞舜之治，迄文、武、成、康而復見。故說「貞元會和之運，互千古而再見」。

甲午 歸妹 昭王六年	乙未 睽	丙申 兌	丁酉 履	戊戌 泰	己亥 大畜	庚子 需	辛丑 小畜	壬寅 大壯	癸卯 大有
甲辰 夬	乙巳 姤	丙午 大過	丁未 鼎	戊申 恒	己酉 巽	庚戌 井	辛亥 蠱	壬子 升	癸丑 訟
甲寅 困	乙卯 未濟	丙辰 解	丁巳 渙	戊午 蒙	己未 師	庚申 遯	辛酉 咸	壬戌 旅	癸亥 小過

經世之卯二千二百（世）。

甲午，歸妹。

西元前XX年。民元前XX年

周昭王六年。

甲辰，夬。

西元前XX年。民元前XX年。

甲寅，困。

西元前XX年。民元前XX年。

以上時間，說法各異，茲不錄。

甲子 渙 周昭王三六年	乙丑 蒙	丙寅 師	丁卯 遯	戊辰 咸	己巳 旅	庚午 小過	辛未 漸	壬申 蹇	癸酉 艮
甲戌 謙	乙亥 否	丙子 萃	丁丑 晉	戊寅 豫	己卯 觀 昭王南巡不返	庚辰 比 子滿立	辛巳 剝	壬午 復	癸未 頤
甲申 屯	乙酉 益	丙戌 震	丁亥 噬嗑	戊子 隨	己丑 无妄	庚寅 明夷	辛卯 賁	壬辰 既濟	癸巳 家人

經世之辰二千二百〇一，巽九三變渙。

甲子，渙。
西元前1017年。民元前2928年。
周昭王三十六年。

甲戌。
西元前XX年。民元前XX年。

己卯，觀。
西元前1002年。民元前2913年。
周昭王南巡不返，子滿立，是謂穆王。
穆王踐位。昭王溺于水，非正常死亡之故。《帝王世紀》云，昭王南巡，渡漢江，楚人以膠舟進（用膠水黏了一條渡船，供昭王渡江用），昭王不知其詐，船行至江心，膠溶船解，昭王與其從者，悉溺斃于漢江中，對周王朝而言，不啻說明其對四方諸侯，不但已失去成康前此以來之影響力，相反的，某些諸侯，甚至已暗暗產生與周天子分廷抗禮的野心，後世學者，即發出了「周綱淩夷」之歎，明白的啟示了文武成康之遺澤，至是而斬。
昭王五十一年，天象有光五色、貫紫微，井水自溢，如此而已。史家未言其吉凶。《綱鑑易知錄》注謂：「弒君自是始。」可思過半矣！

昭王不返，穆王滿立，對此一極大驚訊，卻淡然處之，不但未產生絲毫戒慎恐懼之念，相反的卻發狂想，欲以八駿之足，馳騁六極之中，使其車轍馬迹遍天下。穆王西征，樂而忘返，曾做過西王母的座上客，然而，不幸的事終於發生，徐戎作亂（今安徽鳳陽之地），四方諸侯朝于徐者達三十六國。後來接受祭公謀父的諫勸，改過自新，在位五十五年，壽至百零四歲，而獲其善終（祭公謀父，祭音債）。

甲申。
西元前XX年。民元前XX年。

甲午 豐 周穆王一五年	乙未 革	丙申 同人	丁酉 臨	戊戌 損	己亥 節	庚子 中孚	辛丑 歸妹	壬寅 睽	癸卯 兌
甲辰 履	乙巳 泰	丙午 大畜	丁未 需	戊申 小畜	己酉 大壯	庚戌 大有	辛亥 夬	壬子 姤	癸丑 大過
甲寅 鼎	乙卯 恒	丙辰 巽	丁巳 井	戊午 蠱	己未 升	庚申 訟	辛酉 困	壬戌 未濟	癸亥 解

經世之巳二千二百〇二（世）

甲辰。
西元前XX年。民元前XX年。

甲寅。
西元前XX年。民元前XX年。

甲子 姤 穆王四五	乙丑 大過	丙寅 鼎	丁卯 恒	戊辰 巽	己巳 井	庚午 蠱	辛未 升	壬申 訟	癸酉 困
甲戌 未濟 周穆王崩	乙亥 解 周共王	丙子 渙	丁丑 蒙	戊寅 師	己卯 遯	庚辰 咸	辛巳 旅	壬午 小過	癸未 漸
甲申 蹇 十年	乙酉 艮	丙戌 謙	丁亥 否 周懿王	戊子 萃	己丑 晉	庚寅 豫	辛卯 觀	壬辰 比	癸巳 剝

經世之午二千二百〇三（世），巽六四變姤。

甲子，姤。
西元前957年。民元前2868年。
周穆王四十五年。

甲戌，未濟。

西元前947年。民元前2858年。

周穆王崩，子緊扈（依扈）踐位，是謂共王。

共王名緊（音衣），扈，音扈。

甲申，蹇。

西元前XX年。民元前XX年。

丙戌，謙。

西元前935年。民元前2846年。

周共王崩，子囏踐位，是謂懿王。

甲午 復 懿王八	甲辰 既濟	甲寅 睽
乙未 頤	乙巳 家人	乙卯 兌
丙申 屯	丙午 豐	丙辰 履
丁酉 益	丁未 革	丁巳 泰
戊戌 震	戊申 同人	戊午 大畜
己亥 噬嗑	己酉 臨	己未 需
庚子 隨	庚戌 損	庚申 小畜
辛丑 无妄	辛亥 節	辛酉 大壯
壬寅 明夷	壬子 中孚 周孝王	壬戌 大有
癸卯 賁	癸丑 歸妹	癸亥 夬

經世之未二千二百〇四（世）。

甲午。

西元前927年。民元前2838年。

周懿王八年。

甲辰，既濟。

西元前XX年。民元前XX年。

辛亥，節。

西元前910年。民元前2821年。

周懿王崩，穆王子辟方立，是謂孝王。

甲寅，睽。

西元前XX年。民元前XX年。

甲子 蠱 周孝王一三	乙丑升	丙寅 訟	丁卯 困 王國始衰	戊辰 未濟	己巳 解	庚午 渙	辛未 蒙	壬申 師	癸酉 遯
甲戌 咸	乙亥旅	丙子 小過	丁丑 漸	戊寅 蹇	己卯 艮	庚辰 謙	辛巳 否	壬午 萃	癸未 晉 周厲王
甲申 豫 厲王一二年	乙酉觀	丙戌 比	丁亥 剝	戊子 復	己丑 頤	庚寅 屯	辛卯 益	壬辰 震	癸巳 噬嗑

經世之申二千二百〇五，巽九五變蠱。

甲子，蠱。

西元前XX年。民元前XX年。

周孝王十三年。

丙寅，訟。

西元前895年。民元前2806年。

周孝王崩。懿王子燮立，是謂夷王。周自此衰矣！

周穆王崩，子緊扈立，謂之共王；共王崩，子囏立，謂懿王；懿王崩，共王弟辟方立（即懿王叔父），是謂孝王；孝王崩，諸侯復立懿王之子燮，是謂夷王。夷王立于諸侯之手，故對諸侯特為優容，不尊天子禮法，始下堂接見諸侯，朝覲之禮遂廢（古禮諸公東面，諸侯西面謂朝；天子南面，諸侯北面日覲），自此周道衰微，國運亦江河日下矣！

甲戌，咸。
西元前XX年。民元前XX年。

壬午，萃。
西元前879年。民元前2790年。
周夷王崩，子胡踐位，是謂厲王。

甲申。
西元前XX年。民元前XX年。

甲午 隨 厲三二	甲辰 損	甲寅 小畜
乙未 无妄	乙巳 節	乙卯 大壯
丙申 明夷	丙午 中孚	丙辰 大有
丁酉 賁	丁未 歸妹	丁巳 夬
戊戌 既濟	戊申 睽	戊午 姤
己亥 家人	己酉 兌	己未 大過 國人逐厲王
庚子 豐	庚戌 履	庚申 鼎
辛丑 革	辛亥 泰	辛酉 恒
壬寅 同人	壬子 大畜	壬戌 巽
癸卯 臨	癸丑 需	癸亥 井

經世之酉二千百六（世）。

甲午，隨。
西元前XX年。民元前XX年。
周厲王十二年。

甲辰，損。
西元前XX年。民元前XX年。

癸丑，需。
西元前848年。民元前2759年。

厲王好利，以榮公為卿。

《詩・桑柔》謂榮夷公，為「貪人敗類」，厲王不但與之十分親近，且命為卿士。大臣芮良夫諫王說：「榮公若用，周必敗亡。」厲王不聽，天下諸侯見厲王親佞遠賢，便不再向中央進貢，或參加中央大典。

按：榮地名，河南鞏縣西有榮錡澗，即今河南鄭州之間。

甲寅，小畜。

西元前XX年。民元前XX年。

丙辰，大有。

西元前845年。民元前2756年。

殺諫臣，以為謗己者。

《史記》說：厲王是一位暴虐、貪婪、侈奢而傲漫的君王，國人對其指責批評、十分不滿，便命衛國之巫者，為其「監謗」，凡有謗王者，一經密告，即予殺害。致人們相遇於途，不敢交言，只敢互望，以目示意，所謂「路人以目」者，厲王以為止謗成功。召公說，這不是止謗，只是封住老百姓的嘴，使其在腹中發酵而已。召公諫說：「為水者，應導之使流；為民者，應宣之使言。」王不聽，遂導致人民暴動，將厲王逐出皇宮，厲王逃離京師，到彘避難。

己未，大過。

西元前842年。民元前2753年。

周厲王為國人所逐，出奔彘，周、召二伯行政，謂之共和。太子靜匿于召公家，文武之德，自此盡矣。

厲王親慝榮夷公的結果，是造成我國歷史上，第一次老百姓把皇帝趕下臺的怪事，厲王逃到了彘（今山西平陽府之霍州汾水上），故又稱彘王，或稱汾王，國事由周召二公共治，後人稱為周召共和。

厲王止謗貪利的結果，把其祖上「文武成康」，辛辛苦苦所建立起來的基業、典章制度等，幾乎斷送無遺。

甲子 井	乙丑 蠱	丙寅 升	丁卯 訟	戊辰 困	己巳 未濟	庚午 解	辛未 渙	壬申 蒙	癸酉 師 厲王死
甲戌 遯 宣王元	乙亥 咸	丙子 旅	丁丑 小過	戊寅 漸	己卯 蹇	庚辰 艮	辛巳 謙	壬午 否	癸未 萃
甲申 晉	乙酉 豫	丙戌 觀	丁亥 比	戊子 剝	己丑 復	庚寅 頤	辛卯 屯	壬辰 益	癸巳 震

經世之戌二千二百七（世），巽上九變井。

甲子，井
西元前837年。民元前2748年。
周厲王四十二年，在彘。

癸酉，師。
西元前828年。民元前2739年。
周厲王死於彘。周、召二伯立太子靖，是謂宣王。有仲山甫、尹吉甫、方叔、申伯為輔，大修文武之政。

甲戌，遯。
西元前827年。民元前2738年。
宣王北伐玁狁，至於太原，吉甫為將。

乙亥，咸。
西元前XX年。民元前XX年。
宣王南征荊蠻，方叔為將。

甲申，晉。

西元前817年。民元前2728年。

周宣王即位，有周召二公及申伯、仲山甫、尹吉甫等一般賢臣襄助，命秦重為大夫，討西戎、命尹吉甫北伐玁狁；乙亥二年，命方叔南征荊蠻，命召穆公伐淮南之夷，王自將親征淮北徐夷。己卯六年，大旱，宣王能自我檢討，側身行修，諸侯見周王化復行，復紛紛來朝，於是財用蓄庶，社會安定，國家強盛，宣王遂不免復生墮心、或疏宴于朝，王后姜氏，勸說無效，便自己住進監獄以諫王，宣王於是始早朝晏罷，遂有中興氣象。

甲午 噬嗑	乙未 隨	丙申无妄	丁酉 明夷	戊戌 賁	己亥 既濟	庚子 家人	辛丑 豐	壬寅 革	癸卯 同人
甲辰 臨	乙巳 損 伐魯立孝公	丙午節	丁未 中孚	戊申 歸妹	己酉 睽	庚戌 兌	辛亥 履	壬子 泰 伐羌戎敗於千畝	癸丑 大畜 料民太原
甲寅 需	乙卯 小畜	丙辰大壯	丁巳 大有	戊午 夬	己未 姤	庚申 大過 周幽王	辛酉 鼎	壬戌 恒	癸亥 巽

經世之亥二千二百八（世）。

甲午，噬嗑
西元前807年。民元前2718年。
周宣王二十一年。

乙未，隨。
西元前XX年。民元前XX年。
宣王封弟友于鄭。

甲辰，臨。
西元前XX年。民元前XX年。

乙巳，損
西元前XX年。民元前XX年。
伐魯立孝公。

壬子，泰。
元前XX年。民元前XX年。

西伐姜戎，師敗於千畝，遂失南國。

癸丑，大畜。

西元前788年。民元前2699年。

料民於太原。

甲寅，需。

西元前XX年。民元前XX年。

己未，姤。

西元前782年。民元前2693年。

周宣王崩，太子宮涅踐位，是謂幽王。

壬戌，恒。

西元前779年。民元前2690年。

始嬖褒姒。

劉氏釋說：以上為午會第四運，直姤之巽之十二世也。起周文王甲子小畜。

迄周幽王四年癸亥巽。三百六十年間，事應可稽，其尤易證者，為小畜之「密雲不雨，自我西郊」；與大過之「老夫女妻，過以相與」之辭。一文王之事殷紂，一幽王之寵褒姒也，他可概已。

劉氏以午會第四運之十二世，三百六十年間，事應可稽，其尤易證者，為小畜之「密雲不雨」；與大過「老夫女妻」。小畜卦辭說：「密雲不雨，自我西郊。」時西伯三分天下有其二，猶服事于殷室，不敢行天子事，豈非密雲不雨，自我西郊之寫照？第四運十二世，周幽王于庚申大過即位，大過九二《象》說：「老夫女妻，過以相與。」「過以相與」，即不正當的結合，至上六便有「過涉滅頂」。三百六十年間，其他事應可稽者尚多。

黃氏畿說：第四運之十二世，世首為小畜。西伯伐崇，因壘而降，則亦懿文德也已（小畜《象》：「風行天上，小畜，君子以懿文德。」）。書自岐徙居豐者，維豐之垣，四方攸同，安能已于王哉？崇人不恭則伐之，大壯非禮弗履也（大壯《象》）。黎為不義則戡之，大有遏惡揚善也（大有《象》）。黎屬上黨，去紂都已近，紂可以有警矣！然而終紂無所警，此所以為夬歟！

甲子直小畜西伯伐崇，《左傳》說：「文王聞崇德亂而伐之，軍三旬而不降，退修政而復伐之，因壘而降。」一說文王伐崇之初，緩攻徐戰，用勸導的方法，曉以大義，四方無不畏服，最後頑守不降者，則一舉而攻之，所謂因壘而降。文王伐崇初期，所采兵略為「緩攻徐戰」，諭之以義。即小畜所謂之「懿文德」，必待如風行天上，形成使諸侯咸認崇當伐之道，以求不戰而屈人。

文王伐崇，並作豐邑，所謂「既伐於崇，作邑於豐」、「維豐之垣，四方攸同」（見《詩・大雅・文王有聲》）。文王何以作豐？乃是基於客觀形式之需要。如地理位置與經濟利益等（至今猶有金盞屋、銀鄠縣之稱，二地隔渭水相望）。試看周自其祖后稷居邰（邰音台，陝西武功縣），公劉居邠（今陝西邠縣），大王邑岐（岐山名，一在陝西武功附近，一在山西），而文王遷豐（陝西鄠縣），武王又居於鎬（音蒿，鎬京，西周都城，陝西省長安縣西南），莫不基於因應當時政治、軍事、財經以對諸侯的號召之需要等。

文王伐崇值大壯，大壯《象》說：「雷在天上，大壯，君子以非禮弗履。」雷在天上，其聲之壯可知，作為一個君子仁者，必當以理智勝人欲，如所謂非禮勿履；西伯戡黎值大有，大有《象》謂：「火在天上，大有，君子以遏惡揚善，順天休命。」火在天上，明無不照，善惡畢現，對惡者當遏制，善者當表揚，即所謂「順天之美」，順乎天而應乎人。

再者，西伯戡黎（今山西黎城縣），黎已接近於紂，紂竟無視於西周之威脅。大有之後繼夬，夬辭說：「揚于王庭，孚號有厲。」「揚于王庭」，周兵已快打至朝歌；「孚號有厲」，紂至此仍不信任忠賢，而唯小人之言是聽，豈非危急之至？紂有臣祖伊者，奔告於紂，紂謂「我生有命在天」，說「我命在天」，無人能奈我何，不聽。「孚號有厲」，紂深蔽於謬見，非「夬」而何？夬，決也，其結果已很顯然了。

武王自宅喪受命，大統未集，丁丑則困極矣！乃觀兵孟津，八百諸侯，同盟於此，觀紂德也。戊寅未濟，紂戕三仁，水火不交，不相為用，勝殷遏劉，其在周乎？己卯伐商，敗之於牧野，殺紂，立其子武庚為殷後，還歸在豐，踐天子位，以子月為歲首，曰年，與民更始，昔困而今解矣！

周文王沒，武王服喪期間（宅喪，亦即宅憂、丁憂，皆居喪之意），接下了文王的擔子，這時周雖日益壯大，但畢竟仍處於附庸地位，紂之淫虐，與日俱增，遂于丁丑困頓之際，東觀兵孟津，以軍事力量，來探測殷紂之反應。

武王觀兵孟津，不期而會者八百諸侯，已幾乎危及于殷紂的存在，這時紂王不但未有驚覺，且仍陶醉于真命天子的幻惘中。朝中社稷之臣，如微子、箕子，比干等，皆極力強諫，紂王非但絲毫不受感動，相反的竟然是：微子諫不聽，乾脆挂冠而去；箕子諫不聽，便披頭散髮，佯作瘋癲；比干極諫，紂王更怒，人說比干聰明，心竅多，便把比干的心挖出來，看看到底有幾個竅……，又有賢臣梅伯極諫，紂王竟把其剁成肉醬。阿諛進讒者，賜金玉而封之……。時直未濟，水火不交，故諸賢之言，不相為用，如何遏止紂之濫刑嗜殺？所謂「勝殷遏劉，其在周乎」？拯救則天下蒼生者，則唯周是賴了。

己卯，周武王十三年伐商，紂王兵敗牧野（今河南汲縣），奔鹿台自燔而死，立紂子武庚為殷後。返豐踐天子位，與民更始，往昔之困解矣。

庚辰，命管叔、蔡叔、霍叔，守邶、鄘、衛三邑，謂之三監。然而終渙者，其心異也。成王踐位，則直旅矣。周召二公分治，夾輔王室，不其驗歟？三監武庚，遇蹇而平，周公分政成周東郊，而渙者萃矣！

武王克殷後，除分封神農、舜、禹等之後外，並封其弟叔鮮于管（今河南鄭州）、叔度于蔡（今河南上蔡）、叔虔于霍（今山西平陽霍皐）、叔康于衛（今河南衛輝），以守邶、鄘、衛三邑，謂之三監，以監殷。時直渙，三監竟各懷鬼胎，包藏禍心，散播流言，說周公懷有野心，將對成王不利，成王心中亦疑信參半。遂勾結武庚，進行叛亂。賴周公東征討平之。成王踐位直旅，旅《彖》曰：「柔得中乎外、而順乎剛，止而麗乎明。」周召共治，莫非其驗。又《象》說：「山上有火，君子以明慎用刑。」周公東征，全師而歸，無死傷之苦，所謂「君子之于人，序其情而憫其勞。」乃說，於兵戎戰陣中，其「明慎」尤彌足貴。

戊子值蹇，三監平，殺武庚，營成周，周召二公，分政成周東郊，則渙者化而為萃矣！萃聚也。

按：武王克商，以商都朝歌之北謂邶、南謂鄘，東謂衛，以封諸侯。今所知者，除武王封其弟康叔于衛，餘則所封不詳。

夫小畜伏豫，人之所以參天地者也。成王九年直豫，而周公功成，《象》曰：「由豫，大有得，志大行也。」（豫九四）盡坤道也，交於小畜，非易否為泰，自損而益者乎？

小畜伏豫，小畜為風天，豫為雷地，巽為風，一陰二陽，震為雷，一陽二陰，風雷相對；天地亦相對。小畜與豫，為反對卦，故說小畜伏豫。

豫《彖》說：「豫順以動，故天地如之。」又說：「天地以順動，故日月不過，而四時不忒。」（忒，順其道而行之義；不忒，此言不錯亂之意）人能效法小畜與豫之道，進而可以參天地矣！豈非「大有得」？盍，即合，朋合，獲得群眾的認同，其親合之程度，如古時婦人簪髮之簪，故以「朋盍簪」象徵坤道，坤《文言》說坤道以順為主，坤道即所謂之地道、妻道，亦即為臣之道。「朋盍簪」說周公能盡其臣道。

小畜伏豫，亦猶易否為泰，自損而益者。

昭王南巡不返，則世渙而年觀矣！夷王下堂見諸侯，則世蠱而年困矣。共和之攝以鼎，厲王之死以師，而周益衰焉。

昭王三十六年，世直渙；甲戌之己卯直觀，南巡不返。黃氏謂昭王「世直渙而年直觀」（甲戌為世，值渙，己卯年卦直觀）。朱子解釋渙為「風行水上，有離披解散」之象。似乎特為楚膠舟所作之訃辭，與昭王南巡不返而立說。觀的意思，是說古之王者出巡，旨在「省方、觀民、設教」。是十分嚴肅的事。而昭王之所謂「觀」，恐未能如先王之嚴肅，而且可能是非常不受歡迎的觀光客。所以楚人便與周天子，開了一個天大的玩笑，即昭王南巡歸來渡江時，楚人提供昭王的渡江工具，是一支膠舟，中流膠溶舟解，昭王及其從人，皆作了漢江波臣，隨波逐流于漢江之中，成為歷史上之一大疑案。朱子有詩歎說：「涇舟膠楚澤，周綱已陵夷。」說昭王所乘涇州膠舟，乃楚之所進，姑不論何人所為，但有一點可以肯定的，周之倫理綱常，已經陵夷無餘了。昭王所臨世渙，年觀，其應如此！

周共王死，子懿王立，懿王死，共王之弟辟方立，是謂孝王，孝王死，諸侯復立懿王子燮，是為夷王，夷王為諸侯所立，故對諸侯特為優容，廢止了諸侯北面朝謹之禮，而屈尊下堂見諸侯。邵子說，自泰至否，其間必有蠱焉，影響所及，必至禮壞樂崩，「世蠱」必將「年困」。

厲王無道，於二百〇六世甲寅之己未，被逐，己未直鼎，鼎《象》說：「君子以正位凝命。」鼎為國家重器，有「正位凝命」之　，周召共和，一本至誠，兢兢業業，而無絲毫人欲之私之謂。

厲王好利，而以榮夷公為卿士，又令衛巫監謗，至使道路以目，並殺諫臣，卒於二百六世甲寅之戊午，為亂民所逐，於二百〇七世甲子之癸酉直師，而死于彘，周室益衰焉。

宣王中與，北伐玁狁直遯，南征荊蠻直咸，敗績於千畝，料民于太原，易泰以否，自咸招損，蓋徙有令名，豈能為文武之全德也哉？

厲王死後，周召二公立厲王子靖，是謂宣王，有周、召、申伯、仲山甫等，一般大臣輔政，初時頗有一番氣象，或謂為宣王中興，未幾即北伐玁狁直遯，南征荊蠻直丑，卒於二百〇八世甲辰之壬子，敗績於千畝，「敗績」，王師棄甲曳兵而逃，其狀可以想見。次年又料民於太原（料民，視察校閱之意），仲山甫諫民不可「料」。說無故而料民，是勞民傷財，有損無益之事。王不聽。遂料民于太原，易泰以否；伐玁狁，征荊蠻，自咸招損，徒有中興空虛無實之令名，豈能為文武之全德也哉？

幽王繼之，年直大過，二年而三川震，三年而褒姒嬖，陰以感陰，故年雖直恒，而不能受益也。三川震而不書者，人道惟遹。故詩曰：「赫赫宗周，褒姒滅之。」

宣王即位之初，頗有志於撥亂，加以一般賢能之臣輔佐，似有中興氣象，然考其行事，拒諫用兵，大敗於千畝，料民於太原，枉殺大臣杜伯，死左儒，而又不知悔悟，徒擁中興之名，而乏善可陳，無與于文武之德。

有宣王之父，而生幽王之子，幽王即位，年逢大過，大過者，大者過也。「君子以獨立不懼，遯世無悶」，固有大過人者，然而澤滅木（大過內卦巽木，外卦兌澤，為澤滅木之象）；本末弱（澤風大過，初上皆陰，初為本、上為末），故說「本末皆弱」，豈非大過之至？幽王即位，未十年而身弒國亡，亡國之易，之速、之莫名其妙（死於犬戎之手），實史所罕見。

幽王三年而寵褒姒（年直恒），陰以感陰，年雖直恒而不能為益。之後，三川震（涇、渭、洛）；岐山崩；渭、洛竭，而《經世》不書者，以天道遠，人道邇，故詩曰：「赫赫宗周，褒姒滅之。」（《詩・小雅・正月》）

幽王十有一年伐申（申侯為幽王后之父），申侯引犬戎入寇，犬戎弒幽王於驪山下，盡取周寶財物，擄褒姒而去，晉文公、衛武公、秦穆公、鄭武公等，共立故太子宜臼，是謂平王，周轍遂東。幽王成為又一個玩弄死亡遊戲的國王。

第六節　以運經世六——觀物篇三十

經元（日）之甲一，經會（月）之午七。經運（星）之戌一百八十五，鼎。

經世之子二千二百〇九（世），鼎初六變火天大有。

經世之丑二千二百一十（世）。

經世之寅二千二百十一（世），鼎九二變火山旅。

經世之卯二千二百十二（世）。

經世之辰二千二百十三（世），鼎九三變火水未濟。

經世之巳二千二百十四（世）。

經世之午二千二百十五（世），鼎九四變山風蠱。

經世之未二千二百十六（世）。

經世之申二千二百十七（世），鼎六五變天風姤。

經世之酉二千二百十八（世）。

經世之戌二千二百十九（世），鼎上九變雷風恒。

經世之亥二千二百二十（世）。

甲子 大有 廢申后及子宜臼	乙丑 夬	丙寅 姤	丁卯 大過	戊辰 鼎	己巳 恒	庚午 巽 中侯以犬戎伐周殺幽王	辛未 井 周平王東徙洛邑	壬申 蠱 賜晉文侯命秦分岐西	癸酉 升 秦祀白帝
甲戌 訟	乙亥 困	丙子 未濟	丁丑 解	戊寅 渙	己卯 蒙	庚辰 師	辛巳 遯	壬午 丑	癸未 旅
甲申 小過	乙酉 漸	丙戌 蹇	丁亥 艮	戊子 謙	己丑 否	庚寅 萃	辛卯 晉	壬辰 豫	癸巳 觀

經世之子二千二百〇九（世），鼎初六變火天大有。

甲子，大有。

西元前777年。民元前2688年。

周幽王五年，廢申后及太子宜臼，以褒姒為后，伯服為太子，虢石父為卿。

幽王之所以身死國滅，一則由於褒姒之寵，再則由於虢石父之佞。褒姒之寵，不惜為烽火之戲，博其一笑，盡失天下諸侯；虢石父之佞，以聚斂而失其民，周室祖先，所以立國的精神，至此已蕩然無存，國家之亡，已無待於蓍龜了。

庚午，巽。

西元前771年。民元前2682年。

申侯以犬戎伐周，敗幽王於驪山，殺之。晉秦率鄭衛之君，逐犬戎，立太子宜臼，是謂平王，東徙居洛邑，是謂東周。

幽王廢立，太子宜臼出奔申（即今河南信陽），申侯以犬戎伐周，弒幽王於驪山下。諸侯復立宜臼，是謂平王。平王見宮室殘破，京師空虛，為逃避犬戎眈視，遂爾丟下國仇家恨，東遷洛邑。

申侯之與宜臼，為恩為仇？宜臼在申侯卵翼之下得立，是為恩；破其國而弒其父，是為仇，不知平王之恩怨情仇為何？再者，犬戎食髓知味，從此與中國兵連禍結，永無寧日矣！之後，申侯屢遭犬戎之禍，平王復徵調諸侯兵，戍守于申，誠可笑之至。（可知戎狄難為友）

蘇東坡氏認為平王東遷，是棄其根本，猶如富家子孫之鬻田宅，是不能自立的。又說：大凡歷史上因避寇而遷徙，未有不亡者，雖偶有未亡，亦未有能復振者。平王東遷，只是為了求得個人一時的苟安，而乾坤一擲，周之失計，未有如東遷之謬者。呂東萊氏也說：東遷諸侯，奔亡之餘，僅得苟安，乃君臣釋然，自以為足，周其終不能西歸矣！

東周開始，即進入春秋時期，邵子以為：治《春秋》者，不辨名實，不定五霸之功過，則未可言治《春秋》。先正五霸之功過，則大義立，若事事求之，則無緒矣！

按：申伯與尹吉甫，同為宣王中興之佐，申侯乃引犬戎、弑幽王之國賊，亦即平王之外公。

辛未，井。

西元前770年。民元前2681年。

周平王賜晉文侯、秦襄公，命秦分岐西，晉分河內。

平王東遷，秦襄公親自率兵護送，表現得十分忠於王室的樣子，平王心中高興，不但封襄公為諸侯，並把周家祖宗創業興家、發祥之地，八百里之遙的「豐、岐」（岐、豐，周朝發迹之地，岐為文王之父太王所居，豐邑為交王所作），也一併賞賜給秦，秦之坐大，自此始。申侯犬戎之亂，不但毀滅了大周，壯大了嬴秦，而且為我國歷史開啟了第一次亙數百年之久的大亂局——春秋戰國（春秋，西元前770–476。戰國前475–221）。

壬申，蠱。

西元前769年。民元前2680年。

秦立西畤，祀白帝。魯惠公即位。

平王東遷，為秦襄製造了千載難逢的良機，啟迪了秦襄的野心。平王封其為諸侯，秦襄並不滿足，於是立西畤，祭白帝，乾脆以天子自居了。太史公說，他讀了秦作西畤、祀上帝這段歷史，便已看清了秦襄的猙獰面目，和狼子野心了。

按：畤，音止或雉，人工作的土堆叫壇，為天子祭天之用，秦以諸侯而祭天，所以太史公說：位在藩臣，而臚於郊祀，君子懼焉。說有識之士，當知秦之用心了。君子懼焉，將來恐怕是一個很麻煩的問題啊！

甲戌，訟。

西元前XX年。民元前XX年。

乙亥，困。

西元前766年。民元前2677年。

秦文公即位。

己卯，蒙。

西元前762年。民元前2673年。

秦東徙居汧渭之間。

秦原居於甘肅天水，文公即位，復徙居於西安附近之扶風一帶。

癸未，旅。

西元前758年。民元前2669年。

衛莊公即位。

甲申，小過。

西元前XX年。民元前XX年。

乙酉，漸。

西元前756年。民元前2667年。

秦作鄜時。

襄公作西時，文公又作鄜時（鄜音付，陝西地名；時音式，古時皇帝祭天神祇的地方），是秦已掩有二地矣。

甲午 比 平王二四	甲辰 明夷	甲寅 中孚
乙未 剝	乙巳 賁	乙卯 歸妹
丙申 復 晉侯封弟曲沃	丙午 既濟	丙辰 睽
丁酉 頤	丁未 家人	丁巳 兌
戊戌 屯	戊申 豐	戊午 履
己亥 益	己酉 革	己未 泰
庚子 震	庚戌 同人	庚申 大畜
辛丑 噬嗑	辛亥 臨	辛酉 需
壬寅 隨	壬子 損	壬戌 小畜
癸卯 无妄	癸丑 節	癸亥 大壯

經世之丑二千二百十（世）。

甲午，比。
西元前747年。民元前2658年。
周平王二十四年。

乙未，剝。
西元前746年。民元前2657年。
晉昭侯即位。

丙申，復。
西元前745年。民元前2656年。

晉昭侯封弟成師于曲沃。

晉昭侯封其叔成師于曲沃（按，成師為昭侯之叔），可說是自啟亂源（昭侯之所以封成師，乃是受其祖父之干與之故）。與鄭莊公封其弟段，衛之立州于同為禍亂之源。

按：晉穆侯的夫人姜氏，于穆侯伐條時生文侯，名之曰「仇」，即昭公之父。文侯之弟生於千畝之戰時，又名之曰成師。晉大夫師服便說，很奇怪的，穆侯為其子命名，一個叫仇，一叫成師，將來晉國必然大亂，老哥必為小弟所苦。果然及昭侯，骨肉相殘達三代之久，皆穆侯偏愛之故。

丁酉，頤。

西元前744年。民元前2655年。

鄭莊公即位。

戊戌，屯。

西元前743年。民元前2654年。

鄭莊公封弟段于京城。

周平王、鄭莊公之母，皆為申侯之女；申侯為其女，而引犬戎入寇，陷京師殺幽王；莊公之母武姜，偏愛其弟段叔，欲立之，武公不許。及莊公即位，其母為段求封於大邑「京」，並協助其弟發動政變，奪取國都未果。

按：京城，即河南滎陽京縣。

庚子，震。

西元前741年。民元前2652年。

衛公子州吁阻兵。

衛莊公嬖妾所生之子州吁，深獲莊公寵愛，州吁「有寵而好兵」，大臣石碏諫莊公，愛子要教之以義方，不可寵溺太過，所謂「去順效逆，所以速禍」者。莊公不聽，石碏見事不可為，便告老還鄉了。

按：阻兵，依恃之意。如所謂「阻兵而安忍」，其意即用恐怖手段、特務控制，約束其下之意。安忍，即是最殘忍的手段，亦視若無睹。論者謂：恃兵則民殘，民殘則眾叛；安忍則刑過，刑過則親離。「阻兵安忍」，必致眾叛親離。

辛丑，噬嗑。

西元前740年。民元前2651年。

楚亂。熊通弒其君代立。

楚，今河南之南部，及湖北安徽一帶。周天子為天下共主時，對此等亂臣賊子，必興師討伐，東遷之後，周天子連是非觀念也沒有了，對此等亂臣賊子、自然視無睹了。

壬寅，隨。
西元前739年。民元前2650年。
晉亂，大夫潘父弒其君昭侯，入曲沃桓叔不克，國人殺潘父而立君之弟平，是謂孝侯。
晉昭公封其叔成師于曲沃，乃因其祖之亂命，鄭莊公封其弟段于京，亦即因其母之強求，不得不爾，情事相類，但客觀情勢則異，鄭莊公封其弟，莊公自己始終掌控著全局，晉昭侯封其叔于曲沃，則是本弱而幹強，曲沃盛強，昭侯微弱，故成喧賓奪主、尾大不掉之勢。卒于周平王三十二年，即成師受封之第六年，成師即唆使晉大夫潘父弒昭公，迎其入京師而不果，國人乃殺潘父而立昭侯之弟平，是謂孝侯。

甲辰，明夷。
西元前737年。民元前2648年。

戊申，豐。
西元前733年。民元前2644年。
衛州吁出奔。
州吁終於周桓元年，弒衛桓公而自立，石碏使陳人州吁而立宣公。

庚戌，同人。
西元前731年。民元前2642年。
晉曲沃桓叔卒，子莊伯繼。齊莊公卒，子釐公立。

壬子，損。
西元前729年。民元前2640年。
桓公疾，讓其弟穆公。
宋桓公疾（按：桓應作宣），讓其弟穆公。宣公于諸國兄弟皆爭之時，傳弟而不傳子，論者贊說：當時各國皆爭，如晉之桓伯，弒其侄昭侯；莊伯弒夷侯；衛州吁之于衛叔；鄭段叔之與莊公。皆爭殺之不足，宋桓獨能以天下讓，誠屬難能可貴。

甲寅，中孚。
西元前727年。民元前2638年。

丁巳，兑。
西元前724年。民元前2635年。

晉曲沃莊伯入翼，弒其君孝侯。國人逐莊伯，立孝侯子，是謂鄂侯。

周平王四十七，曲沃伯入翼（即成師曲沃桓叔之子莊伯名鮮，為昭侯之堂弟），翼，為晉之舊都，成師既弒昭侯，曲沃伯又弒孝侯，國人逐莊伯，晉人立其子郤（同郤音希）是謂鄂侯。

己未，泰。

西元前722年。民元前2633年。

魯隱公立。

是為《春秋》之始。孔子因魯史而作《春秋》。

辛酉，需。

西元前720年。民元前2631年。

周平王崩，其孫林立，是謂桓王，與鄭交惡。

鄭武公、莊公父子兩代，均掌握東周政權，平王欲分權於虢公。鄭莊公很不高興，便責問平王，平王否認其事，於是周鄭交惡。作為諸侯共主的周平王，乃不惜自貶身價，降低身分，與鄭交換人質，「王子狐為質於鄭，鄭公子忽，為質于周」，即史所謂之周鄭交質。平王此舉，無異把周、鄭之中央與地方、共主與諸侯的上下、尊卑關係，變而成為對等的平列關係，可謂自取輕於其下，開中央與地方等齊之先例，識者莫不為平王惜之。

宋穆公病，讓其兄之子殤公，世子馮奔鄭。

宋穆公得國于其兄桓公，穆公亦不傳子而傳其侄殤公，兄弟讓國，如伯夷叔齊，在諸侯紛爭中，實屬罕見之美德，但殤公得國後，卻不能容其兄弟（穆公之子馮），馮便逃亡到鄭國去。宋又會陳、蔡，衛之師伐鄭，是殤公得天下于人之父，而不能容人之子，且會陳、蔡、衛等，出兵於鄭以謀馮。可見人心陷溺，其來有自。

壬戌，小畜。

西元前719年。民元前2630年。

衛公子州吁作難，弒其君桓公代立。宋會陳、蔡、衛三國之師伐鄭，殺州吁於濮。國人迎公之弟晉于邢而立之，是謂宣公。

衛莊公寵州吁，石碏早已看出為衛國之隱憂。便建議莊公，如欲立州吁，便應早下決心，明確宣示，不然便要認真管教，約束其勢力，以堵塞國家亂源，以防不測。莊公不聽，州吁遂于周桓王元年，弒其兄桓公而自立，國人不服。

州吁遂聯合宋、陳、蔡等國伐鄭，藉以挑起國際戰爭，以轉移國人視線，提高其國際聲望，宋則以穆公之子馮在鄭（穆公病，不傳子而傳其侄殤公與夷，使其子馮出居於鄭），殤公欲借機以剷除之，遂會同衛、陳、蔡等國伐鄭。

衛之老臣石碏，便利用外交手段，使陳殺州吁於檏，又令人殺其子石厚（錯子厚從州吁），迎穆公之弟普于邢而立之，是謂宣公。史稱石碏大義滅親。

癸亥，大壯。

西元前718年。民元前2629年。

晉曲沃莊伯，以鄭邢之師攻翼，王使尹氏、武氏為之助，翼侯出奔隨，莊伯叛王，王使虢伐莊伯，莊伯復奔曲沃，晉人及虢侯立翼侯子光，是謂哀侯。

鄭伐宋。

周平王二十六年，晉昭侯封其叔成師于曲沃（按：昭系奉其祖命而封者），之後便骨肉相殘，篡弒頻仍。先是（平王三十二年）成師使潘父弒昭侯，國人立其子平，是謂孝侯（平王三十二年）；曲沃桓叔卒，平王四十一年曲沃莊伯鮮立，平王四十七年，曲沃伯入翼弒孝侯，國人逐莊伯，立孝侯弟郤，是謂鄂侯；周桓王元年，曲沃莊伯以鄭邢之師攻翼，桓王使尹氏、武氏助曲沃，翼侯出奔隨，後莊伯叛桓王，桓王使虢伐莊伯，莊復奔曲沃，晉人及虢侯立翼侯子光，是謂哀侯。晉昭侯以其祖之亂命，致晉亂達六十年之久，可堪慨歎！

甲子 旅 桓三年	甲戌 觀 王伐鄭不利中矢	甲申 无妄
乙丑 小過	乙亥 比	乙酉 明夷 周莊王
丙寅 漸	丙子 剝	丙戌 賁
丁卯 蹇	丁丑 復 楚熊通伐隨稱王	丁亥 既濟
戊辰 艮	戊寅 頤	戊子 家人 王姬下降於齊
己巳 謙	己卯 屯	己丑 豐
庚午 否	庚辰 益	庚寅 革
辛未 萃	辛巳 震	辛卯 同人 伐隨責尊楚也
壬申 晉	壬午 噬嗑	壬辰 臨
癸酉 豫	癸未 隨	癸巳 損

經世之寅二千二百十一（世），鼎九二變火山旅。

甲子，旅。

西元前717年。民元前2628年。

周桓王三年。晉翼侯自隨入于鄂，是謂鄂侯。

按：鄂即今山西夏縣。

乙丑，小過。

西元前716年。民元前2627年。

晉曲沃莊伯卒，子稱繼，是謂武公。

丙寅，漸。
西元前715年。民元前2626年。
宋、齊、衛之君，盟於瓦屋。
這一節的意思，簡單的說，就是宋、齊、衛之君，於瓦屋這個地方，簽訂同盟合約。列諸侯相互結盟，是十分平常的事，何以此特別予以提出？首先從地理位置看，齊在衛之東，宋在衛之南，三國之會，名正言順的，應是在衛國，而三國卻把地點定在周之瓦屋，很顯然的是違背國際原則的，更明白點說，是根本不把周天子放在眼中，是非常失禮的事。史家謂瓦屋之盟，其罪有不可勝誅者矣！

丁卯，蹇。
西元前714年。民元前2625年。
秦自汧渭之間徙居郿。
秦之野心，日益暴露。

戊辰，艮
西元前713年。民元前2624年。
齊會魯鄭之師伐宋。
諸侯之間，所視唯利，分分合合，司空見慣。

己巳，謙。

西元前712年。民元前2623年。

魯亂，公子翬（音灰，即錦雞，健飛之意），弒其君隱公，立惠公之子，是謂桓公，翬為之輔。

魯惠公（即魯隱公的父親）很喜歡他的小兒子軌，有意傳位給他（其母為惠公妾，本不當立），惠公死後，群臣以軌年尚幼，遂立其兄息姑為君，即魯隱公（息姑母為惠公繼室，依理自應立息姑）。隱公以為，其父既有意傳位其弟，因弟年尚幼，故暫時攝位，擬待弟年稍長，即將君位還于其弟，自己並在菟裘（魯國地名，今濟南泰安），蓋了一處莊園，準備還位後，退休遷往居住菟裘養老。但尚未及退位，即被其弟軌所弒。

魯國有個品性極壞的跋扈將軍，人稱公子翬（音灰），喜歡攬權、搬弄是非，便向隱公進言，說軌將是隱公政權的敵人，我可以將其除去，但你應把宰相位置給我。隱公責備翬不可以這樣，君位本來是軌的，等其稍大，我即還位給軌，致於宰相，待軌即位後，你向軌請求好了。翬見此計不成，便對軌說，隱公怕你長大後搶其位置，要把你除掉，軌便求助於翬，同意殺了隱公，便把宰相位置給翬，翬遂弒隱公，軌即位是謂魯桓公。

孔子作《春秋》，起自魯隱公，其深意在此。

辛未，萃。

西元前710年。民元前2621年。

宋亂。太宰華督殺司馬孔父，及弒其君殤公，迎穆公子馮于鄭而立之，是謂莊公。

宋自宣公讓其弟穆公，穆公病，又讓其兄之子殤公，世子馮逃亡於鄭，之後宋之對外戰爭，多與馮有關。如孔父嘉三次伐鄭可見。

宋太宰華督（太宰如今之行政院長），與公子馮交好，心中頗不是滋味。加以華督聽說孔父之妻美豔非常，世無其匹，偶而一見，竟使華督魂飛魄散，於是華督便殺其夫而取其妻，甚至連殤公也一齊殺了，為了處理宋國的爛攤子，便迎公子馮為君，是謂莊公。

壬申，晉。

西元前709年。民元前2620年。

晉曲沃武公，敗晉師於汾旁，獲哀侯。晉人立其子，是謂小子侯。

周桓王十一年，晉哀侯九年，曲沃武公伐翼，敗哀侯於汾水邊，翼人立哀侯子曰小子侯。

癸酉，豫。
西元前708年。民元前2619年。
晉曲沃武公，弒其君哀侯于曲沃。
周平王二十六年，晉昭侯將晉國最大、最富庶的地方「曲沃」，封于其叔「成師」。
成師即以曲沃為根據地，日以消滅昭侯支系為事。成師死，子繼，是謂曲沃莊伯，伐翼弒孝侯；莊伯卒子繼為曲沃武公（成師之後），敗晉師，獲哀侯而弒之（昭侯之後），使晉三代之間，骨肉相殛，國無寧日。
初晉封其叔成師于曲沃，曲沃則處心積慮，唯滅昭侯之族是事，欲把文侯子孫（孟子所謂齊桓、晉文之事，即指此文侯），連根拔起，悉行殲滅，乃至一孺子亦不放過。故邵子《經世書》說：「晉曲沃武公，弒其君哀侯于曲沃。」
按：晉自周成王桐葉封弟叔虞于晉，九傳至穆侯，生二子。長曰仇，是謂文侯；次曰成師，師為穆侯所愛（名子曰仇、曰成師，即已不吉），文侯卒，子昭侯立，封其叔曲沃（成師），謂之曲沃伯，曰曲沃桓叔（晉之禍根亂源在此）。昭改晉為翼，與曲沃並稱二晉。
昭侯七年，大夫潘父弒昭侯、迎曲沃，翼人不受，殺潘父，立昭侯弟平，是為孝侯。
孝八年，桓叔成師卒，子鱓繼，是為曲沃莊伯。

孝十五年，莊伯伐翼，弒孝侯。翼人立其弟郤（音希），是為鄂侯。鄂侯二年伐曲，兵敗逃亡於隨。子光立是為哀侯。

哀二年曲沃莊伯卒，子「稱代」立。是為曲沃武公。哀九年，曲沃武公伐翼，哀迎戰被殺：周桓王命虢公林父立哀侯弟潛，是為小子侯；小子四年，武公誘而殺之，遂併其國，定都於絳，仍號曰晉。

武又盡取晉國寶器，獻于周釐王，王貪其賂，遂命「稱代」以一軍為晉侯（按春秋時大國三軍，小國一軍，王因受晉賄，遂命晉武，以一軍稱侯）。

成師之族，費盡心幾，三傳至其子武公，消滅了其兄仇之子孫；但很可笑的是，到了武公，其子獻公桓、莊之族，更進而殺其諸子，豈非報應？

這一段文雖不長，但往往給人以頭緒錯雜，難以照應之感。簡而言之，故事的開始，即周成王與其弟開玩笑，拿了一片桐葉，戲封其弟，周公謂君無戲言，遂封其弟，九世至孫穆侯、長子曰仇，二子曰成師，以下即老哥仇與弟成師的故事（穆為二子各起了個很不吉的名子，長為仇，二為成師）老哥處處照顧老弟，老弟卻不領情，兩兄弟鬥得你死我活，甲滅乙族，乙滅甲族，兄弟仇殺，未完未了。

甲戌，觀。

西元前707年。民元前2618年。

周桓王以蔡、衛、陳之師伐鄭，不利，矢中王肩。

周桓王十有三年。

鄭莊公兼理東周政事（《左傳》第一篇〈鄭伯克段於焉〉，就是鄭莊公的故事），因莊公言行處事，十分囂張跋扈，且常假傳聖旨，周桓王受不了，便解除其職權。鄭莊公十分抱怨，連續五年不來朝王。周桓王便率蔡人、衛人、陳人伐鄭，戰于繻葛（繻葛，地名，在河南鄭州附近，或謂即今河南長葛，繻音須），蔡、陳、衛三國聯軍，甫與鄭軍接觸，便敗下陣來，四散逃走，桓王無奈，便親自出馬應戰，被鄭將祝眈，一箭射中王肩。按說，箭射中王屋，便是死罪，射中王肩，應是弒君大罪，是要誅九族的，鄭軍射中王肩，莊公於夜暗派祭足前來慰問，送周天子十條牛，一百隻羊等，便似乎泯其恩仇了，周桓王還十分感激的樣子，豈不滑稽可笑之至？

乙亥，比。

西元前706年。民元前2617年。

蔡人殺陳陀。

周桓王十三年，陳桓侯鮑薨，文公子陀，殺太子免而代之。陀好田獵，某次獵至蔡地，因與蔡人爭獸被蔡人所殺（或以為蔡人不知其為陳君而殺之）。這裡為何稱蔡人，意即是說蔡人殺得很對，因為亂臣賊子，人人得而誅之。何以不稱其陳侯或陳君，而直呼其名呢？因其為竊國的亂臣之賊，故直呼其名。此即所謂之「春秋之筆」。

北戎伐齊，鄭使公子忽救之，有功。

桓王十四年，北戎伐齊，鄭公子忽救鄭有功，不但俘獲了北戎大將兩員，並獲甲首三百，獻於齊。齊侯很高興，兩次要把其女文姜嫁忽，皆為忽所拒，齊侯感到很沒面子，鄭公子忽拒婚的理由有二，其一齊是大國，所謂齊大非偶，換言之小國與大國通婚，不是理想的婚姻對象，這一次因為幫人打了勝仗，便娶了人家女兒，好象一種報償一樣，會遭人恥笑的。古人說君子應「自求多福」，何必高攀？孰知，齊侯感到很沒面子，反得罪了齊僖公，遂與鄭轉目成仇。

楚伐隨，俾請王之號于周。

隨地在湖北隨縣，本是楚先王之封國，然楚之後人，每自居于夷狄之位，希望周天子封其為王，至於熊通，乾脆自家稱王了，但在史學家看，這種自我加封的，叫做僭稱，也就是未經註冊的地下產品、黑貨。

丙子，剝。

西元前705年。民元前2616年。

晉曲沃武公入翼，殺小子侯。王使虢仲伐稱，稱復歸曲沃，虢仲立哀侯之弟湣。

西曲沃武公即晉成師之孫，攻入翼，殺了小子侯。周桓公十六年，王使虢仲伐稱，稱復歸曲沃，虢仲立晉哀侯之弟湣于晉。周莊王四年，曲沃伯滅晉，周天子命曲沃伯為晉侯。

按：小子侯，《左傳》幼沖為君，見殺之後，不得備禮稱謚，故稱之謂「小子侯」。

丁丑，復。

西元前704年。民元前2615年。

秦亂。甯公卒，三父廢世子而庚立出子。

桓王十六年，秦寧十二年，公薨，三父廢太子，而立少子出公，時年五歲。

是年楚熊通伐隨，開地至濮上，遂稱王，是謂武王。

楚國的祖先，于高辛氏時，曾為火正，命為「祝融」，傳說中楚之先人曾懷孕十一年，一次生下六胎，而且還是剖腹而生，其祖先中有鬻熊者，為一博學之士，周文武父子，均曾師之。楚傳至蚡冒，蚡冒卒，其弟熊通，弒蚡冒子而自立。熊通強暴好戰，有僭號稱王之志，桓王伐鄭大敗後，以周天子懦弱無能，便開始對外用兵，擴張勢力，看上了隨國是個好目標，因為隨距楚最近，且有諛臣少師，淺見可欺，有賢臣季梁則不能用其言，於是便以隨為目標，屢屢對隨用兵。由於隨侯喜諛，不用賢臣之謀，遂致兵敗國辱，楚之勢力已達于河南南陽一帶，便自稱楚武王，駸駸然有侵犯中原之勢矣！

庚辰，益。

西元前701年。民元前2612年。

鄭莊公卒，世子忽繼。宋執鄭祭仲，立突，是謂厲公，忽奔衛，祭仲專政。

周桓王十九年，鄭莊公臨終前，與謀臣祭足（祭，讀代，即仲），討論傳位的問題，莊公屬意於庶出之次子公突，祭足以為不妥。以世子忽為嫡長子，且已立為世子多年，並屢建大功於國際間，若廢嫡立庶，必然造成朝野不安，非國之福，萬萬不可。莊公亦自知身死之後，一山難容數虎，兄弟鬩牆之勢已成，難以挽回，雖明知鄭國從此多事，不得太平，但亦無計可使。遂將公子突送往宋國其外公家暫住，試圖緩衝一下局勢，遂立世子忽，是謂昭公。並分使諸大夫往各國報聘，祭足恰被派往宋國。

公子突的母家，在宋國很有勢力，宋莊公遂將祭足囚禁，要挾其改立公子突為鄭君。使其大夫華都與公子突、祭足簽立誓約，割地三城、白璧百雙、黃金萬鎰、年輸穀三萬鍾等附加條款：派宋人雍糾為鄭大夫以監督其執行，祭足應將其女嫁予雍糾為妻……等無理要求。公子突為了急於得國，不加思考，便對天盟誓，完全接受宋之條件與要求。於是祭足乃與突、雍糾，潛返鄭國，助突取得國君之位。謂之鄭昭公（公子忽），出奔衛。突即位，是謂厲公，祭足專政。公子突奪權成功。

衛宣公殺其二子伋、壽。

讀過《詩經》的人，都知道衛國的風氣，是非常淫亂的，所謂「衛風淫」，以見其來有自。

糟糕的國君，尚未即位前，即與父妾夷姜私通，生子名曰急子，許立其為君。急子成人，宣公為聘齊僖公女為妻，後宣公聞齊女美豔絕倫，迎娶之日，即令急子出國訪問，遂納其媳為己有，父親接收了兒子的老婆，名曰宣姜。生二子，長曰壽，次曰朔，宣姜希望其子能取得急子的繼承權。乃與次子朔，挑撥宣公，說急子無禮於宣姜與小兒朔。宣公乃責夷姜教子無方，夷姜悲憤填膺，遂投繯而死。宣姜又言于宣公，說不殺急子伋，將來急子必然為其母報仇。後患無窮。於是乃設計將急子殺死。宣公遂與朔計議，派急伋子持白旄出使齊國，使朔於途中邀殺之。其子壽（為宣姜所生，富正義感）聞其謀，告知急子伋，勸其勿往，並由其代往齊國，伋曰父命不可逃，壽用計把急子灌醉，取得急子信物白旄，冒名急子前往齊國，遂被所殺。急子醒後，發現壽已持白旄先行，乃急急追往，行至其處，殺手們纔知道殺錯了人，急子既然又送上門來，便把急子一併殺死。史書上說，衛宣公，為搶奪兒子的老婆，殺死了自己兩個親生兒子。伋、壽兄弟爭死，可與並美於伯夷、叔齊，興與鄭太子申生，前後相映，寧可自己冤死，也不願訴明冤屈或出走逃亡，以傷老父之心。

按：衛宣公非常寵愛急子伋，為娶齊女為妻，後聞齊女姜美，遂自納之，父奪子妻而殺其二子。非徒淫也，即人性亦無。

辛巳，震。

西元前700年。民元前2611年。

衛宣公卒，子朔立，是謂惠公。

衛宣公糊里糊塗，殺死了兩個好兒子，宣公一命嗚呼後，朔便順理成章，輕輕鬆鬆坐上了衛君寶座，是謂惠公。

壬午，噬嗑。

西元前699年。民元前2610年。

齊會宋、衛、燕伐魯，不利。

按：齊會宋、衛、燕，乃是伐紀，而非伐魯。

齊之所以伐紀，乃是向魯示威，紀乃遭池魚之殃者。緣齊襄公之妹文姜，為魯侯夫人，文姜未為魯夫人時，兄妹即已通姦。自為魯夫人後，二人更是難解難分，事為魯侯所悉，齊襄公遂使力士彭生，將魯侯絞死於車中。之後乾脆於齊魯之間，一個非魯非齊，名禚（音灼）的地方，築一別館，與其妹（即魯莊公之母）晝夜宣淫，為擔心魯莊公羞怒，乃親率大軍，並會宋、衛、燕伐紀，以向魯示威，魯會鄭救紀，不利。紀侯乃大去其國（不說齊滅紀，而說大去，乃是紀侯為存紀祀，而不敢死國難之故，大去，不返之意）。或曰「小敵之堅，大敵之擒也」，意即是說，一個小國，如果使大國認為對其將形成威脅而不滿時，大國便要動腦筋了。在一個亂世裡，所謂興絕世、舉廢國的情操，已鮮有所聞了。臥榻之旁，豈容他人鼾睡，為小國者，亦良難矣！除自求多福外，別無良圖，如更不自量力，不知所畏懼，而得苟存於世者，豈非奇跡？匹夫無罪，懷璧其罪，老子說「不見所欲」。土地、人民……咸大國之所欲者。孟子說：「昔者太王居邠，狄人侵之，事之以皮璧、不得免焉，事之以牛羊、……不得免焉！」太公說：「狄人之所欲者，吾土地也，吾聞君子不以其所以養人者害人。乃去岐山之下而居焉，行者如歸市……。」戰國時大國之所為者，強淩弱、眾暴寡，其所欲者，土地、財貨，美女……國際間戰禍頻仍，不能息止之故，往往在此。亦即人類社會，亂無寧日之根源之所在！

按：此所謂伐魯，乃伐紀之誤。

癸未，隨。

西元前698年。民元前2609年。

秦三父殺出子而立世子，是謂武公。

秦出子六年，三父弒其君出子，復迎立故世子，是謂武公（即三父之兄）。

齊釐公卒，世子諸兒繼，是謂襄公。

釐公三十三年卒，子「諸兒」（襄公名）嗣，是謂襄公。

宋會齊、蔡、衛、陳伐鄭。

鄭公子突逃亡到宋國，宋即要脅鄭國大臣祭足，與宋簽下了喪權辱國的條約，突因而得國。也像當年袁世凱與日本帝國主義，所簽二十一條件，情形十分相似，突得國後是謂厲公，因為付不出宋國的勒贖，宋遂鼓動齊、蔡、衛、陳等國伐鄭。

甲申，无妄。

西元前697年。民元前2608年。

周桓王崩，太子佗嗣位，是謂莊王。

桓王名林，作了二十三年周天子，先是解除鄭莊公在周王朝的襄政權，遂致莊公五年不朝王，桓王十三年因氣憤不過，遂率蔡、衛、陳人伐鄭，桓王被鄭將祝聃（聃音耽）射中王肩膀，王師大敗而歸，二十三年三月，王崩。子佗立，是謂莊王，在位十五年。

鄭祭仲殺雍糾而逐厲公，迎忽反政，是謂昭公。

宋脅迫鄭祭足，有條件的立公子突為厲公，厲公返國即位後。因為付不出宋國的勒贖（一則是力有未迨，再則是有所不捨），未能履行其誓約（如割地、輸金等，猶國際間變相的綁架勒贖），宋遂鼓動齊、蔡、衛、陳等國伐鄭。厲公即欲出兵迎戰，祭足以為以鄭國目前兵力，實不足以應付五國聯軍，應以堅守為宜，遂不顧厲公反對，即佈重兵於要害之地，堅守不出。平時厲公在政事上，即不願接受祭足的意見，此次對祭足更是十分不滿，因使雍糾謀誅祭足。雍糾將其謀告知其妻（祭足之女），其妻即詢其母「丈夫與父親孰重？」母告以「父一而已，人盡可夫」，女因以糾謀告。結果雍糾遂被祭足所制殺，厲公出奔衛，祭足遂迎昭公重定。

秦伐彭戲氏於華山。

秦對關中，無時不在蠶食鯨吞，至此秦已擁有西周之地。也可以說秦之版圖，皆周平王之所賜。

齊襄公削公子無知祿。

公子無知，乃齊僖公之姪，僖公甚愛之，自幼養於宮中，其一切待遇，與太子無異（此為僖公之過，國家祿位，應依法制，豈可因好惡而異）。襄公即位後，無知在生活行為上，常令襄公不悅，襄公乃將其品秩裁減大半，無知銜恨在心，每思作亂，恨無幫手。再說齊襄公與宋、魯、陳、衛等伐衛，納公子朔，是謂惠公。因為擔心周天子來伐，所以派連稱為將，管至父為副，戍守蔡邱之地，以防周。襄公與連、稱相約，戍期至來年西瓜熟時，即派兵接替（即今軍中所謂之輪調制度，亦稱換防），古謂之「瓜代」，後來襄公把士兵換防的事忘了，連、稱前來請求換替，反遭襄公訓斥，遂致連、稱不滿，適連妹失寵于襄公（連妹為襄之妃），遂與連共謀，於襄公行獵時，借機將襄公殺死，立無知為君。

宋會魯、衛、陳伐鄭。

宋魯等伐鄭，皆是由於公子突之故，宋要脅鄭國大臣祭足，立公子突為厲公，後厲公欲殺祭仲，仲逐厲公，復迎昭公，厲公（鄭伯突）入於櫟（鄭國「雍」的大城）宋會魯、衛、陳於袲（袲音侈，河南商邱一帶）伐鄭，目的是為了納厲躅突返國，結果沒有成功。

乙酉，明夷。

西元前696年。民元前2607年。

衛公子伋、壽，傅逐惠公，立伋之弟黔牟，惠公出奔齊。宋會魯、衛、陳、蔡伐鄭。

周莊王元年十一月，衛侯朔（衛惠公）出奔於齊。

衛宣公納其庶母夷姜生急子，屬左公子。後為急子取妻于齊，聞齊女美而奪之，曰宣姜，生子壽與朔，屬右公子。

宣姜日與朔謀殺急子，欲奪世子之位，衛宣公謂夷姜教子無方，夷被逼自縊而死。宣姜與宣公、朔，共謀殺急子伋，但又不好明目張膽公然殺之，乃使伋訪齊，並持白旄為信，使人於途中狙殺之。壽勸伋勿行，伋說父命我死，不可違，寧願為人所殺，只要父親高興。壽沒辦法，只好將伋灌醉，自己持白旄代往，朔派的殺手，見持白旄者即殺，伋醒後知壽已往代死，乃匆匆趕往，及至，壽業已被殺，伋十分悲痛，遂告訴群盜說，你們要殺的人是我，請殺我去復命吧，於是伋亦死之。宣公死後，朔即位是為惠公，惠公不理會周天子。這年四月，並與宋公、魯侯、陳侯、蔡侯伐鄭。左公子泄，右公子職，見有機可乘，便於這年十一月，聯手另立黔牟為君，惠公出奔於齊。

丙戌，賁。

西元前695年。民元前2006年。

秦夷三父族。鄭高渠彌弒其君昭公，立其弟子亹（音偉，勉力不惓之意），渠彌專政。

周莊王二年，秦武公三年，武公討三父，數出子之罪而誅之，夷其三族。秦夷族之刑，自此始。

鄭昭公為世子時，十分討厭高渠彌，祭仲逐厲公，復迎立昭公，高渠彌擔心昭公會對其不利，乃於昭公出獵時，弒昭公而立其弟子亹，彌渠因專鄭國之政。

丁亥，既濟。

西元前694年。民元前2605年。

周有黑肩之難；齊襄公殺魯桓公於濼，立其子同，是謂莊公。又會諸侯於首止，殺鄭子亹。高渠彌逃歸，與祭仲迎公子嬰于陳而立之。

黑肩之難：早在周桓王時，便非常寵愛其次子儀、又名克，交由黑肩照顧、教育。大臣辛伯，建議桓王，國家的禮法，不能錯亂，如視妃如后、則王子超越于太子，乃至政出權臣，國中有國，實致亂之源，桓王不聽。及莊王即位之三年，黑肩便欲弒王、立王子克為君，辛伯得到了消息，便擬與桓王殺黑肩，克則逃亡于燕國。

齊襄公殺魯桓公於濼，立其子同。（濼乃齊魯相交地）

齊襄公實在是一個不堪的國君，為了與其妹私會，便邀請魯桓公與其妹文姜（桓公夫人），來到齊國濼作客（濼音洛，今山東歷城之北），卻把魯侯置於賓館之中，自己則與其妹過著新婚般的生活，事為魯侯所悉，襄與文姜，即使力士彭生，將魯侯勒死於車中，立其子同（或謂同即襄公與其妹文姜所生者），是謂莊公。之後第二年三月，魯夫人文姜又赴齊與其兄私會，孔子《春秋》書稱「三月，夫人孫于齊」（孫音遜，意即私奔，因其為魯夫人，說私奔太丟臉，故稱遜，《穀梁傳》的解釋，有絕於天人之道之意），襄公與其妹，二人猶如蜜月旅行一般，會於禚（音灼，齊地）、會於防（魯地）、會於穀（齊地，山東東阿）、大會賓客于祝邱（齊地山東）、《春秋》稱孫，乃是諱言其淫奔之行之意；稱夫人而不稱姜氏，《左傳》釋其為「絕不為親」之意，意即與之斷絕宗親關係，不認其宗，乃是貶之之意。

魯國出了這樣天大的醜事，魯桓以千乘之君，而莫名其妙的見殺於人，身死名辱，遺笑於千年萬世，其所以致之之故，簡而言之，乃是咎由自取。當時易《象》在魯，易《象》說：「閑有家，悔亡。」閑是防的意思，意即是說，一個家庭，每人都能守其本分，就可以避免很多無謂的煩惱。魯侯不但不在意於其國寶「易《象》」，同時老臣申繻，亦建言桓侯注意男女之防的問題，不可攜文姜如齊，桓公聞之如耳邊風，遂致搚幹之禍（搚音拹，有折、拉、摧之意；幹，指軀體。按：魯桓公因其夫人與夫人之兄齊襄公姦戀情熾，乃使大力士公子彭生將其所有肋骨捋斷，連頭顱幾乎被扭下來），其狀之慘，可以想見。

齊襄乃魯不共戴天之讎仇，但就桓侯之子「同」而言，則又為其得國之恩人矣！因同之兄弟，尚有慶父（掌握軍權）、叔牙、季友等三人。季友、慶父其材皆在同之上，故齊襄殺桓，而以立同為德，魯夫人文姜挾其舅氏以鞏固莊之地位，同若讎齊，或限制其母之行止，齊襄一但翻臉，則其他三兄弟皆可為君，故魯莊不得不以讎為恩，屈居於齊襄淫威之下。或以為齊襄之殺魯桓，乃是齊襄與文姜二人之巧謀。

「齊襄公殺魯桓公於濼，立其子同」，即邵子《經世書》春秋之筆。

會諸侯於首止。（首止，河南襄縣東南有首鄉）

齊襄公請魯桓王來作客，趁機霸佔了人家的老婆，更進而兄妹合謀，使公子彭生，將魯侯慘殺。國人盡說齊襄無道，奸其妻而殺其夫，齊襄為掩飾其醜行，遂思製造國際糾紛，以轉移視聽，因鄭國時有內亂，便把鄭國作為目標，計劃出兵伐鄭，表示申張國際正義。但老奸巨猾的齊襄，擔心萬一打不下鄭國，不好下臺，便心生奸計，邀請鄭國君臣，前來首止，以與齊國結盟。鄭君子亹，認為能與大國齊結盟，等於有了靠山，十分高興，忘記了齊侯為世子時，自己曾與其鬥毆，結仇甚深。祭仲則以齊襄殘狠無情，不可深信，勸子亹不可前往，子亹不聽，便與高渠瀰欣然赴會。高渠瀰邀祭仲同往，祭仲以託病為辭而拒與會。鄭國大臣原繁，感到奇怪，便偷偷問祭仲，如此盛會，何以不肯參加？祭仲說：「大國的心理，非常難測，今齊國以大結小，其中必有奸謀，況且齊侯勇悍殘忍，鄭國的君臣，恐怕有去無回了。」齊侯果然將鄭君之子亹殺死，高渠彌逃歸，與祭仲迎昭公弟子嬰于陳而立之。

戊子，家人。

西元前693年。民元前2604年。

周王姬下嫁於齊。

周莊四年。

古時天子嫁女于諸侯，必使同姓之諸侯主之（主婚），諸侯嫁女于大夫，必使大夫同姓者主之，魯為周之同姓，周王室嫁女於齊，故由魯單伯主之。但十分諷刺的是，魯侯甫被襄殘殺，停喪未葬，周莊王卻令魯為王姬與其殺父之仇主婚，於時齊滅紀，紀為周莊王之母家，齊之作為，既違於人情，亦不合禮法。再者周天子何以將其女，下嫁於如此不堪之齊襄？尤其令人不解（王姬嫁齊，未一歲而卒）。

己丑，豐。
西元前692年。民元前2603年。
周葬桓王。
周莊六年，西元前691年，桓王崩於其二十三年之甲申，迄周莊六年庚寅，業已七年。

辛卯，同人。
西元前690年。民元前2601年。
周伐隨，責尊楚也。齊伐紀，紀侯大去其國。楚武王卒於伐隨；子貲繼，是謂文王，始都郢。

周莊王七年，周伐隨，隨南接楚，北近周，楚欲窺伺中原，必取道於隨，故無時不對隨虎視眈眈，隨處虎狼之楚頷下，不得不仰楚鼻息。周天子看不慣隨對楚馬首是瞻的樣子，便出兵征伐隨。論者以為周天子徒知責隨之楚，而不能禁楚之自王？既然周天子已把周家發迹的豐岐之地，輕輕的送給予秦，已經失去了天下共主的身分，實在已沒有資格來糾正楚之不正了。再說周天子如果尚有其餘力，楚何敢稱王，齊更不敢那樣張牙舞爪了。

紀侯大去其國。

大去，大行，皆去而不復之意。如崇禎自縊煤山，史可法稱崇禎亦為大行皇帝。紀侯何以去國不返？因為齊人併吞了其土地，齊將紀國的紀郱（郱，山東臨朐縣）、鄑（山東昌邑）、郚（山東安邱郚城）被齊佔據，紀季亦以酅（音彙，位山東東阿縣西）入於齊，紀侯乃使其夫人赴魯國求救，魯莊公聯絡鄭共同赴援，鄭懼齊不敢出兵，魯國更是可憐，雖派出軍隊，然亦裹足不前，未見到齊軍影子，便不戰而退了。紀侯見救援不至，自己又無力抗敵，更不忍靦顏事仇，便把城池、妻子，交付其弟紀季，自己拜別宗廟，大哭一場，半夜開門而去，卒不知所終。

齊雖併吞了紀，史家卻不說紀侯亡國，乃是由於「季祀猶存」之故。季氏之祀所以存而不絕者，乃是由於紀季，為存其五廟之祀，不惜身辱名寃，屈伏於敵，而非貪生怕死之故。為自動歸順於齊。

史稱紀季而不書名，乃是《春秋》對賢者的尊敬，蓋季雖降齊，其目的旨在存紀氏之祀，由於季祀未絕，故史稱紀侯大去，而不說紀侯滅亡。

紀之所以受兵於齊，乃是受了魯國的池魚之殃，齊襄謀殺魯桓公後，又公然與其妹魯夫人雙宿雙飛，恐魯莊公老羞成怒，遂把紀佔領，以監視魯，而確保其安全，更無虞于其兄妹禽獸行之故。

壬辰，臨。

西元前689年。民元前2600年。

齊會宋、魯、陳、蔡伐衛，入惠公。

周莊王八年冬，齊襄會宋、魯、陳、蔡伐衛，目的在使衛惠返國重定，衛侯朔流亡於齊已八年，哀求於齊襄，請助其歸國，此所謂「入惠公」，即名不正，言不順之意。齊襄遂與宋魯等國伐衛。助朔重定。衛侯之立，乃是經過周天子認可的，齊襄此舉，無異於領導宋魯等國，公然以抗王命，與周天子唱反調，儼然無視于周天子的存在。

莊王欲出兵救衛，周之大臣虢公、周公，皆言周室兵弱將寡，不堪與齊為敵，有一員名子突的小將，認為周室力量雖弱而理不虧，所謂一時之強弱在「力」，千古之勝負在「理」，如果任由齊襄如此目中無人，敢問，豈非千古是非、從此顛倒？遂由其率師救衛，虢公只給他二百乘，結果一戰即被衝垮。子突雖然戰死，卻留下了「王人子突」，救衛的千古英名，所謂王人，即周天子的小官，但可受命以大事的，故稱「王人子突」即對「王人」的尊稱，史家對一個默默無名的小官，大稱其字行為「子」者，也是《春秋》第一次、如此稱道的。

癸巳，損。

西元前688年。民元前2599年。

衛惠公復入，殺二公子傅，黔牟奔周。

齊襄率五國之師伐衛，「王人」子突救衛，子突兵敗戰死，朔遂入衛，先殺左右二公子（泄、職）而自立，衛君黔牟奔周。

甲午 節 莊王十年	乙未 中孚	丙申 歸妹	丁酉 睽 子小白入 是為桓公	戊戌 兌	己亥 履 齊會宋陳 蔡邾代魯	庚子 泰 周釐王	辛丑 大畜	壬寅 需 晉曲沃滅翼 請為諸侯	癸卯 小畜
甲辰 大壯	乙巳 大有 周惠王	丙午 夬	丁未 姤	戊申 大過	己酉 鼎	庚戌 恒	辛亥 巽	壬子 井	癸丑 蠱
甲寅 升 王賜齊桓 公為伯	乙卯 訟	丙辰 困	丁巳 未濟 齊伐山戎 救燕修貢	戊午 解	己未 渙	庚申 蒙	辛酉 師 狄滅衛齊攘 狄立戴公	壬戌 遯	癸亥 咸

經世之卯二千二百十二（世）。

甲午，節。

西元前687年。民元前2598年。

周莊王十年秦滅小虢。

小虢，此虢非平王五十年，周鄭交惡，王二於虢之虢。朱氏隱老以為，此所謂小虢，可能即虢叔所封于扶風之虢縣，果爾，即周天子對其有所不滿而伐之，猶且不可，況滅之乎？于此可知秦之所以不道之甚者矣！

乙未，中孚。

西元前686年。民元前2597年。

齊公子無知，以葵邱之戍卒，入弒襄公，代立公。

齊襄公違背周天子，伐衛復朔之後，很擔心周王興兵來伐，乃派連勝與管至父率兵駐狩于葵邱之地，以監視周師，並以一年為期，於翌年瓜熟時派兵輪替，謂之瓜代，一年屆期已至，襄公食言，連等請求輪調無效。遂與公子無知密謀，於齊襄出獵時，發動政變，殺死襄公，共立無知。

己亥，履。

西元前682年。民元前2593年。

周莊王崩，太子胡齊嗣位，是謂釐王。南公萬弒其君泯公。

周莊王十有五年崩。西元前685年，太子胡齊踐位，是謂僖王。

南公萬弒其君泯公（公名捷）。

周莊王十三年，齊桓公即位後之第一次戰爭，即被魯打得大敗而歸（齊魯有名的長勺之戰，亦即「曹劌論戰」之戰），兩年後，齊又聯宋伐魯，戰于乘邱（今山東兗州附近之滋陽縣西北），結果宋又大敗，連萬夫不當之勇的大將南公長萬，亦被魯生俘，宋閔公捨不得這員大將，即請魯將萬釋回。對宋而言，不啻為一件大好事，但宋閔公卻因而弄得身死國亂。

緣宋萬被魯侯釋歸後，宋閔公常不經意的稱其為魯囚，長公萬心中很不是滋味。據《公羊傳》的記載說：閔公嘗與萬博戲，婦人皆在側，萬每盛稱魯侯之美，為天下侯諸侯之最，認為天下諸侯之君，除魯侯外，沒有一位可堪稱為君的。閔公不能忍受宋萬在婦人面前盛讚魯侯，便反言相譏，謂萬為魯侯俘虜，自然稱道魯侯之美了。南宮萬十分惱怒，便與閔公打了起來，南宮力大，竟把閔公的脖子扭斷，南宮萬殺紅了眼，遇人便殺，大夫仇牧，明知自己不是南宮對手，亦赤手空拳與南宮搏，宋萬一掌將其腦袋打得粉碎，牙齒被嵌入門檻中約數寸之深，太宰華督亦皆被殺，南宮立侯子遊為君，群公子逃蕭，公子御說逃于亳，南宮牛、猛獲，帥師圍亳，後蕭叔大心，以曹師伐南宮牛，殺牛，乘勝入，子遊，立莊公子御說，是為桓公。

庚子，泰。

西元前681年。民元前2592年。

周僖王元年。

周室自平王東遷後，日益式微，《詩．王風之什》，即絕筆于莊王。僖王之立，齊桓之霸，皆於此始，周天子只能依諸侯而存，王道衰微，霸業興起，王、霸興衰之機，於此可見。

齊會宋、陳、蔡、邾之師伐魯，三敗之，取遂。又會魯于柯。

齊桓公欲霸天下，問計于管仲，管仲以為：天下諸侯強於齊的，西有秦、晉，南有荊楚，雖皆以為自己國力強大，但不知尊奉周室（利用周天子的招牌作號召），故皆不能成其霸。管仲的策略，是要桓公「奉天子以令諸侯，內尊王室，外攘四夷，強橫者抑之，昏亂者討之……」。管仲以為，現在僖王初立，可遣使朝周，請天子之命，以大會諸侯。這當然是僖王夢寐以求的，於是便於僖王元年，齊桓公在管仲的策劃下，在齊地北杏，召集了第一次國際大會，各國不帶軍隊，僅著禮服與會，後人稱為「衣裳之會」。在當時爾虞我詐，唯力是恃的風氣下，不以兵車而會，簡直是不可思議的奇聞。孔子說「管仲九合諸侯，一匡天下、不以兵車」，這是第一會。但是，很可憐的，與會者只有宋、陳、蔡、邾四國，宋君御說，卻於半夜偷偷溜逃而歸，桓公欲派軍去追，管仲以為，宋之逃，無關閎旨，當務之急的大事，是如何服魯？第一，魯為周之宗盟，服魯可增加其號召力，再者，魯與齊最近，不先服魯，何以服宋？「遂」為魯之附庸，故服魯必先滅遂，於是臨兵於遂，魯以曹沫為將，出兵應戰，三戰皆北，因而滅之。所謂：「齊會宋、陳、蔡、邾之師伐魯，三敗之，取遂。」並駐大軍於魯之邊境，行文於魯，以責其不參加北杏，對周天子大不敬之罪。

按：此次齊魯之戰，曹沫三戰皆北，其失敗原因，完全由於魯國不明國際狀況之故，周莊王十二年長勺之戰，齊國的指揮官，為一般將領，故有較高級之作戰指導，即可決定勝負，齊伐遂之戰，魯國完全沒有弄清情況，對方的作戰指導者，乃是管仲，魯安得不三戰皆北？

魯君果然大懼，群臣亦謂，北杏之會，魯不奉命，其曲在魯，加以管仲天下奇才，無人能與抗衡，咸以為於今之計，以和齊為上，於是答書桓公，深謝前此未能與會之罪，如齊能退回齊國境內，自當奉會前來，是年秋，與齊侯盟之于柯。

魯莊公懷著生不如死，末日將臨的心情，帶了一位常敗將軍曹沫（齊伐魯，曹沫為將，三戰皆北），前來赴會。齊桓公則是大張旗鼓，築了一個七層高的土壇，將雄兵分作青、紅、黑、白，各據一方，壇上則建大黃旗，黑牛白馬（準備歃血），與會者，僅限一君一臣登壇，不准攜帶武器，莊公登壇時，兩腿發軟，曹沫手執利劍，緊隨莊公之後，全無懼色。歃血時，曹沫忽然右手持劍，左手持桓公衣袖，管仲急忙以身掩護桓公，問曹沫有何要求，沫謂齊恃強淩弱，奪我土地，請先還我土地，而後可歃。管仲請桓公答應他，桓公點頭應諾，於是皆大歡喜，順利而完成歃血結盟，桓公大臣皆欲劫魯侯以報曹沫之辱。桓公以為匹夫約言，尚不失信，何況國君？次日桓公於其公館設宴，招待魯侯，盡歡而散，並即把所占魯國汶陽之地，立即交還於魯。諸侯們聞說其事，對齊桓公的誠信不欺，無不贊服，便紛紛加盟，對爾後合盟諸侯，具有莫大助力，曹沫之劫，無疑替桓公擦亮了合諸侯的金字招牌。《公羊傳》評說：「桓公之信，著乎天下，自柯之盟始焉。」

辛丑，大畜。

西元前680年。周僖王二年。民元前2591年。

齊會陳曹及王人伐宋。楚師入蔡。

北杏之會，宋君御說（御說、宋君名、說唸悅）夜半而逃，魯莊公十四年，齊請周天子出兵，王命單伯會齊人、陳人、曹人伐宋，周派單伯伐宋。宋向單伯表示理屈，即參加齊合諸侯之會。

單伯會齊侯、宋公、衛侯、鄭伯于鄄（今山東鄄城），謂為衣裳之會二。

楚師入蔡。（西元前680年）

論者謂：蠻夷猾夏、楚之所以得入中原，或者以為咎在齊桓，楚師入蔡而不救，致楚坐大南疆。或謂桓公非不救蔡，因為力猶未迨之故。就楚而言，躍馬中原，為其夢寐以求者，時間之遲早而已。

楚之所以入蔡、滅息，表面上看，只是因為一個女人，骨子裡卻不然。蔡、息二國，則是咎由自取。

緣蔡哀侯獻舞，與息侯同娶於陳，息夫人有絕世之容，歸甯於陳，道經蔡國，蔡侯邀至宮中，語多輕浮無禮，息媯大怒而去，息侯聞之，遂心生報復，密告楚文王，願為楚內應對蔡；遂故意與蔡攻楚，卻暗送款曲于楚，以打擊蔡軍，使楚一舉而俘蔡侯獻舞，蔡軍大敗，欲入息避楚，息侯不納，卒為楚所俘，始悉其為息所賣，因對息恨之入骨。楚王欲殺獻舞以祭其祖廟，楚臣鬻拳謂楚王，如殺蔡侯，即等於自絕其中原之路，並不惜以力脅迫（鬻拳諫，王不聽，鬻拳以刃逼王，聲言與王同歸於盡，等方式要脅楚王），死諫、自殘等方式，諫阻楚王（勸阻後，自己欲自戕，自治其脅君之罪，被楚王制止，最後卒斷其一足，以示懲其以臣脅君之罪），楚文王遂悟，不但採納了鬻拳的諍言，把蔡侯釋放，並舉行擴大歡送會，禮送蔡侯返國。歡送會上王令美人獻酒，蔡告楚王，天下最美的女人是息嬀。於是楚便滅了息國，給息侯一個汝水旁邊，十來戶人家的小地方，以奉祀其祖先，把息嬀載回楚宮。息侯忿鬱而卒。

息嬀到楚國三年，雖為楚文生了兩個兒子，但三年之中，不發一言，不與任何人說一句話。楚王很納悶說，三年來我對你百般寵愛，為什麼連一句話也不跟我說？息嬀說一個女人，跟了兩個男人，自己既不能守節而死（息嬀曾自殺未遂，始為楚所俘），有何臉面向人言呢？言罷淚如雨下。楚王說，這全是蔡獻舞之罪，我一定為妳報這個仇，於是楚師入蔡。蔡侯將其庫藏所儲盡獻于楚。楚兵始退。

今漢陽城外有桃花洞，上有桃花夫人廟，即息嬀夫人。

或論之曰：蔡以女子啟戎，荊於強暴虐小，誠皆有罪也。

壬寅，需。

西元前679年。民元前2590年。

齊桓公會、陳、衛、鄭之君盟於鄄（今山東鄄城）。晉曲沃武公滅翼，以重寶入周，得請為諸侯。

齊始霸，故諸侯再一次集會，齊桓公衣裳之會三。

淮南子說：桓立政，去食肉之獸，食粟之鳥（禽獸不與人爭食），系罝網（保護水產自然生態），三者皆有利於民生問題，故三舉而百姓悅。

晉曲沃武公滅翼，以重寶入周，得請為諸侯。

周僖王三年（西元前679年）。曲沃伯入翼，翼弒晉湣侯而威之，並將晉國之寶，悉奉獻于周王，周即以曲沃伯為諸侯。朱子譏曲沃謂：「倨慢無禮，亦已甚矣。」並感歎說，曲沃武公，弒君纂國之罪，如果人人得而討之，使其無以自立於天地之間，故向僖王行賄，將晉國所藏珍寶重器獻王，請命其為諸侯，僖王貪其寶玩，而不思綱常之理，與民彝之不可廢，因之不但不加誅討，反而進加其爵命，遂致王綱不振，人紀幾乎絕矣」！實在令人痛心啊！

按：曲沃始封至是，凡六十七年。

癸卯，小畜。

西元前678年。民元前2589年。

齊桓公會宋、陳、魯、衛、鄭、許、滑、滕之君，盟於幽。鄭人侵宋，諸侯為宋故伐鄭，同盟於幽，鄭成也。秦武公卒，弟德公立。楚滅鄧。

周僖王四年，齊桓公衣裳之會四，與會者為：宋、陳、魯、衛、鄭、許、滑、滕之君會於幽。

幽，宋地，今河南商邱一帶。滕，即河南緱氏（河南偃師），或以為即春秋之滑縣。鄭侵宋，諸侯伐鄭（伐鄭非止因于侵宋，主要是鄭若不服，諸侯之心不能齊一之故），後鄭亦服於齊，與諸侯會於幽。

秦武公卒，弟德公立。

秦武公卒，子白不立，封於平陽，立其弟德公，葬武公於雍，始以人殉葬，死者六十七人（見《史記》）。

楚滅鄧。

同年楚伐申，經過鄧國，鄧侯以楚王為甥，故大排宴席，犒勞三軍，十分熱誠。鄧侯另外三個外甥：騅甥、聃甥、養甥，則建議趁此機會，將楚王殺死，不然將來鄧必受其害，亡鄧者必此人也，若不早圖，將噬臍莫及，鄧不從，楚伐申回軍之時，即一舉滅鄧。

鄧縣在河南南陽附近，其南有許昌，申即今河南信陽，楚伐申返，經鄧即滅之。

甲辰，大壯。

西元前677年。民元前2588年。

周釐王崩，太子閬嗣，是謂惠王。晉武公卒，子獻公嗣，秦徙居雍。楚文王卒，世子囏繼，是謂杜敖。

僖王在位五年崩，太子閬立，太子閬踐位（閬音郎），是謂惠王。晉獻公立。晉武公用盡心機，弒晉湣，以晉國重寶，賄賂周天子（僖王），買到了「諸侯」的招牌，未幾即一命嗚乎，把江山交給了不愛江山、愛美人的寶貝兒子，即晉獻公，獻公聽信了洋婆子的話（見《史記》），把其才德高尚，十分孝順的好兒子申生，活活逼死，使晉國亂了二十來年。

秦徙居雍。

雍、即今陝西扶風縣地，秦初居郿、汧渭之間，似猶逐水草而居者。自汧渭徙居平陽（今陝西岐山），囏立始徙雍，自此始定居於雍。

楚文王卒，世子囏繼，是謂杜敖，或言堵敖。（《史記》以乙巳為杜敖元年）

楚文王十四年，聯合巴人伐申、滅鄧，巴國部隊，受到極大驚駭，於是巴人叛楚，伐那處取之（那處，楚地名，似即鄀，今湖北宜城東南），那處尹閻敖（尹，即楚地方官首長），游水逃走，楚王殺敖，其族為亂，巴人乘機來伐，文王親率大軍前來協防，結果楚王大敗而還。楚守門官鬻拳，見楚王敗軍狼狽之狀，深恐民眾看到這種情形，對民心士氣，會產生很大的影響，便不放楚王進城，楚王只好去伐黃（黃在息之南），在打了勝仗，回師的路上，患病而亡，鬻拳也就自殺了（鬻拳因用激烈的手段諫王，逾越臣子之分，不願為後世人臣，留下不良的示範，遂追楚王於地下。）。後人認為鬻拳對楚王的忠貞，是歷史上非常難得的。

世子囏繼位，是謂杜敖。（楚人稱未即位的太子謂敖）

乙巳，大有。

西元前676年。民元前2587年。

秦德公卒，子宣公繼。

丁未，姤。

西元前674年。民元前2585年。

周有五大夫之難，邊伯、石速、蒍國以蔡、衛之師攻王，立王弟頹，王出居鄭之櫟。

所謂五大夫：即蒍國、邊伯、詹父、子禽、祝跪五人，石速為士、雖共同為難，然不在五大夫之數。頹為僖王之弟，「蔡、衛」之師，《左傳》以為「燕、衛」之師。

五大夫之難，為周莊王種下的禍根，緣莊王有愛妃姚姬，生子頹，莊王十分寵愛，使大夫蒍國為師，子頹與牛有緣，養牛數百頭，親自飼養，所謂「食以五穀，被以文繡」，吃五穀，被綢緞，謂之文獸，凡有出入從人皆乘牛而行，任其踐踏稼禾，並陰結五大夫為黨，往來甚密，僖王因頹為亡父所愛，故不加約束，及惠王即位，頹更自恃為王叔，驕橫益甚，惠王惡之，乃抑裁其黨，奪子禽、祝跪、詹父之田，又把王宮附近蒍國的花園，邊伯的宮室，規畫入王宮範圍，闢為皇家公園，又因膳夫供應膳食不當，而取消其（石速）俸祿。故蒍國、邊伯、詹父、子禽、祝跪、石速等，共作亂，蘇氏為桓王卿士，桓王八年，王以蘇氏之十二個城市給與鄭國，蘇亦怨王，因與五大夫奉子頹作亂攻王，不克。出奔溫，蘇子奉子頹奔衛，衛人燕人立子頹為王。惠王出居鄭之櫟（古陽翟，即今河南禹縣）。

戊申，大過。

西元前673年。民元前1584年。

鄭厲公及虢叔，入王于成周，殺頹而執仲父，及五大夫，難遂平。

五大夫之亂，周惠王流亡於外，鄭厲伯欲為調停周亂不果，因執燕仲父，討其立頹之罪。惠王遂入於櫟。這年秋天，鄭伯奉王入鄔（即今河南偃師縣），取其傳國之寶，鄭人也渾水摸魚，盡取王宮之玉而還，據《竹書紀年》說，鄭所取玉，多化為蜮以射人（古書說蜮為短狐，三足似烏龜，于水中含沙射人影，中之即死。即所謂含沙射影）。

子頹與五大夫，驅惠王後，整日大排宴席，所謂樂及「偏舞」（偏舞乃皇帝堯舜之樂，後世帝王是不得使用的），鄭伯聽到了這種情形，便說「臨禍忘憂，憂必及之」。遂與虢叔商量，說子頹必不能久，遂與虢叔率軍入成周，殺子頹及而執仲父及五大夫，惠王重定，五大夫之難遂平。

或以為：五大夫之難，天王蒙塵于外，而齊桓公卻不聞不問，置其尊王攘夷、抑強扶弱，主持正義之高尚理想於不顧，後世史家，頗責有煩言，謂王室之難，桓公應救，能救而不救，固難辭其咎，以管仲之智，而不為之謀，不能不說是白圭之玷。

或以為王室有難，齊桓罔聞而伐山戎，其目的在中立以觀其變，因齊與鄭有很深的怨隙，王室之難鄭國已極力插手，齊心中不樂，故置而不救。五大夫之亂，衛曾助子頹篡位，惠王授桓公專征之權，命其伐衛，桓公受了衛金帛五車，並納了衛國的兩個女兒為妾，齊便原諒了衛君之罪，後人有詩論說：「衛侯罪案重如山，奉命如何取賂還，漫說尊王申大義，到來功利在心間。」齊桓功過，可見一斑。

己酉，鼎。

西元前672年。民元前2583年。

周惠王五年。

秦作密時，敗晉師于河曲。晉伐驪，獲驪女以為姬。陳公子完奔齊。楚亂，弟惲弒其君囏代立，是謂成王。

秦作密時。

秦作密時于渭南，祭青帝也。青帝即春神，又謂東神（按：時音志，古人祭天地的地方）。

敗晉師于河曲。

周惠王五年，秦與晉戰於河陽，勝之。（按此謂河曲，《史記》作河陽）。

晉伐驪，獲驪女以為姬。

周惠王五年，晉獻伐驪戎（驪即今陝西臨潼），驪戎獻其二女以求和，獻公納為姬，寵幸無比，生奚齊。獻公又娶二女於戎，大戎之女生重耳，小戎之女生夷吾，更與武公（獻公父）之妾齊姜生一子，寄養于申氏，故曰申生，後立齊姜為夫人，因立申生為世子。驪姬欲立其子奚齊，遂用盡其狐媚手段於獻公，逼得申生自殺，重耳、夷吾，亦逃亡國外。

陳公子完奔齊。

陳宣公欲立其寵姬子款，因將其世子御寇殺死。公子完出奔于齊，桓公命其為卿，完堅辭，乃命為工正，後其八世孫田成子始得齊國之政。齊國之強，莫盛於桓公，田完來奔，埋下了亡國的種子，極盛之時，衰兆已伏，千古世事，實難逆料。

按：公子完字敬仲，為陳厲公之子，厲公卒，弟莊公立；壯公卒，弟宣公立。

世子御寇，甚愛敬仲，御寇被殺，完懼禍，逃至齊國，其後八世孫，遂有齊國。史所謂三家分晉，田氏篡齊者。

楚亂，弟惲弒其君囏代立，是謂成王。

楚王杜敖欲殺其弟熊惲，惲奔隨，遂與隨襲弒杜敖而代立，是為成王。按時惲年方九歲，弒立之事，皆臣下所為，之所以把弒君惡名，記在一個未滿十歲的孩子名下，乃是對以臣弒君之亂臣賊子的一種告誡與懲罰，這就是春秋書所說的「一字褒貶」之義。

庚戌，恒。

西元前671年。民元前2582年。

楚修好于周及諸侯。

楚王熊惲弒君自立之後，欲恢復其國際社會之聲譽，乃多方結好諸侯，尤其是為周天子，特別送了一份厚禮。周天子亦予以賞賜。這件事情的背後，隱含著周天子，已放棄了其超然獨立，為天下共主的精神，失去了其天下的公信力，使混亂的國際局勢，更加失去了正義與秩序。

辛亥，巽。

西元前670年。民元前2581年。

衛惠公卒，子懿公繼。

衛侯朔（惠公）在位三十一年，朔之一生，作惡多端，朔卒，子赤立，是為懿公。

壬子，井。

西元前669年。民元前2580年。

晉有驪姬之難，殺群公子，自翼徙居絳。

晉以盡殺宗室，為其奪取政權，與鞏固政權之唯一手段。自曲沃桓叔至武公，終於滅了文侯之族，所謂「弒宗國之君者五」，殺了文侯子孫五個國君，取得了晉國。其心理乃是惟恐宗室之後，有起而效尤者。獻公承其列祖列宗之故智，今殺富子，明又殺游氏之二子，未幾，士蔿更將群公子之族，集中於聚一地，晉侯圍而盡殺之，人稱士之計為賊刀；之後遂自翼遷降，深其宮室，以防宗室之遺孽。

然而天道循還，殺人之子者，人亦殺其子。文侯之後，自桓叔、武公幾被殺盡，獻公又盡殺其孑遺。獻公之子孫亦不例外，未幾，驪姬又殺世子申生，逐公子重耳、夷吾等。獻公卒，奚齊立（驪姬之子），里克（晉世子申生之師）殺奚齊（史稱里克殺其君之子，因獻公尚未葬，故以君之子稱之），荀息又立奚齊之弟卓，里克殺公子卓、荀息於朝，之後夷吾又欲殺重耳，重耳又殺圉，循還不休，無有寧日……

癸丑，蠱。
西元前668年。民元前2579年。
晉伐虢，責納群公子也。
晉士蔿為獻公立了殺盡宗室的大功，獻公命其為大司空。斯年史載虢侵晉兩次，未言晉伐虢，日人竹添光鴻引《史記・世家》謂：晉群公子或亡奔虢者，故兩次伐晉，均未成功，可見群公子或有逃逸者。或以為晉之所以伐虢，乃是為了報復虢奉周天子命伐晉之怨。其所以謂虢收容晉群公子者，乃是欲加之罪之飾辭而已。

甲寅，升。
西元前667年。民元前2578年。
周惠王賜齊桓公，命為伯。
周天子使其臣召伯廖，賜齊桓公命為伯，且請其代衛，因惠王二年，五大夫為亂，擁立子頹失敗，周大夫蘇氏奉子頹奔衛，衛曾會燕師伐周，惠王因命齊伐衛。齊伐衛師敗。

乙卯，訟。
西元前666年。民元前2577年。

晉滅曲沃及蒲。楚伐鄭。

曲沃及蒲城，為申生與重耳所居，此所謂滅，或系城字之誤，或者因其接近于翟之故。

丁巳，未濟。

西元前664年。民元前2575年。

齊伐山戎，至於孤竹以救燕，俾修貢天子。

周惠王十有三年，山戎侵北燕，燕告急於齊，齊侯來救，遂伐山戎。所謂山戎，即依山而居，此戎居喜峰口一帶高山峻谷，自為國邑與燕雜處，自井徑南迤邐至順德之黑山，據險為國者，時享朝廷俸祿，恃險弄兵，如雲貴之土司與生熟苗猺，謂之戎狄者，亦如漢之匈奴，對燕國造成很大的威脅。齊桓公在管仲的協助下，極盡艱險困苦，平定了孤竹，解除了燕國的威脅。

秦宣公卒，弟成公立。

秦宣公卒，生子九人，皆不立，立其弟。

楚殺令尹子元，以鬥穀於菟為令尹。

令尹子元，為楚文王之弟，垂涎文王息夫人色美（文王乃子元之兄，已卒），用種種方法來挑撥蠱惑息夫人，將其寢宮，設在息夫人內宮邊，不分晝夜，鼓瑟吹笙，盡為靡靡之音，息夫人罵他沒出息，身為令尹，不知為國家大事著想，竟日打寡婦嫂子的主意，不感覺難為情麼？子元於是出兵伐鄭，諸侯救鄭，楚師退回，中公鬥斑殺子元。楚以「鬥穀於菟」為令尹。

鬥穀於菟：按楚人稱乳為穀，謂虎為於菟（於讀烏）。子文母未婚生子，家人棄于野，為虎所飼，人皆奇之，乃抱回撫養，故稱鬥穀於菟。

己未，渙。

西元前662年。民元前2573年。

周惠王十有五年。

魯亂，叔牙弒其君莊公，開立，是謂湣公。季友立世子班，不克，奔陳。

魯桓公納齊女文姜為夫人，結果竟然是賠了夫人又折兵，不但自己被冤殺，載著綠子去作鬼（文姜為與其兄齊襄公通姦，把桓公殺死），且使魯國陷於瀕危亡之境。此時之魯，一言之曰「亂」。

文姜生同與季友，桓公卒，同嗣，是為莊公；季友生而有紋在手，成一「友」字，故名曰友，行二曰季，故稱季友。友生而賢德，凡事能以國家大體為重，甚得魯國人望。慶父與叔牙（同母），為莊公異母兄弟，慶握魯國軍權。

莊公即位後，見黨氏（黨音掌，非鄉黨之黨，為魯大夫）女孟任美，欲立為夫人，文姜不許，一定要莊公立齊襄尚未周歲之女嬰為夫人，俾親上加親！文姜堅持，待二十年後迎娶，不已成人，有何不可，豈不荒謬？孟任雖無夫人之名，但卻有夫人之實，未幾即生一子，名曰般，莊公甚愛之，欲立為嗣。

周惠王十五年，魯莊公因健康問題，問後事于叔牙，牙謂「慶父材」。說慶父有才幹、能力強，意即堪當大任。慶父乃叔牙同母弟，雖為莊公庶弟，但「慶父材」三字，聽到莊公耳中，自別是一番滋味。又問季友，友說，我誓死效忠子般。莊公在弟強子幼的情形下，「慶父材」三字，對莊公無疑為一記重創，十分震撼、不安與憂心。很顯然的，莊公病情，因以加劇。季友為排除國家危機，遂以莊公之命酖叔牙（季友以叔牙多謀，去叔牙則慶父不敢發難），但卻保持了叔牙後人的爵位（自家兄弟，不為已甚），立其子公孫茲，為叔孫氏（三桓之叔氏始此）。

莊公薨，子般嗣，慶父果然使犖，殺子般於黨氏家。季友奔陳，開立（《史記》名開，或作啟方），是謂閔公（閔同湣，莊公庶子）。

按：犖音洛，為養馬人，即馬夫，力大無窮，可擲千斤之物於屋上，因調戲般之女，受般鞭笞，懷恨在心，慶父使犖殺般。

很顯然，莊公本死於疾病，叔牙乃背弒莊公之名。實則季友奉以莊公之命，令大夫針季酖死的，何以把弒君之罪，記在叔牙的頭上？這與所謂崔子弒齊君，似乎同一道理。

季友立世子班，不克，奔陳。

意即季友立子般，未能成功，故逃亡於陳。

庚申，蒙。

西元前661年。民元前2572年。

晉滅霍、魏、耿，以耿封趙夙，以魏封畢萬。

晉滅霍、魏、耿，還為世子申城曲沃。趙夙、畢萬皆晉將，後封大夫。霍（今山西平陽之霍州，亦即厲王所居之彘）、魏（今平陽府之解州，解音蟹）、耿（今平陽府之河津縣），以耿封趙夙，以魏封畢萬，後皆大於晉。

辛酉，師。

西元前660年。民元前2571年。

魯亂，慶父以莊姜弒湣公代立，季友逐慶父而立公子申，是謂僖公。

魯莊公是一個既昏庸，而又沒有志氣的人，其母文姜與其舅齊襄，公然通姦，並殺了其父魯桓公，其母又將其舅襄公甫生之女嬰，預約為莊公之夫人。就魯莊與齊襄而言，襄與莊有殺父之仇，莊卻娶仇人之女為妻；尤有甚者，襄與其母幽會，往往攜莊共往，二十年後，莊公迎娶哀姜為夫人，哀姜又與莊公之兄慶父私通。莊公之一切，皆在文的掌控之下，雖然國際環境，對魯有利，尤其齊桓公為霸主，對魯亦特意結納，國際社會，亦多向心，乃魯大有作為之時，惜莊公皆不能利用與把握，以明其政刑，貽之子孫。其所作為，類皆勞民縱欲、無益於國之事，故史稱

「魯莊在位三十二年，乃無志不立之君也」。意即扶不起的阿斗。

魯湣公為文姜從嫁妹叔姜所生，亦即齊桓公外甥，莊姜欲除之，慶父遂使卜齮覓武士秋亞猝殺之，欲以慶代。季友聞變，星夜挾公子申奔往邾國避難，魯民大嘩，乃將卜齮全家殺死，又將包圍慶父家，慶父出奔莒，夫人姜氏聞慶父出奔，知慶不可為，遂亦奔邾，求季友，友拒姜，並將公子申返魯即位（申為莊公妾風氏所生），是為僖公。

魯之所以亂，當然是由於莊公之不競，再便是三個禍水——文姜、哀姜與孟任，文姜為雖為首惡，莊姜則唆使慶父殺般弒閔。最後齊桓公看不過去，乾脆把莊姜殺了，後遂稱哀姜。再便是兄弟爭權禍國。遂成亂局而無人收拾。

狄滅衛，殺懿公。

衛懿公好鶴，所尤愛者，享受大夫之祿位，乘大夫軒車，食大夫之俸祿。狄人來侵，衛國的軍隊，一致埋怨懿公，其所飼鶴已官至大夫，理應派鶴出戰，卒以士無鬥志而大敗，遂致國滅身亡。衛軍大敗的另一原因，是懿公出正，特別為自己建立了一面非常顯著的大旗，無疑告訴敵人「衛君在此，請來賜教」，狄人即以強力攻其指揮部，遂致衛軍迅速瓦解，衛軍逃往河東，狄人窮追不捨，又大敗。幸賴宋桓公派軍前來，收拾了衛國的殘軍敗卒及亂民于荒野之中，立宣姜子申，是為載公（申為懿公從弟），未及一年中卒，齊人復立其弟燬，是為文公。

齊桓公攘戎狄而立戴公，東徙渡河，野處曹邑（東徙，四庫本東徙作東處。曹作漕），戴公卒，弟燬立，是謂文公，自曹邑徙居楚丘。

文公即位，在曹地成立流亡政府，周惠王十九年，齊桓公帥諸侯，在楚邱為衛築了一座城池，曰楚邱，文公始由曹遷至楚邱（今河南滑縣）。文公身穿粗布衣服，載便帽，勤政愛民，加強教育，發展農業，拓展對外貿易，未逾三年，其甲車即由三十乘，增至三百乘。

晉伐東山皐落氏。

皐落氏即赤狄，隗姓，子爵，在今山西潞安府，有別部，居東山，號皐洛氏。或謂絳州垣縣西北六十裡，有皐落城，即其地。

秦成公卒，弟任好立，是謂穆公。

《史記》穆作繆。

壬戌，遯。

西元前659年。民元前6570年。

秦伐茅津。齊會宋、鄭、魯、曹、邾之君於檉。

周惠王十八年，秦穆公親自率軍伐茅津戎（在陝州河北縣二十里），勝之。

癸亥，丑。

西元前658年。民元前2569年。

齊城楚丘以居衛，又會江黃之君於貫。晉滅虢。

惠王十九年正月，齊桓公帥諸侯，為衛築城于楚丘。九月桓公會宋公、江人、黃人於貫。江、黃為之盟國，二國來盟，使楚失其右臂。

晉再次（第二次）假道于虞以伐虢，虞大夫宮之奇諫說：虞與虢乃是表裡相依，唇亡齒寒的關係，如果沒有了虢，等於同時沒有了虞。虞公以為晉同宗，晉不會出賣虞國的，再說我們虞國年年皆舉行大祭，上帝也會保佑我們的，不聽。宮之奇說：這次虞亡定了，晉也不麻煩第二次了。便帶著全族的人離開了虞國，果然，晉於滅虢之後，不費吹灰之力，順便接收了虞國。

甲子 未濟 周惠王二〇年齊會江黃	甲戌 蹇
乙丑 解 齊伐蔡入楚盟於昭陵	乙亥 艮
丙寅 渙 齊會王世子盟於首止	丙子 謙 秦伐晉
丁卯 蒙	丁丑 否 戎攻周齊會諸侯戍周
戊辰 師	戊寅 萃
己巳 遯	己卯 晉
庚午 咸 周襄王齊會盟于葵邱	庚辰 豫
辛未 旅	辛巳 觀
壬申 小過 亂叔帶以戎伐周	壬午 比 楚執宋襄公於會以伐宋
癸酉 漸 使管仲平周難	癸未 剝 齊晉徙陸渾之戎于伊川

甲申	乙酉	丙戌	丁亥	戊子	己丑	庚寅	辛卯	壬辰	癸巳
復	頤	屯	益	震	噬嗑	隨	无妄	明夷	賁
周以狄女為后	王廢狄后狄攻周王出居鄭	秦晉之師滅叔帶納王于成周	王享晉文公命益河內地		王狩於河陽晉會盟於踐土	晉會王人及諸侯盟于翟泉			

經世之辰二千二百十三（世），鼎九三變火水未濟。

甲子，未濟。

西元前657年。民元前2568年。

周惠王二十年，齊會江、黃之君於陽穀。

為了討論伐楚，齊會江、黃之君於陽穀。書謂齊侯、宋公、江人、黃人於陽穀。陽穀，今山東東平西昌縣北。

乙丑，解。

西元前656年。民元前2567年。

齊會宋、魯、衛、鄭、許、曹之師伐蔡，遂入楚，盟於召陵。

齊帥諸侯伐蔡的目的，旨在伐楚，蔡當然擋不住諸侯聯軍，甫一接觸，便潰不成軍。乘勝之餘，遂伐楚，楚得知這個消息，便派代表前來交涉，質問桓公說：君處北海，楚處南海，可說是風馬牛不相及者，想不到大駕竟帥軍光臨敝邑，不知有何見教？管仲說：我們先君太公，曾奉到召康公的指示說，五侯九伯，汝實征之，凡是中國的地方，無論東西南北，均可興師問罪，並賜以天子之履，以挾輔周室，今楚國已三年未晉貢苞茅，使周天子不能祭祀，桓公是來興師問罪的；再者召公南來楚國視察不返，究竟為何？楚國使者說，苞茅不入，是楚君的錯，我們願意檢討改進，今後當按時進貢，至於召公南來，失蹤未返，這事楚國不知，請往漢濱調察好了。聯軍繼續挺進，大軍至陘（今河南新鄭縣南三十里有陘山與密縣相鄰），楚國見聯軍無意回師，便又派大夫屈完來。聯軍為了國際禮貌，便主動退至召陵（召陵故城，在郾城縣東四十五里），等楚代表前來談判。

楚國派來的代表，是位國際名人，聲望很高，大家都很尊重他，聯軍退至召陵，與屈完會盟。齊桓公邀楚，共同參與以齊為首的諸侯同盟，以維持國際社會的和平。屈完說：楚國惠承齊君邀請，自是非常樂意參與，以追隨諸侯之後，擁戴周天子。桓公邀請屈完校閱諸侯聯軍，並謂「以此眾戰，誰能擋之？以此攻城，何城不克？」屈完不卑不亢的說：君侯若以德臨天下，誰敢不服？若以其武力臨之，則楚國「方城以為城，漢水以為池（方城，在今河南南陽附近），聯軍雖然壯大，但對楚國是莫奈何的啊！遂結盟而還。

當時中原諸侯，對楚國的看法，乃以夷狄視之，所謂「有王者則後服，無王者則先叛」（中央力量強大時，楚是最後一個臣服的，中央力量衰微時，首先反叛的也是楚）。是個十分漠視禮法，不尊道義的國家，與北方的夷狄相似，屢屢為禍中國，故桓公能服楚，是件可喜的大事。

執陳轅濤塗。

陳轅濤塗（轅或為袁），是很有謀略的陳國大夫。很擔心齊桓公盟楚後，各國軍隊，復員返國。如仍經過陳鄭之間，則陳、鄭必當負擔甚多的軍需物資，對兩國的財政，影響必大，不如建議桓公由東海還，還可以揚威於東夷，於是便把這個意見，建議給齊桓公，說君侯已南服楚，其功已不可量，若以服楚之威，更服東夷，則其功無量矣！齊桓公不知是計，心中甚為高興，便採納了轅濤塗的建議，還師而東，但不幸大軍陷於沛澤之中，於是便捉轅濤塗治罪。一說是鄭申候，出賣了轅濤塗，說現在各國軍隊已歸心似箭，如果仍依陳鄭之間，原道而返，則軍需補給，尚不成問題，桓公很高興，便把虎窂之地，給予了鄭，同時感到自己幾乎上了轅濤塗的當，所以才將其捕獲治罪。

不過，無論如何說，就理而言，兩者似均難入轅濤塗之罪。或以為齊桓公之伐陳，乃是發現陳侯非但未嘗心服於齊，且與楚似有非正常關係，乃藉口轅濤塗而代陳。旋即釋歸。

晉殺世子申生，公子重耳走蒲，夷吾奔屈。秦娶晉女為夫人。

晉獻公納驪姬，驪姬生奚齊，欲立之，乃設計將世子申生殺死，而立其子奚齊。世子申生被迫自縊後（史稱：晉侯殺其世子申生），尚有公子重耳、夷吾未除，對驪姬而言，仍猶芒刺在背，務必除之而後快。重耳、夷吾遂見機出奔，公子重耳走蒲（今山西平陽蒲縣）、夷吾奔屈（今山西平陽吉州）。參考經世之卯二百十二世壬子條。

秦穆公任好即位六年，尚未有東宮，欲得晉侯長女伯姬為夫人，遂求婦於晉。獻公使筮之不吉，非和睦之兆；更使太卜郭偃以龜卜之，得上吉。晉遂以其女為秦夫人（晉女，即申生之姊，見《史記》）。結果卜、筮皆驗。

丙寅，渙。

西元前655年。周惠王22年。民元前2566年。

齊桓公會宋、陳、魯、衛、鄭、許、曹之君，及王世子，盟於首止。

周惠王欲廢世子鄭，立惠后所生之子帶，所謂以愛易世子者。廢立乃國之大事，其嚴重性，甚至動搖國本，但又無人能諫、敢諫。齊桓公遂會諸侯於首止，特別邀請太子蒞臨，暗示惠王諸侯對太子擁戴之意。齊桓公合諸侯的目的，旨在「控制大國，扶持小國」，此會世子於首止（今河南睢縣東南），即所以尊天王者（表面上只是請世子蒞臨指導，卻暗示諸侯對太子的尊重和擁戴，致惠王對世子之存廢，能不慎重），世子得以不廢。朱隱老以為，此次諸侯衣裳之會的成就是：「諸侯以睦，天王以尊，後嗣以定，父子君臣之道皆得焉。」以申中國父子君臣之大倫。春秋會盟之義，於此可見。

晉伐蒲，重耳奔翟；又伐虞及虢，虢君奔周。

晉自世子申生被誣陷而自殺，驪姬未能盡除晉諸公子，致公子重耳、公子夷吾出奔，猶芒刺在背，乃繼續派人追殺。遂伐蒲，重耳逾牆而走，被斬其袪（袪音區，即衣袖），遂奔翟（晉地）。

晉又假道于虞以伐虢，虢公是一個貪財好色，好兵而驕的人，時常騷擾晉國邊境，晉欲滅之，虞則處於晉虢之間（虞在黃河北，虢在黃河南，即今陝州附近）。是晉欲滅虢，必須借道于虞，偏偏虞君，也是一個所謂「貪而愚」，不聽忠言的糊塗蛋。晉國以其傳國之寶，「屈產之乘，垂棘之璧」（屈產，山西蒲城西北；垂棘，山西上黨潞城附近），美璧寶馬，換得了亡虢的通道，滅虢回師，虞君興高采烈的歡迎晉獻公，卻被晉獻公打入囚車，不但取回了美璧寶馬，連虞國也一併接收了。宮之奇諫不聽，率全族而去，不知所終，百里奚則在虢公的囚籠外面，追隨虞公到晉國，晉國欲其士晉，奚不受，只願作追侍虞公的僕人，秦娶晉女為夫人，晉即將奚作陪送的媵人于秦（新嫁娘的男傭），百里奚不堪其辱，遂中途而逃，虢君丑逃奔于周。

是年秦始得志于諸侯，百里奚、蹇叔為之輔。

蹇叔為宋之鳴鹿村人（今之河南鹿邑人），與百里義結為兄弟，奚因貧而仕虞。虢滅，虞即繼之，隨虞公入晉，又隨晉女媵秦。晉女入秦後，秦穆公查得晉媵名單中，少了百里奚其人，穆公問公孫枝，得悉百里奚為一賢者，現在楚國為人養牛，便用五張羊皮將其贖回，時年已七十，奚又介紹蹇叔，秦得此二人，始得志于諸侯。

楚滅弦。

弦、江、黃、道、栢，睦於齊，皆弦之力，因恃齊而無恐，不知提高警覺。楚遂一舉而滅之。按：弦（河南光山附近）、江（河南信陽與正陽關之間）、黃（今河南黃川之地）、道（今河南安陽）、栢（今河南西平縣），等皆豫南一帶。

丁卯，蒙。

西元前654年。民元前2565年。

齊伐鄭。晉伐屈，夷吾奔梁。

丙寅，齊桓公會宋、陳、魯等君，及王世子，盟於首止。鞏固了太子的地位，但惠公卻十分不滿，乃唆使鄭國親楚叛齊，鄭遂于此次諸侯首止之會時，逃盟而歸，孔叔勸止之說：一個國君應有其神聖莊嚴的一面，不可出爾反爾，看輕自己，如果自己不把自己看得莊重些，便會被人輕視，並會失去可靠的朋友，萬一發生重大事故，去求人幫忙時，便會有困難了，鄭君不聽，遂逃盟而歸。結果為鄭帶來了連年兵災。這年夏天魯會齊侯、宋公、陳侯、衛侯、曹伯伐鄭圍鄭新城（今河南密縣）；冬魯伐鄭；第二年春天，齊又來伐。最後還是把出餿主意大夫申侯殺了，以取悅於齊，派其世子華，參加了秋天盟會，最後自己又主動請求前來加盟。初不聽賢臣孔叔之諫，正所謂敬酒不吃吃罰酒者。豈非沒趣。

驪姬追殺夷吾，使賈華伐屈，夷吾不能守，將奔狄，卻芮建議其奔梁。因梁近秦，其姊為秦穆夫人故。

戊辰，師。

西元前XX年。民元前XX年。

己巳，遜。

西元前652年。民元前2563年。

周惠王崩，太子鄭嗣位，是謂襄王，太叔作難。齊帥宋、衛、許、曹、陳，會王人於洮。晉伐狄，不利於齧桑。

周惠王二十五年，周惠王在有生之年，沒有使自己的寶貝兒子「帶」，登上王位，是其畢生的憾事。太子鄭嗣位，是謂襄王，太叔雖然作過奪權鬥爭，未能成功，主要是齊桓公與諸侯們對周世子的擁戴，當然齊桓公也是為天下大局著想，因為周室一但廢長立幼，天下的亂局，必然更為擴大，所以不但齊桓的衣裳之會，或兵車之會，大體上，還是為了天下大局的安定著想，雖然未能盡如人意，但大體上還是有所貢獻的。孔老夫子便慨歎說：如果沒有管仲，我便要披髮左衽了。也就是說，中國之所以得為中國於今，管仲與齊桓公，是有著極大貢獻的。

晉伐狄，不利於齧桑。

先是晉伐狄，以里克為主帥，梁由靡為御，虢射為右，敗狄于采桑。梁由靡說，狄人狡獪多詐，今如乘勝追擊，一定可以獲得大勝。里克說不必，給他一點教訓就夠了。虢射說，如不乘勝追擊，給狄一次重大的打擊，不出一年，狄人必會再來的。果如二人所料，未逾一年，狄人復至。

按：齧桑即采桑，在山西龍門附附近。

庚午，咸。

西元前651年。周襄王元年。民元前2562年。

齊桓公會宰孔、周公及宋、衛、鄭、許、曹之君於葵丘。宋襄公立。晉獻公卒，公子奚齊立，大夫里克及丕鄭殺之，大夫荀息立其弟卓子。

周襄王元年，齊桓公會諸侯于葵邱（今魯西荷澤考城附近），結盟修好，齊桓公的聲望已達其歷史之最高峰，周天子派其宰輔大臣孔周公，不遠千里賜胙桓公，不無慰勞慶祝之意，但身為襄王特使的宰孔，卻持首鼠兩端，暗中進行破壞（如當其遇到前來與會的晉獻公時，便告訴獻公，桓公好虛名而乏德行，勸其不要參加，獻公即棄盟而歸），不無耐人尋味之處，可見周天王的寶座，尚未鞏固。晉獻公卒，公子奚齊立，大夫里克及丕鄭殺之，大夫荀息立其弟卓子。

早時晉昭侯把大半個晉國，賜給其叔父曲沃桓叔。自此，桓叔之族，便有志一同，日以消滅昭侯之後為事，經過三代的時間，用盡一切手段，到曲沃武公，終於消滅了文侯之族，取得了全部晉國，更以鄭國珍器重寶，行賄于周天子，換得一紙中央認可證書，成為晉國的法定負責人，但當傳位於其子詭儲（即晉獻公）時，詭儲卻愛上了一對不該愛的女人驪姬姊妹，這個女人，幾乎殺盡了晉家的後代子孫。乃至獻公死後，其禍仍持續漫延進行著。

先是晉獻公順應驪姬之意，用士為之謀，把其晉室子孫（獻公一脈者除外），遷徙於一處，無論老幼，悉將其處死。驪姬亦一樣葫蘆，利用一些佞臣，除其所生者之外，凡穆公所生他子，亦欲全部處死，穆公竟支援驪姬的主張，首先逼死世子申生，申生是個孝子，知道父親希望其死，他的弟弟、老師、部下，均勸其逃，申生不逃不怨，也不願父被殺子之名，為了使父親高興，便自縊而死，其他諸公子，便分別逃往他國，晉侯雖然分別派兵追殺，然皆未成功。獻公死後，驪姬的兒子奚齊，在荀息輔佐下，本應順利的登上晉君寶座。但大夫里克，卻乘穆公喪亂之際，將奚齊殺死。荀息復立齊弟卓子。

辛未，旅。

西元前650年。民元前2561年。

里克殺其君卓子及大夫荀息，而納夷吾。夷吾入是謂惠公，惠公既立，殺里克而絕秦。

申生世子寃死，晉國朝野，無不哀痛，恨極驪姬及其一般佞臣。穆公卒，荀息立奚齊，大夫里克乘亂殺之，又立卓子，里克並荀息驪姬，也一併殺了，可見所謂殺人之子者，人亦殺其子，曲沃桓叔與驪姬，莫非時異事同，其報應不爽如一？

按：穆公納驪姬，曾使史蘇、郭偃卜之，不吉。郭偃曰：「善惡之報，不出十年。」里克並書之簡，至此果驗。

荀息在個人人格修養上，誠屬不欺之君子，但殊非興滅繼絕、安天下社稷之能臣。

按：荀息承諾晉獻公的的誓言，雖能生死以之，但晉獻公所授，乃廢長號幼，禍國之亂命，如何可以生死不渝？誠如詩所謂：「白珪之玷，尚可磨也，斯言之玷，不可磨也。」言大臣當以道事君，未可以「僅順」之意為忠者。

里克弒卓子，欲迎立重耳，重耳不受，遂往迎夷吾，對夷吾而言，真是夢寐難求，天外飛來的鴻福，夷吾的智囊團，對夷吾所作建議，悉為只求目的，不擇手段，莫不有極大後遺症，如秦公子縶了秦五城，且書契為證，又予縶黃金四十鎰，白玉六雙金。許里克田百萬，平鄭父田七十萬……夷吾入，是謂惠公。惠公立而殺里克，並與秦絕交，秦使來索城，晉拒付所許。

惠公殺里克的理由是：里克曾殺二君一大夫，作為里克之君者，實在為難！里克說，這就叫「欲加之罪，何患無辭」？未幾更大誅群臣。重耳不就知晉患之仍未已之故。

壬申，小過。

西元前649年。民元前2560年。

周亂，叔帶以戎伐周，秦晉來救。

周襄王即位之第三年，叔帶即以揚拒（伊川龍門與偃師之間）、泉臯（程發軔左傳地名考附圖，載泉臯之位置，即今鳴臯之位（筆者幼時讀書之地，在洛陽龍門南、陸暉之北，楚子伐陸暉之戎之陸暉，或作陸迴），且鳴臯取名於《詩經》之「鶴鳴于九臯，聲聞于野。」）伊洛之戎伐周（其他尚有陸渾之戎、九州之戎等），伐京師，已攻入王城，焚王城東門，以見王子帶，搧動戎數之眾，力量之大，來勢洶洶。秦、晉各軍伐戎，以救周。

癸酉，漸。

西元前648年。民元前2559年。

齊使管仲平周難。楚滅黃。

由上文可知今之伊川、嵩縣、宜陽，散居各種之戎，亦無統屬，皆彪悍暴厲，蠻野成性，為最烈，秦晉之師，未能將之消滅，故管仲亦來平難。

黃，今河南（豫南黃川附近），楚欲爭霸中原，黃恃齊盟而不與楚交好，亦不為備，楚因得滅之。

甲戌，蹇。

西元前647年。民元前2558年。

齊桓公會宋、陳、魯、衛、鄭、許、曹之君，盟於咸。晉饑，秦輸之粟。

咸，為地名。杜預以為濮陽東南有鹹城（河南北部）。

晉以兄弟爭國，連年內亂，國計民生，自是日益蕭條，一遇災害，即民不聊生，秦穆公本救災恤鄰之道，即不遺餘力，輸粟於晉以救災，命之曰泛舟之役。

乙亥，艮。

西元前646年。民元前2557年。

秦饑，晉閉之糴，而又伐之。楚滅英。

這年冬天秦亦發生饑荒，晉大熟，遂向晉發出救災呼籲，晉不但不予救濟，並侮辱秦使，如要欲食晉粟，可派兵來取。甚且還放話聯梁攻秦，共分其地。晉臣慶鄭謂郭偃說：「晉侯背德怒鄰，禍立至矣！」郭偃也說：晉「山崩草偃，必有亡國之禍」，可能就在眼前了。秦使還報，秦穆當然不平，遂興伐晉議。

楚滅英。

英，在安徽六安，楚乃滅之。

丙子，謙。

西元前645年。民元前2556年。

齊桓公會宋、陳、魯、衛、鄭、許、曹之君於牡丘，以救徐。

周襄王七年，桓公會諸侯於牡丘，徐即今江蘇下邳。

管仲卒，易牙專政。

管仲病重，桓公問仲何人可繼仲父為相？管仲說應以甯戚是最合適，但不幸甯戚已死。桓公說：我欲用鮑叔牙如何？管仲說鮑叔牙太君子了，善惡過於分明，惡惡太甚，不可為政，又問隰朋如何？管仲說：噯！隰朋呀，很好，但他是管仲的舌頭，身子死了，其舌其能長久？又問易牙如何？管仲說：君即不問，我一定要告訴你，易牙、豎刁、開方三人，必不可近。桓公說：易牙殺其子以肉食我；豎刁自宮而從寡人；衛公子開方，放棄其千乘之國的太子不做，父母死而不奔喪，是愛寡人勝於愛其子、愛其身、愛其父母者，難道這些人還不可靠，不可信賴嗎？管仲說：天下沒有連父母、兒子、自身都不愛的人，會真心去愛別人的。其所取於君者，必定過於其所付出者若干倍。桓公不以為然，卒付國於彼，以致身死國破，乃至蛆蟲流戶外，亦無人理會。

秦伐晉，敗之于韓原，獲其君夷吾，夷吾獻河西地，乃得還。仍以世子圉為質。

晉惠公夷吾目中無人，夜郎自大了一陣子，把人與人、國與國，乃至君臣、上下之間的一切規範，一概置之度外而不論，否定自己作為國君對人民的一切承諾，遂遭致秦國征伐，大戰於龍門山下，晉國全軍覆沒，晉君夷吾，也被秦活捉去，做了秦國的俘虜。最後由於秦穆夫人的要求（穆公夫人為晉女，以死相脅，穆公始釋夷吾），晉割地賠款，以太子圉為質，始將夷吾釋回。

丁丑，否。

西元前644年。周襄王8年。民元前2555年。

戎攻周。齊會諸侯之師戍周，又會宋、魯、陳、鄭、許、邢、曹之君於淮（所謂兵車之會），以全鄫（今淮河、豫南一帶）。

襄王有戎難，求救於齊，齊與諸侯派軍戍守于周，並會諸侯於淮，築城於鄫，因士疲力怠，半途而廢，築城不果。

按：鄫，今河南睢縣，豫東。

戊寅，萃。

西元前643年。民元前2554年。

齊桓公卒，五公子爭國，公子無詭立，易牙專政，世子昭出奔宋。

齊桓公不聽從管仲的諫言，而重用易牙、開方、豎刁等佞幸為政，不但自己不得其死（桓公亦活活餓死，蛆蟲爬至出宮外而無人理），把國家搞得烏煙瘴氣。

齊桓公有三位夫人，六位如夫人，即大小衛夫人，長衛姬生武孟（即公子談虧）；少衛衛姬生惠公（即公子元。其即位順序始武孟、而孝公、而昭公、而懿公、而惠公也。）；鄭姬生孝公（即公子昭）；葛姬生昭公（公子潘）；密姬生懿公（即公子商人）：宋華子生公子雍。桓公與管仲，原屬意孝公，但又預見將來國內政局之亂，遂將太子託付宋襄公。易牙有寵于衛恭姬，請桓公立武孟，桓公允之。桓公卒，五公子爭立，易牙與宦官豎刁，殺諸大夫，立公子無虧（邵稱無詭），易牙專政，孝公奔宋。

己卯，晉。

西元前642年。民元前2553年

宋會曹、衛、邾伐齊，殺無詭、敗四公子，立世子昭，是謂孝侯。狄伐衛。

齊桓公以公子元付託宋襄公，及無詭立（《左氏》作無虧），宋會曹伯、衛人、邾人伐齊，狄人與來四公子來救（四公子之徒雖為救齊，骨子裡則無詭之早死，以獲得奪權機會），宋敗齊與四公子（即公子商人等引狄人來攻齊，齊師大敗），齊殺無虧。世子昭立，是謂孝侯。狄因曾受齊桓公之惠，故伐衛以救齊。

庚辰，豫。

西元前641年。民元前6552年。

秦滅梁。

梁伯對修築城池，設立市鎮，有其偏好，尤其在邊境地區，所築名曰新里，但築好城邑之後，又不遷人民進住，形成空城，所謂：「梁伯好土工，亟城而弗處。」一把老百姓弄得疲於奔命，自己卻散佈謠言，說某某土匪將來攻城；又把其宮室周圍之壕溝，挖得又寬又深，並散放謠言說：秦國快要打來了，老百姓便亂成一團，紛紛逃亡出走，不久果然被秦所接收去。

按：梁在山西韓城附近。

辛巳，觀。

西元前XX年。民元前XX年。

壬午，比。

西元前639年。民元前2550年。

宋襄公會楚、陳、蔡、鄭、許、曹六國之君於盂。楚成王執宋襄公於會以伐宋。盟而釋之。

齊桓公卒後，宋襄公急於繼承中原盟主之位，遂與楚子、陳侯、蔡侯、鄭伯、許男、曹伯六國之君，舉行兵車之會於於盂（今河南商邱附近）。這是楚參加中原之會的第一次，公子目夷（即司馬子魚）向宋襄公建議說：楚強而無義，請以兵車之會前往。並要作安全準備，以防萬一。襄公堅持不以為然。果然上了楚國的當，楚國把宋襄公抓了起來，前往伐宋，要宋國投降，否則便要將襄公殺死。

宋襄公被楚國抓住時，即暗中告訴目夷：從現在起，你就是宋國的國君了，趕快回去，做好防禦準備，以保衛國家。目夷也與襄公相呼應說，宋國本來就是我的麼。楚子告訴宋國早日投降，不然便要將襄公殺死。宋人答話說，宋國已有新君，殺不殺襄公，悉聽尊便，與宋無關。楚人想，即如殺了宋君，也不一定得到宋國，與諸侯結盟後，便釋放了襄公。襄公去到衛國，目夷派人請襄公重定，把宋國仍還給了襄公。

由此可看出楚之狡詐陰險，在國際間，實難與之相處；再者，諸侯坐視盟主襄公被劫而不救，會盟之義，似已蕩然；其次襄公既無人望，又乏遠見，卻汲汲於盟主名位，不免犯了「智小謀大，力薄任重」的古訓。所謂「知進而不知退；知存而不知亡；知得而不知喪」（乾《文言》），襄公以之。才具如此，而又不自量力，師心自用，何異孟子所說之「緣木魚」？

癸未，剝。

西元前638年。周襄王14年。民元前2549年。

齊入王叔帶于周。秦晉徙陸渾之戎于伊川。宋會衛、許、滕伐鄭，不利。晉公子圉，自秦逃歸。楚救鄭，大敗宋師於泓。

齊入王叔帶于周。

周襄王即位，公子叔帶（襄王之弟）一再鼓動山戎攻周，賴諸侯之力，擊退諸戎，叔帶奔齊，周室始得安定。茲大夫富辰，忽發異想，建議襄王召子帶還朝，並以「惟王者和睦至親，以為諸侯榜樣，諸侯之間，始能和睦相處」等義諫王。襄王以為這個主意不錯，非常高興的，便把子帶從齊國召回。但沒有多久，叔帶便故態復萌，引來狄軍，居然取得王位，襄王不得不出走，向諸侯求救。

大夫富辰，徒有君子之仁，而不能見其全，明明知道叔帶是個野心勃勃、不肯安分的人，且已有兩次率領山戎，攻入京城的記錄，按說已經是十惡不赦的大罪了，任其流亡他國，乃其至當歸宿，現在卻建議襄王，召其還朝，無疑復為其製造叛亂的機會，卒使其重蹈覆轍，釀成更大的動亂，誠所謂愛之實足以害之？（當然也可能是由於惠太后的受意，太后前嗾惠立子帶未果）。富辰為了勤王，率家丁死戰，襄王始得逃亡鄭國。就襄王言，徒有友誼之情，而乏愛之之道，卒使帶叔再次走上亂臣賊子的不歸路。

秦晉徙陸渾之戎于伊川。

伊水出熊耳山，經嵩縣、盧師、陸渾、伊川、龍門、偃師、孟津而入黃河。伊川、龍門之外即為洛陽。秦與陸渾、南越熊耳，西隔秦嶺，皆不下數百里之遙；晉與陸渾遠隔黃河、洛水，以及自陸渾至龍門，亙亙百里之丘陵山地。朱氏隱老以為：二君之所以遷陸渾之戎于伊川，重違大舜屏四凶於四夷，不與同中國，嚴夷夏之防之深意，將陸渾重山峻嶺之戎，遷至周疆伊川之沃土，究為何故？且自此戎為周患者，累世不絕，未審秦晉究居何心？或者以為伊川乃狐狸之所居也，豺狼之所也，與其為禽獸藪澤，不如使戎狄制之為愈，殊不知狐狸可驅逐，豺狼可消滅，然戎狄長居周五十左右之近郊，便成了戴著冠冕的虎狼，恐再難制服它了。

宋會衛、許、滕伐鄭，不利。

鄭是楚在中原的前進據點，宋襄竟然伐鄭，豈非太歲頭上動土，當然不利。所以目夷便說：「禍在此矣！」宋不伐鄭，安有泓之戰？卒致襄公身死國衰？

晉公子圉，自秦逃歸。

晉太子圉為質于秦，與其秦國妻子商議（實即秦穆派來攏絡圉者），計劃一同逃回晉國，其妻嬴氏告其應早日回晉，但我不能逃，因我不能違背君命，更不敢告知任何人。圉遂逃歸。

楚救鄭，大敗宋師於泓。

宋襄公是一個才德不足、識見不廣，而卻以仁義為標榜，自以為是，而雄心萬丈，偏又不採納臣下的美意良言，遂為史書留下了「宋襄公之仁」的千古笑柄。

周襄王十二年，宋襄公欲合諸侯，魯大夫臧文仲即說：「以欲從人則可，以人從欲鮮濟。」說以己之力助人，人易樂從之；欲借他人之力，以求一己之功，則很難如願以償。宋大夫子魚（即目夷），把事情看得更透徹，宋襄公從周襄十二年之諸侯會盟時，即上楚當而被俘，之後仍不死心，一二再、再而三的會諸侯，用兵於鄭國，子魚一再諫阻，皆無效，不由歎說：宋之大禍已臨頭了！

宋之伐鄭，為楚進兵中原，製造了最好的藉口和機會。楚以救鄭為名，與宋展開大戰。未戰之初，宋大司馬很堅決的向襄公建議，說宋不但不可與楚開戰，而且應與楚聯合，對宋纔更為有利。襄公不聽。

戰爭甫開始之際，宋軍已佈好陣勢，進入戰鬥位置。時楚軍尚在渡河。宋軍司馬說：「敵強而眾，應乘其半渡而擊之。」襄公以為這是乘人之危，對敵人不公平，「不可」。楚軍度河後，部隊尚未進入戰鬥位置，宋司馬復請擊之。襄公仍「不可」，認為敵人尚未就戰鬥位置，我們便開火，這很不道德。到楚軍發動攻擊，一鼓便把宋軍打得落花流水，宋襄公的貼身衛士，全部殉難，襄公也負了傷。國人對襄公十分不滿，襄公卻振振有詞的說：「君子不重傷（重唸崇），不擒二毛。」（已經負傷的敵軍，不可再傷他。有白髮的敵軍，亦不可俘虜）又說，古人作戰，不依賴地勢之險峻，即是亡國，我也絕對不突襲未準備好的敵人。所謂「不鼓不陣，不擒二毛」。「襄公之仁」，已成為千古的歷史笑話。但亦頗有賞識其生死之際的君子風度。

甲申，復。

西元前637年。民元前2548年

周頹叔、桃子，以狄師伐鄭，遂以狄女隗氏為后。宋襄公卒，子成公壬臣繼。齊伐宋，楚伐陳。

鄭文公是一個十分不堪的國君，宋楚泓之戰，楚勝，鄭即以其夫人（楚成之妹），偕其二女往慰勞楚成（如日本之慰安婦），楚成遂納其二女，並攜回楚國，納之後宮（楚成乃以舅納甥，禽獸不如）。鄭因臣服于楚，每恃楚淩弱，與滑發生衝突，衛請周天子為之調停，鄭以襄王偏袒不公，竟把周天子的兩位使臣扣押，襄王大怒，周大夫頹叔、桃子，建議借兵于翟以伐鄭，富辰以為，召狄兵以攻中國，會落千古　名的，萬萬不可。襄王不聽，遂以狄兵伐鄭，又聞狄女美，遂娶隗女為后。富辰勸王，狄貪婪成性，難填其欲壑，其女又乏女德，如納其為后，終必有患。襄王不聽，遂有子帶之難。

襄王借狄兵以伐中國，立狄女為后，已開中國歷史的先例，又不受諫，若非富辰率家丁拚死與叛軍相周旋（富辰死難），襄王幾落入狄人子帶之手。

宋襄公卒，子成公壬臣繼。齊伐宋。

宋泓戰後之翌年春，齊孝公伐宋，圍緡（今山東金鄉東北）。理由是宋未參加齊國之盟。論者以為，宋泓之敗，楚勢益張，齊侯竟無尊中國、恤災患之意，復乘人之危而伐之，誠義之所不當為者，《春秋》書此以著齊孝之罪。是年夏五月，襄公因傷重而卒，子壬臣繼，是謂宋成公。

楚伐陳。

楚成三十五年，楚得臣帥師伐陳，取焦夷、城頓而還（二邑皆陳地）。

乙酉，頤。

西元前636年。周襄王16年。民元前2547年。

周襄王廢狄后。頹叔、桃子等，以狄師攻周，王出居鄭之氾。叔帶立，與狄后居於溫。晉有郤芮之難。惠公卒，世子圉繼，是謂懷公。秦穆公使人殺之，而立公子重耳，是謂文公。趙衰為原大夫，專政。

子帶返周後，並不安分，竟與皇后狄女私通，襄王得悉，遂廢狄后。頹叔、桃子乃與子帶，召來狄兵，攻入王京，襄王出奔鄭，居於氾。頹叔、桃子立子帶為王，帶以隗為后，國人諷之，乃與狄女居溫，國事交周、召二公代理。卒賴晉文公重耳，率師勤王，子帶之亂始平。朱氏隱老以為：周大夫頹叔、桃子，不畏王而畏狄；不慕義而慕淫；不奉正而奉邪，其目光如此，實乃刑戮之民歟！

按：氾非汜，音泛，今河南襄城縣南許昌西南之境，即今之襄城，因襄王曾居襄故名。溫，即今河南溫縣，洛陽東北。

晉有郤芮之難。惠公卒，世子圉繼，是謂懷公。秦穆公使人殺之，而立公子重耳，是謂文公。

晉惠公夷吾卒，世子圉繼（由秦逃歸），是謂懷公。懷公即位，即命凡追隨重耳於外者，應限期返國，否則即殺其家人。首當其衝者為狐突，因其二子狐毛、狐偃，皆從重耳于秦，拒不奉命即殺之。

晉自驪姬之難，申生死之，重耳出奔，首至蒲城，追兵至蒲，蒲人欲戰，重耳以子不可抗父，遂決計出亡，時年十七，初至狄，狄人以二女妻之，公子以叔隗妻趙衰，在狄十二年，過衛，文公不禮；及齊，桓公妻之以女，有馬二十乘（每乘四匹），重耳非常滿意在齊的生活，有終老斯鄉之意，其夫人齊女與隨者子犯等，因使其醉而遣之；及曹，共公不禮（窺其浴）；及宋，襄公贈馬二十乘；及鄭，文公亦不禮焉；及楚，楚子饗之；送之秦，穆公妻以五女。周襄十六年重耳入晉。結束了十九年的流亡生涯，秦殺晉懷公，立重耳，是謂文公。

晉有郤芮之難。

周襄王十有六年正月，王命狄師伐鄭，以狄女為后，太叔帶通之，冬天王出居於鄭。同年正月重耳返晉，並以迅雷不及掩耳之勢，入于曲沃，朝于武公使殺懷公於高粱。呂甥郤芮（懷公舊臣），擔心重耳報復，便設計欲刺重耳。並焚其宮室，以宦士告密不果，秦伯誘而殺之。

趙衰為原大夫，專政。

按：此節當在晉取原之後。

晉伐原，以趙衰為原大夫，並向勃鞮詢趙衰為原大夫之情（鞮音低，皮鞋）。

鞮說：趙衰過去從公逃亡，將飯置於壺裡，飯已發酸，因與公失散，衰仍不敢食用，其忠心如此，所以令其守原啊！

丙戌，屯。

西元前635年。周襄王17年。民元前2546年

秦、晉之師，滅王叔帶于溫，而納王于成周。王享晉文公於郊，而命益之河內地。衛文公卒，世子成公鄭繼。楚圍陳，以入頓子。

重耳返晉，適逢太叔帶之亂，周襄王出奔鄭，中原各國之君，似無一人能出而持大局者，于平亂勤王，給重耳一絕好機會。

三月晉師即進駐陽樊，分兵兩路，以右師圍溫，直取子帶；左師迎王於鄭。四月王入于王城，取太叔帶于溫而殺之。

晉平了子帶之亂，周襄王即以最隆重之禮，賜宴重耳。重耳請隧（請以王者之禮葬），王弗許。賜陽樊、溫原、欑茅之田，晉始有南陽（南陽，即太行山之南，今河南懷慶府、濟源、修武、溫等之地）。陽樊不服，圍之。陽樊之民倉葛，即昌言於眾說：古人「德以柔中國，刑以威四夷」，今晉視中國猶四夷，所以吾人不敢

服也（不敢即畀視而不屑之意）。以見襄王賜田之勉強，乃請隧不得已之酬耳。

論者以為：重耳求侯而勤王，受田請隧，且以兵威，取畿內之邑，過大於功。

楚圍陳，以入頓子。

這年秋天，秦晉之師伐鄀。鄀本為今河南析川與湖北、陝西，三省交界處之山區，一個名不見經傳的小地方，楚派鬥克（即申公子儀）、屈（即息公子邊）禦寇，以申、息之師，戍守于商密。秦偽造了一份與楚守將申、息結盟的文書，詐騙商密人民謂申、息已降秦，商密人以為大勢已去，遂亦降秦，秦遂囚申、息以歸。楚兵追之不及，於是圍陳，而納頓子入頓，頓子因陳而失其國，楚遂圍陳而復之。

丁亥，益。

西元前634年。民元前2545年。

宋背楚親晉。楚滅夔、伐宋、又伐齊。晉救宋，作三軍。楚使子玉伐宋。

周襄王十八年，楚令尹子玉、司馬子西、帥師伐宋，圍緡（今山東金鄉），理由是宋背楚親晉。楚又伐夔，理由是夔子沒有祭祀楚之祖先祝融與鬻熊，並滅夔。

論者以為諸侯之祀，不得過其祖者，依禮，夔應祀其祖熊摯，本不當祀祝融與鬻熊，是夔子本未失禮而楚竟滅之。故史書稱其爵（夔）而不稱其名。

楚又與魯伐齊，置桓公子雍于穀（桓公之子七人，為七大夫于楚），易牙奉之以為魯援，使楚申公叔侯戍之。楚以雍為棋子，名為魯援，實則為楚軍布署之一環。

戊子，震。

西元前633年。民元前2544年。

齊孝公卒，弟潘父殺世子代立，是謂昭公。

依《史記》所載，孝公弟潘，因衛公子開方，殺孝公而立，是為昭公。

己丑，噬嗑。

西元前632年。民元前2543年。

周襄王狩於河陽。晉會齊、宋、蔡、秦之師伐衛，大敗楚師於城濮，遂會齊、宋、蔡、鄭、魯、衛之君，盟於踐土。楚救鄭不利，殺令尹子玉得臣。

周襄王20年。周襄王狩於河陽。事情的真相，非常簡單，即晉侯會諸侯於河陽，討論國際間的問題。晉文公邀請周天子蒞臨指導。史家對此有不同之認知，或以為這是以臣召君，乃大不敬之事，孔子的看法是，以臣召君，是禮法所不許的，不可為訓，但事實上，事情並非盡然如此，孔子特別用「王狩於河陽」，來記錄這段歷史，尊王而存晉，既不失天子的尊嚴，又顧全晉侯的本意。

戊子冬，楚人、陳侯、蔡侯、鄭伯、許男圍宋。楚圍宋，宋求救於晉。曹、衛乃楚之與國，晉為解宋之圍，乃攻其所必救，伐曹取衛。晉執曹伯，交予宋人。

城濮之戰前，楚君評估國際局勢，認為晉文公在外十九年，不但備嘗艱辛，而且深識人情，古軍事家有三項戒律：凡事不但務求允當（即兵家所謂之安全原則），更要明白知難而退的道理，即知己知彼，知進知退。再者尤不可不知，仁者無敵的古訓。要申與子玉勸宋與晉保持距離，不可輕易聽從於晉，亦不可輕言對晉用兵。這即所謂之上兵伐謀，但楚將子玉不懂，不但不尊守楚君的作戰指導，相反的卻與楚君唱反調，請求與晉開戰，說其雖不敢保證一定能戰勝於晉，但要堵住那些「晉不易勝」，胡說八道者之口。這等於公然侮辱楚王，楚成十分惱怒，因不支援子玉出戰，僅給予其有限兵力，保持觀望態度。子玉派其部將宛春告晉，要晉恢復衛侯，並使曹伯歸國，楚即解宋之圍。晉因將計就計，將宛春扣留，主動恢復衛侯、歸曹伯，曹、衛遂從晉絕楚。子玉大怒，即對晉展開攻擊，晉軍退避三舍，楚師建議子玉適可而止，子玉不可。晉遂與齊、宋、蔡、秦之師，戰於城濮。遂招致空前未有之大挫敗。楚遂殺其大夫得臣。

按：楚自厥起南方後，其意念無時不在中原，即對周天子亦不例外，如昭王南巡，被楚人設計，全部隨行人員，皆死于漢江中，齊桓公曾因而興師問罪，楚對中國的小國，既攏絡又攻伐。如衛國、鄭國、申國等，再如滅弦、滅黃、滅英、執宋襄公，又圍陳，入頓子等……晉文公逃亡過楚，楚雖甚為禮遇，楚君問重耳說，楚國對公子如此禮遇，翌日公子得國，當何以報我。重耳說：楚國物產豐富，無虞匱乏，物質上不會需要甚麼，如果托君之靈而得返晉國，翌日晉楚治兵，遇于中原，其避君三舍。……彼此心內明白，未來楚與中國，和平相處的空間，非常狹小了。果然未及五年，楚伐宋，晉伐衛（晉會齊、宋、蔡、秦之師伐衛），楚師救衛，遂有城濮之戰。

五月遂會齊、宋、蔡、鄭、魯、衛之君，盟於踐土（河南鄭州西北，有王城遺址在、即此地）。楚救鄭不利，殺令尹子玉、得臣。

庚寅，隨。

西元前631年。民元前2542年

會王人及諸侯于翟泉。

周襄王21年。周王人（即王子虎）與晉人、魯侯、宋人、齊侯、陳人、蔡人、秦人盟于翟泉（翟泉在洛陽城外太倉西南池水即是）。是會大體上說，諸侯與周天子的距離，拉近了很多，增加了諸侯對周天子的向心力，不能不說是晉文的功勞。

辛卯，无妄。

西元前630年。民元前2541年。

衛成公自陳如周，周請晉納成公於衛。而誅大夫元咺及公子瑕。秦、晉圍鄭。

周襄王22年。桓公之後，宋襄公頗有步舞桓公之志，惜才力不稱，致兵敗國削，含恨而終，而又兵臨城下（周襄十九年冬，楚人、陳侯、蔡侯、鄭伯、許男來圍，）告急於晉。晉圍衛迫楚解宋圍，遂有城濮之戰，楚師大敗。晉與中原諸侯，盟於踐土。

衛未被邀，成公十分惶惑，欲棄國出亡。大臣甯俞以為不可，不如暫把政權交于其弟武獲，使大臣元咺輔佐之（咺音選），出國暫避風頭，如武獲得與踐土之會，有機會向晉乞請，便即請其返國，成公雖不樂意，但又別無他法，勉強聽從甯俞之意，逃亡于楚，被楚拒絕，赴陳，武獲與元咺因得與踐土之會。

元咺告訴武獲，成公是個非常猜忌的人，我們雖誠心受託守國，如果我不遣子弟從其逃亡，他不會信任我們的，於是使其子元角去見成公，名為問候，實則主動去當人質，希能換得成公的信任。但當元咺、武獲，取得晉文公諒解，請其返國時，有個名歂犬的佞臣（顓音船），卻勸元咺立武獲為君，受到元咺、武獲峻拒，並謂即將請君返國。歂犬便往報成公說：元咺已立武獲為君，要成公先殺了元咺的兒子元角，元咺聞知兒子被殺，仍以大體為重，準備歡迎成公返國時，成公業已返抵國門，武獲倉皇出迎，歂犬竟當心一箭，將獲射死。元咺乃出奔晉國，投訴于文公。文公請王子虎釐清其情形，遂囚衛成公于成周。文元咺冤屈得申，重返衛國，遂奉叔武之弟子瑕即位。因魯僖公以白璧二十雙，分獻周襄與晉文，王竟屬意釋衛鄭（衛侯名鄭），周襄王三十年遂釋之。甯俞奉成公返國，許周歂、治廑為卿，周、冶殺元咺與公子瑕、子儀。周導衛入，及門，周忽七竅流血而亡，嚇得廑亦不敢居官了。

論者以為，以甯俞之智，輔此昏庸無義之君，使人骨肉相殘，殊非賢者所當為。再者武獲、子瑕，皆誠謹君子，為衛國計，似以立子瑕等為逾，乃甯俞不惜製造另一次骨肉相殘而復衛鄭，甯俞所獲者，忠於不當忠之昏君之名而已。「晉文公譎而不正，齊桓公正而不譎」，信矣！

秦晉圍鄭。

周襄王二十二年九月，文公因流亡時，鄭曾無禮於文公，今復與楚交好，晉遂聯秦圍鄭，鄭以其國危在旦夕，有人建議使燭之武見秦君，秦師必還。燭辭以「年輕時尚不如人，今老矣更無用了」。鄭伯再三懇求，乃至涕泗號泣，燭乃乘夜縋城，往見秦伯，說以利害。秦果引兵而還。晉人欲追之。文公說不可。秦曾助我很多，再說我們本來理虧，追之不義，亦引師而還。

壬辰，明夷。

西元前629年。民元前2540年。

魯取濟西田。衛徙居帝丘。

魯取濟西田。曹、衛、鄭嘗從楚圍宋（三年前），晉因救宋伐曹而分其地，魯取濟西之田，使臧文仲前往，文仲宿於重館，館人告文仲謂，晉新得諸侯，要盡速與其建立關係，可優先取得曹自洮以南（洮音條），東至於濟之大部分土地（即今山東荷澤與濟甯一帶之田）。

按：重為地名，在山東濟寧魚台縣西北。重館在今山東高平方與縣西北有重館城。濟西田，即曹州與魯之東鄆、鉅野相接之地。

衛徙居帝丘。

狄人侵衛，衛徙居帝丘。

按：帝丘，顓頊之虛，故曰帝丘。在今大名府開州有顓頊城，即其地。

癸巳，賁。

西元前628年。周襄王25年。民元前2539年。

晉文公卒，世子歡繼，是謂襄公。

甲午 既濟 襄王二〇年晉敗秦師於崤	乙未 家人	丙申 豐	丁丑 革 秦伐西戎破國十二	戊戌 同人	己亥 臨	庚子 損	辛丑 節	壬寅 中孚	癸卯 歸妹 周頃王
甲辰 睽	乙巳 兌	丙午 履	丁未 泰	戊申 大畜 頃王崩國亂 晉立世子班	己酉 需 周匡王	庚戌 小畜	辛亥 大壯	壬子 大有	癸丑 夬

甲寅	姤	
乙卯	大過	楚觀兵于周 郊定王
丙辰	鼎	
丁巳	恒	
戊午	巽	
己未	井	
庚申	蠱	
辛酉	升	
壬戌	訟	
癸亥	困	

經世之巳二千二百十四（世）。

甲午，既濟。

西元前627年。周襄王25年。民元前2538年。

周襄王二十五年，秦穆公伐鄭。晉敗秦師於崤，獲其帥孟明視、西乞術、白乙丙。魯僖公卒，世子興繼，是謂文公。

前此周襄二十二年，秦穆、晉伐鄭時，被燭之武一席話說得心服口服，不但連夜撤軍，還與鄭簽下軍事協定，使杞子、逢孫、揚孫率師協防於鄭。杞子忽然報秦，說鄭使其掌管鄭北門管鑰，如果秦派兵來偷襲鄭國，一定可以成功。穆公十分心動，問蹇叔。蹇叔說：「勞師而襲遠，非所聞也。」再說，軍日行千里，不被人發現，從所未聞。遠道偷襲人之國，絕無成功之可能。穆公不聽蹇叔之議。便使孟明、西乙、白乙出師。蹇叔哭其子於東門之外說：「孟子阿（孟明）！吾見其師之出，不見其入也。」（孟子指百里奚之子，此說孟子乃尊稱之意。）蹇叔之子也參與偷襲的行列。哭而送之說：崤有二陵，晉人必於此間與秦軍決戰，你們必死於此間，我會在這裡為你們收屍的。秦師遂東。

當秦師經過周北門時，王孫滿還是個孩子，見了秦軍的情形，便對周襄王說：「秦師輕而無禮，必敗。因為輕則寡謀，無禮則脫（脫，易也，無戒慎恐懼之心），入險而脫，又弗能謀，能不敗乎？」結果，卒不出王孫滿所料。

秦師的作戰目標，是突襲千里之外的鄭。從陝西發兵，須經潼關、崤涵、陝州、洛陽、汜水、鞏縣，而後始入鄭境，兵法「所謂千里而趨利者，蹶上將」。軍行千里，襲之人國，豈不荒唐？

鄭國的牛商弦高，在赴洛陽途中，與秦師相遇於滑，弦高見秦師開向鄭國，便徑向秦軍說：鄭君知道你們一路辛苦，特派我先送來肥牛十二頭，慰勞貴師，一面派人報知鄭君。秦兵見鄭有備，遂滅滑而還。

在晉國方面。則以為秦軍之來，是上天奉賜給晉國的一份大禮，所謂「奉不可失，敵不可縱，縱敵患生（一日縱敵，數世之患），違天不祥」。四月，晉敗秦師於崤，獲百里、孟明視、西乞術、白乙丙。

魯僖公卒，世子興繼，是謂文公。

乙未，家人。

西元前626年。周襄王26年。民元前2537年。

晉歸秦三帥。楚亂，世子商臣弒其君惲代立，是謂穆王。

文嬴（重耳過秦時，秦穆公以愛女妻之，即晉重耳之夫人，晉襄公之母）聽到了這個消息（秦崤大敗的消息），便編了一套謊言，欺騙晉襄公說：這三個壞蛋，是破壞秦晉關係的禍首罪魁，秦穆公恨得欲食其肉而甘心，如果把其送給秦國，讓秦君處置，一則解了秦君的恨，再則也稱了爾心，不是很好嗎？晉襄公便答應了母親文嬴的要求，釋放了秦之三帥。第二日上朝，先軫問秦囚，襄公說已經釋放了，氣得先軫跳腳大罵說：「武夫力而拘諸原，婦人暫而免諸國，隳軍實而長寇仇，亡無日矣！」說將士拚死抓來的俘虜，卻被女人輕的一言便放去了，這不等於給敵人幫忙，給自己國家製造問題嗎？女人真是禍水！呸！襄公馬上派兵追趕，三帥業已過了黃河。秦穆公素服往迎，向師而哭，說他很慚愧，沒有聽蹇叔的話，致使三帥受辱，都是我之罪過啊。

楚亂，世子商臣弒其君惲代立，是謂穆王。

西元前626年。周襄王26年。民元前2537年。

乙未冬十月，世子商臣弒其君惲代立。初楚王將以商臣為太子，令尹子上謂：君年甚壯，妃嬪又多，如果更有愛子，屆時廢立，必然生亂，且商臣蜂目而豺聲，忍人也，不可以立。弗聽，後來又欲立王子職，商臣聞之，遂圍王，王欲死前能食一次熊掌，不許，遂縊之，諡曰靈，惲死而目不瞑，改其諡曰成，屍乃瞑目。真是作鬼還不忘爭名，其所成者，塗毒天下蒼生而已。

胡安國氏論曰：楚惲稱王，憑陵中國，毒被天下，然昧于父子君臣之道，禍發蕭牆而不覺。荀子說，「善不積，不足以成名；惡不積，不足以滅身。」積惡太多的人，終必遭到報應啊！

丙申，豐。

西元前625年。民元前2536年。

秦伐晉，不利於彭衙。

周襄二十七年，秦孟明視，為報崤涵之恥，帥師伐晉，戰于彭衛，又打了敗仗，作了晉國的俘虜，秦國上下，皆歸罪於孟明，建議穆公殺子明以謝國人。秦穆公不為所動，對孟明視仍然信任不衰，孟明更為勤政愛民。晉趙成子告訴晉國的大臣們說：秦國如果再來，晉一定要小心防備或避之，孟明懼而增德，能從失敗中求取教訓，是不可以輕敵的。

按；彭衙。陝西白水縣東北。

丁酉，革。

西元前624年。周襄王28年。民元前2535年。

秦伐晉，取王官。楚伐江，晉師來救。（按：王官、江，皆晉地）。

襄王二十八年，秦再次出兵伐晉，由穆公親自率領，以濟河焚舟的決心（項羽

鉅鹿之戰，沈舟破釜本此），晉避而不戰，秦取王官及郊，自茅津渡河，掩埋並公

祭前此在崤之陣亡將士而還，遂霸西戎，皆因用孟明之功。大家這纔瞭解秦穆公之

所以為君，其識人之明，選人之當，任人之專，不受任何人的影響，孟明亦能孜孜

不懈，知恥近勇。子桑之忠（子桑即公孫枝），有知人之明，並能舉善。

楚伐江，晉師來救。

楚圍江，晉先仆伐楚以救江。

戊戌，同人。

西元前623年。周襄王29年。民元前2534年。

秦伐西戎，破國十二。楚滅江。

《史記》：「秦用由餘謀伐戎，滅國十二，開國千里，遂霸西戎。周天子使名公往賀，賜以金鼓，命為西方諸侯伯。」

楚滅江，穆公為之降服、出次、不舉、過數。大夫諫。公曰：「同盟滅，雖不能救，敢不矜乎？吾自懼也。」

按：降服，即素服，謂不著禮服，以示歉疚之意，或謂降服為不冠；出次，避下寢，居於偏室；不舉，不舉樂、不為盛饌；過數，鄰國之禮有數，穆公于江則過之。

己亥，臨。

西元前622年。周襄王30年。民元前2533年。

晉趙成子衰卒，子盾繼事。

斯年晉成子趙衰，晉之軍帥；貞子欒枝，下軍帥；霍伯先且居，中軍帥；臼季胥臣，下軍佐一時皆逝。晉可謂老成凋謝。衰卒、子盾繼事，遂廢二軍，權歸趙氏，晉自此多事矣！

楚滅六。

六人叛楚與東夷結盟（建立關係），楚因滅六。冬楚公子燮又滅蓼。臧文仲聽到六與蓼被滅，十分感歎的說：有德者之後，大國諸侯，不知存恤小寡，使賢者之後絕滅，實在是令人感傷之事！

按：六國，六江、六縣；蓼國安豐芀縣，二國皆賢人皐陶之後。

庚子，損。

西元前621年。民元前2532年。

秦穆公卒，世子罃繼，是謂康公。葬穆公，三良為殉。

秦穆公任好卒，世子罃繼，是謂康公。葬穆公，以子車氏之三子奄息、仲行、針虎為殉，皆秦之良也。《史記》說：「葬穆公於雍，從死者百七十七人。」

晉襄公卒。

晉襄公能繼文公之伯（同霸）業，戰崤以卻秦；戰箕以翦狄；伐許以離楚，一年之間，三強悉退，有霸者之略焉，不幸為國未久即卒。

辛丑，節。

西元前620年。民元前2531年。

晉世子夷皐繼，是謂靈公。宋成公卒，國亂，弟禦殺世子代立。國人殺禦，立公子杵臼，是謂昭公。齊率宋、衛、陳、鄭、許、曹之君，會趙盾于扈。

晉襄公卒，世子夷皐纔九歲，執晉國政的趙宣子耆，以晉國家多難，以立長君為宜，乃派人赴秦迎公子雍即位，狐射姑欲召公子樂於陳，襄公夫人又每日抱太子大哭于朝堂，又哭訴于宣子，謂宣子舍嫡嗣不立，而另立在國外的他人。國人皆哀之，趙耆心軟，遂復立世子夷皐，是謂靈公。但派往秦國的先蔑與士會，已迎回公子雍，鬧了個了雙胞，遂將公子雍退回，又與秦之護送軍隊發生衝突，晉派往秦迎接雍的先蔑與士會，遂逃往秦國，秦封其為大夫。

周襄三十二年夏四月，宋成公卒，子杵臼嗣，是謂昭公。宋國之政，例為王室公子所掌，昭公欲奪群公子之政，司馬樂豫以為不妥，謂諸公子參與政事，乃鞏固政權之保障，要在於用之之道而已。昭公不聽。穆、襄二族，因以作亂，殺公孫固、公孫鄭二大夫于宮中，欒豫即將司馬之職，讓與昭公之弟卬（卬音昂）。

晉靈公立，齊率宋衛等六國之師，會晉大夫趙盾于扈。論者謂：這是晉之正卿，會八諸侯而盟之，自此禮樂征伐自大夫出，遂抵定晉之霸業，乃趙奢之力。

壬寅，中孚。

西元前619年。周襄王33年。民元前2530年。

周襄王崩，太子壬臣嗣位，是謂頃王。

襄在位三十三年，崩於壬寅之八月，太子壬臣踐，是謂頃王。

癸卯，歸妹。

西元前618年。周頃王元年。民元前2529年。

周葬襄王。晉會諸侯人救鄭。秦伐晉，取武遂。

春三月楚人伐鄭，鄭公子堅、公子尨及樂耳（堅、尨、樂、皆鄭大夫，尨音龐），皆被獲，遂與楚談和。晉會魯公子遂、宋人、衛人、許人救鄭，不及楚師。

秦晉自崤之役為秦之晉；後衍而起者，有晉之秦之彭衙；秦之晉之取王官；晉之秦之報王官；秦之晉之令狐，秦之晉之取武城（按：武遂應為武城、陝西同州之地），似乎來而不住非禮也，你來我往，了無終止。

甲辰，睽。

西元前617年。周頃王2年。民元前2528年。

晉伐秦取少梁，秦伐晉取北征。

按：少梁，陝西韓城附近。北征，陝西澄城附近。

乙巳，兑。

西元前616年。民元前2527年。

魯敗狄於咸，獲其帥喬如。

周頃王三年，鄋瞞（為狄人的一族，居於山東東阿縣）於侵齊之便，因驅兵攻魯。魯派叔孫得臣迎敵，戰于咸，狄軍可怕之處，在於有一位身長三丈，刀槍不入，所向無敵，令人望而生畏的大將，名曰長狄喬如，魯君非常驚慌，卜得叔孫得臣可以迎敵，於是動員全國的軍隊，交由叔孫得臣指揮，在咸展開大戰（咸有二，一在山東，一在河南），叔孫得臣是一位神箭手，專射喬如雙目，使得喬如，空具一副銅筋鐵肋，而無用武之地，遂被魯所擒，用三輛大車，才將其身體托走。

丙午，履。

西元前615年。民元前2526年。

秦伐晉取羈馬。

周頃王四年冬十二月，秦又伐晉取羈馬。晉遂動員三軍，與秦決戰。上軍的參謀長臾駢，作戰況分析，以為秦軍遠來，利於速戰，我軍應堅壁不出，使秦軍欲戰而不得，以待其師老兵疲，然後擊之，則無不勝矣！

秦士會所作的狀況分析則是：晉君之婿趙穿，有寵而弱，不懂軍事，好勇而狂。如用小部隊前往搔擾誘敵，彼一定按納不住、而冒然出戰，秦軍待其出而擊之，蔑不勝矣。果不出秦軍所料，趙穿果然出戰。秦兵將計就計佯退，誘穿孤軍來追，卒如秦士會所計，趙穿竟單獨出戰，追逐秦兵。趙盾恐其有失，不得不全師出擊，秦師因派人傳話，謂兩軍之士，皆未憖（憖音云，問也）說對此次交戰，軍事問題，秦、晉高層，尚未交換意見（古人雖兩軍交戰，也要講君子風度，要下戰書，始可開戰），請明日相會。

晉軍作戰參謀仕榮臾駢說：這是秦人見戰局不利，故意虛張聲勢，準備撤退，如晉軍壓迫秦軍於河而殲滅之，一定大獲全勝（已不講君子風度）。這時趙穿卻又不按交戰原則，不尊主將調度，大呼晉軍出戰，晉兵死傷亦不予處理，更未知會秦軍，即乘人不備而追之（按：此乃乘人之危，為一怯懦的行為），晉遂不遵令出戰。秦師乃安然夜遁，即所謂秦、晉河曲之戰，秦賴趙穿之賜，得保全實力，全軍而退，不久便又侵晉入瑕，此戰役，盾為大將，於駢、穿之間，似兩可之，遺誤戰機，殊非大臣為軍之道。

丁未，泰。

楚穆王卒，世子莒繼，是謂莊王。

《通鑑綱目・前編》曰：「楚熊商臣死，子旅嗣，是謂莊王。」

按：莒當作旅。

戊申，大畜。

西元前613年。周頃王6年。民元前2524年。

周頃王崩，國亂，公卿爭權，晉趙盾平周亂，而立王子班，是謂匡王。

頃王崩，周公閱與王孫蘇爭政，趙宣子平王室之亂，子班踐位，是謂匡王。

宋及諸侯盟於新城。

六月魯會諸侯及晉趙盾，同盟於新城（新城趙地）。

齊昭公卒，國亂，公子商人殺世子舍代立，是謂懿公。

五月齊昭公卒，子舍嗣，是為殤公。商人乃于公子舍守靈時，刺殺世子。讓位予公子元（商人之兄），元不受，商人自立，是為懿公。

己酉，需。

西元前612年。周匡王元年。民元前2523年。

秦伐蔡。

蔡公未與新城之盟，六月晉郤缺帥師伐蔡，告蔡君說，蔡國衰弱，君豈可懈怠，而不尊重大國？郤軍入蔡大城（雖入而不占領），遂為城下之盟（此盟非喪權辱國之意，乃當時國際社會的一種協定），十一月盟于扈。

按：《春秋》當作晉伐蔡，非秦伐蔡也。

齊伐魯。

齊公子商人弒殤公自立，是為懿公。囚殤公之母於別室。昭姬（殤公之母）陰使人報信於魯（魯為昭姬母家），魯請周天子說情，放昭姬回魯。懿不但不尊王命，且誣周天子使者單伯，非禮昭姬，一併將其囚禁。又恨魯侯以王命來壓，遂興兵伐魯。魯使季孫行父，告急于晉。晉侯使趙盾會宋公、衛侯、蔡侯、陳侯、鄭伯、許男、曹伯盟于扈。尋新城之盟，且謀伐齊。齊人賂晉侯（即晉靈公），釋單伯還周，昭姬還晉，諸侯之軍，無結果而散。

庚戌，小畜。

西元前611年。民元前2522年。

齊修郪丘之盟。

季孫行父會齊侯於陽穀，請修郪丘之盟，齊侯不肯，魯納賄於齊，齊侯乃與魯公子遂，盟於郪丘。

按：郪音西，郪邱或作犀邱，在齊地。

宋人弒其君，昭公弟鮑立，是謂文公。

宋襄公的夫人王姬，乃襄王之姐，宋成公之母，昭公杵臼之祖母，老而淫，愛昭公庶弟鮑美豔，逼通之，許立其為君。乃乘昭公出獵時，刺殺昭公，立昭弟鮑，是為文公。

楚滅庸。

周匡王二年，楚大饑，戎伐楚西南、東南，佔領其防邱、訾枝等地，庸人率眾蠻叛楚，麇人亦躍躍欲試，亦想染指于楚，楚人將北方之城門關閉，並欲遷徙以避之。蔿賈以為不妥。說敵人之所以敢對我用兵，是因為我們有災荒，敵人認我們自顧不暇，沒有作戰的能力，如果我們反守為攻，自顧不暇的是敵人，誰復敢來？於是便對庸用兵，因庸兵眾多，或建議調集重兵，楚將師叔說：不可。此正可以驕敵，於是楚軍七戰七北，庸人認為楚果不堪一擊，便不設備，秦人、巴人從楚師，群蠻從楚盟，楚乃一舉而滅之。

按：防邱，河南溫縣；訾枝，湖北松滋。

辛亥，大壯。

西元前610年。周匡王3年。民元前2521年。

晉會衛、陳、鄭，伐宋。

趙盾聞宋有弒君之亂，乃命荀林父會衛、陳、鄭伐宋，問以弒君之罪。宋右師華元至晉軍，謂國人對公子飽十分擁戴，並帶來數份厚禮，荀林父接納其和。鄭穆公說：吾人鳴鍾擊鼓，大張撻伐，追隨將軍于宋者，討其篡逆弒君也，如果同意與宋和，不猶鼓舞後來之篡逆弒君者？荀林父說：既然宋國人民擁戴於飽，我們何不就承認他呢？遂與宋華元盟，定文公之位而還。

鄭穆公非常失望，認為晉人唯賂是貪，有名無實，不可能再霸諸侯，遂復從楚去了。

壬子，大有。

西元前609年。民元前2520年。

魯文公卒於台下，襄仲殺世子惡，而立公子倭，是謂宣公，三桓專政。

魯文公名興，周襄王二十六年嗣位，是一位非常不盡職的國君，怠惰昏庸，不出寢門，自即位起，國際間霸主之會，盟主之約，鄰國大事，悉派諸大夫參加，自己從不參與、不聞問，遂致三桓專政（三桓為仲孫氏，公子仲遂；叔孫氏得臣；季孫氏行父），即國際關係，亦任各家自由發展。形成此種情況，文公則是始作俑者。文公在位十有八年，「卒於台下」，未死於正寢之意外死亡，或以為是從臺上跌下摔死的。

惡與倭同為文公之子，即異母兄弟，惡嫡生因立為世子。再者魯國王室之間，亦有著極其複雜的關係。文公娶齊女為夫人，生子曰惡、曰視；嬖妾秦女，生子曰倭、曰西肹（音系或謝，尚書作費）。惡為夫人所生，故立為世子。倭年長於惡，其母恨其子不得為嗣，遂重賂交結朝中權貴，布署奪權。周匡王四年，文公薨，世子惡主喪即位。倭母秦女敬嬴，即策畫弒惡，季孫行父密告于惡之師傅彭生，彭生認為君位已定，為無可異者，殊不為意（書呆子之見）。襄仲殺惡及惡弟視，又假君命以召彭生，彭生家人謂彭生，其中有詐，往必死。彭生以有君命，雖死必往。家人牽袂而泣，彭生絕袂登車進宮，竟隨惡、視，猝死於馬廄之內，埋屍馬糞之中。倭立，是為宣公。並使季孫行父聘齊，以建其外交關係。

十分諷刺的，季孫行父，是有名的謙謙君子，其名言曰：「見有禮其君者，事之如孝子之養父母也；見無禮其君者，誅之如鷹鸇之逐鳥雀也。」說這是大舜二十大功之一。茲面對仲遂之行，卻無動於衷，是甚麼想法呢？而又為倭行賂於大國（齊），豈不可哂？

秦康公卒，世子稻繼，是謂共公。

齊亂，大夫邴歜殺其君懿公，立公子元，是謂惠公。

齊公子商人，弒其君舍，自立，是為懿公。商人為公子時，與邴歜之父爭田不勝，及即位，即掘歜父之墳而斷其足，並問其子歜謂斷爾父足，你難過否？邴歜謂其父生未被誅戮，已屬萬幸，今斷兩根枯骨，已經很便宜了。惠公謂「你實在是幹父之蠱者」（《象》九三爻：幹父之蠱，終無咎也）。懿公又霸佔大夫閻職之妻，還令二人隨侍左右，懿公田獵，二人便聯手將懿公殺死，豈非自作孽不可活？

宋亂，群公子作難。

周匡王四年，宋文公鮑弒昭公，武穆之族，欲奉文公之弟司城須作亂，武穆之族（司城為官名，須為人名，即文公之弟），十二月宋公弒其母弟須，及昭公之子。文公使載桓之族攻武氏，盡逐武穆之族，武穆之族，以曹師伐宋，秋宋師圍曹，以報于武氏。

癸丑，夬。

西元前608年。民元前2519年。

齊取魯濟西田。

周匡王五年六月，宋公子鮑弒其兄昭公杵臼，是為文侯，為了獲得齊人的承認，遂以濟西之田賂齊。

晉伐鄭，楚侵陳及宋。

陳靈公因與會盟，楚子侵陳，復以侵陳之便侵宋。晉趙盾帥師救陳、宋，會于棐林，以伐鄭。與賈蔿遇于北林，楚囚晉解揚，晉人乃還。

甲寅，姤。

西元前607年。周匡王6年。民元前2518年。

周匡王崩，弟瑜立，是謂定王。

冬十月，乙亥，匡王崩，弟瑜踐位，是為定王。

鄭敗宋師於大棘，獲其太宰華元。

周匡王六年，鄭公子歸生，受命于楚以伐宋。宋以華元、樂呂為將，二月戰於大棘，宋師大敗，幾乎全軍覆沒，元帥華元被擄，樂呂被囚，甲車數百乘。其所以大敗之故，因華元開戰前殺羊慰勞將士，其馭因未能食得，即驅車狂奔，進入敵陣，而致華元被俘，其馭為怨而置國家於不顧，簡直太離譜了，史家謂彼，以其私憾，而敗國殄民，非人也。

晉伐鄭。秦伐晉。

秦師伐晉圍焦（焦，晉地），夏趙盾救焦，遂自陰地及諸侯之師侵鄭，以報大棘之役。楚鬥椒救鄭，趙盾以為，楚之鬥氏，已經快完了，我們何若不示弱以驕之，晉師乃去。

晉趙盾弒其君靈公，迎襄公弟黑臀于周，立之。是謂成公。

晉靈公昏庸無道，橫征厚斂，窮奢極欲，大興土木，又喜以彈人為樂（在高臺上，以彈彈人，觀人們避之之狀為樂），庖人蒸熊掌不熟，即殺之，肢解拋諸郊野，趙盾極諫。靈公極其厭惱，屢欲殺趙盾不果。後趙穿弒靈公，晉太史董狐書曰：「趙盾弒其君。」趙宣子謂其未嘗弒君。太史說：你為正卿君死而不討賊，不等於弒君嗎？孔子稱：「董狐為良史，書法不隱（不避權貴，直書其事）；趙宣子古之良大夫也，為法受惡（為史實而受屈）。」

按：晉書趙盾弒其君夷獆（音高人名、又為豪，犬呼狼嚎）。實際上弒君者為趙穿，何以說盾弒君？史書之意，以為盾以仁義為持身原則，人弒爾君，盾復國而不討賊，非弒君而何？這是晉太史董狐的看法（文天祥〈正氣歌〉「在晉董狐筆」即此）。

實在說，晉靈公是個十分無道的昏君，例如每日使大夫皆內朝，靈公居於臺上，引彈而彈之，以觀眾臣避彈之狀為樂。又使宰夫蒸熊蹯未熟，即殺之，肢解以投諸郊外。趙盾極諫，靈公非常氣惱，即使鉏麑刺殺盾，麑見盾天尚未明，即盛服坐朝堂外以待上朝，鉏麑以為如此盡忠之大臣，殺之不忠，不殺又對君主失信，大丈夫處世，有一於此，即不如死，而我兼之，適身旁有老槐樹，遂觸槐而死。靈公又埋伏武士於朝堂刺盾未果，又用獒犬，皆未如願。趙盾不得已而逃亡，趙穿即將靈公殺死，復使盾返朝。史所謂「趙盾弒其君」。

按：朝分內外，即指上朝、下朝而言（猶如今日之上下班），其一在路門內，視治朝；其一在路門外，視退朝訖，退適路寢。簡言之即朝臣上下朝所經之道路。

按：晉太史董狐的看法，似有商榷之餘地。宣王問孟子說：「湯放桀，武王伐紂有這回事嗎？」孟子說「有這種傳說」。宣王又問：「這不就是弒君嗎？以臣弒君可以嗎？」孟子說：「破壞仁義的就是殘賊之人，殘賊之人，就是一個莽夫，只是殺了一個壞蛋罷了，不算弒君。」那麼為什麼說趙盾弒君？不是雙重標準嗎？

乙卯，大過。
西元前606年。周定王元年。民元前2517年。
周葬匡王。
冬十月周匡王崩，弟瑜立，是為定王。
楚子伐陸渾之戎，觀兵于周郊。
定王元年，楚子伐陸渾之戎，觀兵于周強（同疆），遂至於雒（洛）。觀兵于周疆，在周的邊境上，舉行大規模的作戰演習（盛大的閱兵）。定王使、王孫滿代表往慰勞楚軍。楚子要求參觀周王朝的傳國之鼎，並極其放肆的「問鼎之大小、輕重焉」。王孫滿很暸解楚子的居心，便一語戳破楚子說：「在德不在鼎。」說一個國家治國有道，則鼎雖小亦重，反之如其無德，則雖大亦輕。鼎是夏禹王平定水土之後，搜集遠方圖物，將鬼神百物之形，鑄鼎象物，使人民認識毒蛇猛獸，山妖水怪等，一切有害於人們者之形象，所謂「魑魅罔兩，不逢不若」，人民對其周遭一切有害的，皆能知所避趨，不受傷害而已。後來由於夏傑、商紂失德，鼎遷于周。「成王定鼎於郟鄏，卜世三十，卜年七百，天命未改，鼎之輕重，未可問也。」
丙辰，鼎。
西元前605年。民元前2516年。
鄭亂，公子作難。

夏二月，鄭公子歸生，弒其君夷。楚為攏絡鄭伯，因獻黿（大龜）于鄭，公子宋（即子公）與歸生（即子家）將入見靈公，子公之食指大動（子公食指跳動），即對子家說，我每食指動，必獲異味，及入適遇宰夫將解黿，二人相視而笑，靈公問其故，子家以告。鄭伯賜食大夫黿時，靈公召公子宋來會餐，但不給黿（故意使其指動不能應驗），子公怒，便伸指在黿肉鍋中，蘸而嘗之即離去。靈公非常惱怒，揚言要殺子公。子公便要子家與其共弒鄭靈公。子家說：六畜老了，猶不忍殺之，而況國君？子公說，如果你不與我共殺靈公，我便檢舉你密謀弒君。子家心中害怕，便答應參與其弒君計劃，六月弒靈公。國人立子良，子良辭曰：如果立君取其賢，則我去惡之能力不足，沒有作國君的條件，如果援用一般慣例，兄卒弟及，則公子堅年長，乃立靈公之弟，是為襄公。

孔子《春秋》，對這一段的歷史是這樣記載的：「鄭公子歸生，弒其君夷。」把鄭國弒君之罪，不記在子公名下（主謀者），而記在子家的名下（脅從者），《春秋》重責於賢者，子家身為執政，一被人要脅，便從逆弒君，「任重者，責之亦重」，聖人書法，垂戒人臣，是非常嚴肅的。子家禦亂能力不足，而又與篡逆合謀弒君，所以史家謂鄭公子歸生為首惡。

按：公子歸生字子家，公子宋字子公，二人皆鄭貴戚之卿。歸生死後，鄭人斲其棺、逐其族。弒鄭伯始作俑者，乃子公主謀，鄭人乃逐子家之族，以其未盡大臣之責也。

丁巳，恒。

西元前604年。民元前2515年。

晉伐陳以救鄭。

鄭襄元年（鄭公子歸生弒君之次年），楚莊王以討鄭弒君為名，使公子嬰為將，率師伐鄭。晉使荀林父救之，楚遂移兵伐陳。陳畏楚，乃與楚平（和也），晉聞陳與楚平，使荀林父從成公，率宋、鄭、曹四國之師伐陳。

是年楚莊王復伐鄭，晉郤缺救之，敗楚師于柳棼。

秦共公卒，世子繼，是謂桓公。

秦共公稻卒，世子榮繼，是謂桓公。

戊午，巽。

西元前603年。周定王4年。民元前2514年。

晉趙盾、衛孫免，侵陳。

晉成公四年，陳與楚平（合好），晉趙盾帥師及衛孫免侵陳。

己未，井。

西元前602年。周定王5年。民元前2513年。

晉會諸侯于黑壤。

據《左傳》的說法，促成黑壤之會的，乃鄭公子家，故得偕鄭伯與會，晉成公五年冬，成公會宋公、魯侯、衛侯、鄭伯、曹伯會于黑壤。晉與鄭平。王叔桓公臨之。

按：黑壤澤州，沁水縣西北四十裡黑嶺。

庚申，蠱。

西元前601年。周定王6年。民元前2512年。

晉伐秦。

周定王六年春，白狄請平，夏與晉伐秦。論者以為晉與狄伐秦，很可悲者，晉已不是往日之晉了，已成狄矣！雖居中國而無中國的行事原則，實在無可稱道之處。

楚滅舒蓼。

夏六月，楚伐舒廖滅之。楚為眾舒所叛，遂伐舒蓼而滅之。楚子疆滑汭，而盟吳越。楚益張，而晉方汲汲于代秦攻鄭，何能奮志攘夷，措中國于奠安乎？

按：白狄，始見經傳。舒蓼。楚東境小國名。滑汭。水名。

辛酉，升。

西元前600年。周定王7年。民元前2511年。

晉侯會宋、衛、陳、鄭于扈，陳不至，遂伐陳。晉成公卒于扈；公子據立，是謂景公；趙盾卒，子朔繼事。

周定王七年九月，晉侯、宋公、衛侯、陳、鄭伯、曹伯會于扈，其目的在伐不合作的國家。陳不來參加，遂以諸侯之師伐之。陳懼而又與齊合好，楚又伐陳，陳復歸楚。陳國依附于晉楚，雖然公婆之間難為媳，到底還是自作自受，如此次扈之會，諸侯邀陳與會，陳不理，自然不免于晉荀林父之師了。

晉成公黑臀卒于扈；公子據立（據、作獳），是謂景公；趙盾卒，子朔繼事。

冬楚代鄭，郤缺帥師救鄭。

壬戌，訟。

西元前599年。周定王8年。民元前2510年。

齊歸魯濟西田。齊惠公卒，公子無野繼，是謂頃公。大夫崔杼奔衛。

魯與齊和好，魯宣公前後四朝於齊，魯服於齊，故齊歸魯濟西田。公羊謂齊未絕於魯，故齊人歸魯濟西田，程伊川先生則以為，濟西田本魯所有，被齊侵佔，齊既非義取之，今歸我，不足以為善。

齊惠侯元卒，公子無野繼，是謂傾公。大夫崔杼有寵于惠公，惠公卒，杼舉族而奔於衛。

陳亂。夏征舒弒其君靈公。

陳靈公平國，是個十分不堪的君主，與其大夫孔甯、儀行父三人，共同與其已故大臣的妻子夏姬通姦，並於朝堂之上，把玩姬所贈褻物，互相戲謔，無所避諱，大夫泄治諫曰：公卿宣淫，如果使國人知道了，雖然不堪，但尚無大礙，如果使仁人君子都知道，問題便嚴重了。靈公告知孔寧、儀行二人，竟將泄治殺死。一日三人飲于夏氏，靈公對行父說征舒似汝，行父是像靈公，使夏姬之子夏征舒，十分難堪，遂將陳靈公平國射殺，孔、儀二人逃住楚國去了。

晉伐鄭，楚師來救。楚伐鄭，晉師來救。

鄭及楚平，諸侯之師晉人、宋人、衛人、曹人、伐鄭。鄭願與諸侯合；楚知道了，亦來伐鄭，晉士會救鄭逐楚師於潁北。

癸亥，困。

西元前598年。周定王9年。民元前2509年。

楚伐陳誅夏征舒，納公孫甯儀行父于陳。

孔子《春秋》書說：「冬十月，楚人殺陳夏征舒。丁亥，楚子入陳。納公孫甯、儀行父于陳。」孔子于楚之誅夏征舒，是稱讚的；於入陳，企圖染指陳之土地，強行將陳之亂臣賊子、公孫寧、儀行父送回于陳，是不贊同的。

經世之午二千二百十五（世），鼎九四變山風蠱。

甲子 蠱 定王十年	甲戌 咸	甲申 豫
乙丑 升	乙亥 旅 晉會盟於蟲牢	乙酉 觀
丙寅 訟	丙子 小過 周簡王吳稱王	丙戌 比
丁卯 困 王殺二伯	丁丑 漸 吳壽盟始通好於中國	丁亥 剝
戊辰 未濟 宣王榭火	戊寅 蹇	戊子 復
己巳 解	己卯 艮	己丑 頤
庚午 渙	庚辰 謙	庚寅 屯 周靈王
辛未 蒙 周伐茅戎不利	辛巳 否	辛卯 益
壬申 師 晉會諸侯之師救衛	壬午 萃	壬辰 震
癸酉 遯	癸未 晉	癸巳 噬嗑

甲子，蠱。

西元前597年。周定10年。民元前2508年。

周定王十年，楚伐鄭，大敗晉師於河上。

這年春天，楚圍鄭十七日，鄭國軍民無望，守城士兵盡皆痛哭，楚軍不忍，遂退師三里。鄭見楚師退，乃修復其城池，楚以鄭軍有抗楚之意，遂再來圍鄭，達三月之久，城破，鄭君無奈，乃肉擔牽羊，出降于楚。

六月，晉荀林父帥師救鄭，見鄭已降楚，而楚又秋毫無犯。荀林父認為，楚師已處於不敗之地，誠不可敵之師也，晉軍已不能有所作為，擬撤師回晉。上軍司令士會，亦有同感。以為楚師對鄭，「叛而伐之，服而舍之」，「怒其貳，而哀其卑」。楚自去年入陳，今年入鄭，士農工商，無所驚擾，各安其業，政府官員，各安其位，君子小人，各從其職，濟老扶弱、……乃至行旅亦有客棧可住，說楚如此深得人心，「德、刑、政、事皆立」，如何能敵？荀林父深深感到，在目前而言，晉師實不宜與楚啟戰端，因欲還師。中軍之副彘子（即先穀），則持反對意見。

彘子以為，晉之所以能夠領袖諸侯者，在於有強大的軍事力量，今臨敵不戰而退，如果從我們手裡，失去了領導諸侯的威望，作為一個將領而言，何異於自殺？你們可以退兵，我不可以，遂率部渡河，獨往進攻楚軍。荀林父聽到了消息，十分懊惱和無奈，只好將大軍悉行投入戰場，這正是楚軍夢寐以求的，結果晉軍大敗，知罃被俘（林父之子），幾乎全軍覆沒。

荀林父返晉後，請求晉君賜死，以治其喪師之罪，景公欲以死罪治之，士貞子諫止之，始復其位。

按：此次晉楚邲之戰，晉師必敗之道：最主要者為軍令不一。如先穀之驕兵悍將，根本無視於統帥之存在，楚軍謂其剛愎不仁，未肯用命。主帥荀林父，對此一問題，亦茫然不知所措。再者行軍司馬韓厥，亦未能統籌全局，僅斤斤于為荀林父脫戰敗之責，未能為晉軍謀生死存亡之計；趙括，趙同咸為成事不足，敗事有餘。

看在楚軍眼中，斷定晉軍必敗。獨士會所帥上軍，親自斷後，得以全軍而退。邲之戰，可以說是打爛仗。一語概之，斯役也，晉軍死於戰場者，積為京觀。

按：「怒其貳而哀其卑」，叛而伐之為刑，柔服為德，所謂「德刑政事，典禮不易，不可敵也」。說楚子處事，是非分明，刑德並濟，獲得人民擁護，德立刑行、政成事時，能因時因事制益，楚已「典從、禮順」，若之何敵之？

京觀：將陣亡者之屍禮，集中于一起，成一山邱，其上覆土，望之如山，故曰京觀。按：京，高邱也。古將罪人之首積如山邱，令四方觀之，故謂之京觀。

屠岸賈作難於下宮，殺趙朔及其族，朔妻匿于公宮生武。

趙朔為趙盾之子，盾卒，子朔嗣。屠岸賈為司寇，欲藉故誅趙氏之族；韓厥勸趙朔出亡，朔以舉族相托。賈攻趙氏，滅其族。朔妻莊姬有遺腹，避難于景公之宮，屠索之未獲。朔友程嬰謂其客公孫杵臼說：「立孤與死孰難？」韓嬰說：「死易，立孤難。」杵臼謂程曰：「趙氏與子交情深厚，且子力強，請任其難者。」於是程嬰弄了個嬰兒，出首（前往告密），謂即趙氏孤兒，乃公孫杵臼匿孤兒於山中，屠遂攻殺杵臼與孤兒。嬰與孤兒安匿山中。及景公被弒，岸賈伏誅，事乃大白，即史所謂之趙氏孤兒。

乙丑，升。

西元前596年。民元前2507年。

楚伐宋。

宋不但為楚窺伺中國之窗口，且為進出華夏之跳板，楚欲服齊、魯，必先服宋，為發動對宋戰爭，故先製造戰爭藉口。

楚派申舟出使於齊，同時亦使子馮聘於齊（二人俱聘於齊）。明告馮不得假道於宋。表面上亦告申，不得經過宋境，但暗中卻使申偷過宋境，以誘導宋人殺之（當時國際間之一般慣例，敵國官員過境，如不向過境國申報，則視同間諜，可緝而殺之）。

同時又使公子馮聘于晉，亦告其不得假道於鄭（由楚赴晉，必經鄭）。申曰：「鄭明、宋聾。」宋君是一個沒有頭腦，凡事不經過大腦的人，像呆子一樣，可以欺騙。鄭則不然，故說鄭明宋聾。聘晉之使者沒有問題，我則必死無疑。楚王說如果宋殺你，我必伐宋（其目的旨在伐宋），申把兒子犀，托于楚王而行（犀、為申之子）即行出發。

周定王之十一年。申入宋境，宋謂申過我而不假道，很顯然的是目中無宋，楚已把宋當成楚國的一部份了，象徵宋已亡了，今宋殺楚使申，楚必伐宋，宋必亡，其亡一也，先殺了再說，於是宋殺申。楚子聽到了消息，高興得跳了起來，連鞋子亦顧不得穿了，劍也不帶，車也不乘，光著腳向外邊跑，到了蒲胥，勒令三軍起兵伐宋。所謂：「屨及於窒皇，劍及於寢門之外。」屨及，至也，說及者追而及之也，亦即侍寢的追著為其鞋，侍衛追往送劍，禦者驅車往追，車及于蒲胥之市，秋九月楚子圍宋。

丙寅，訟。

西元前595年。民元前2506年。

楚圍宋。

周定王十三年，楚圍宋，宋使樂齊告急於晉，晉侯欲救之，晉大夫伯宗以為不可。謂古人有言：「雖鞭之長，不及馬腹。」以為楚今方盛，連老天都在幫楚，以晉國之力，不可與天命爭，晉非楚敵，宜待其弊。但卻派解揚告知宋君，謂晉將起全國之師救宋，大兵將至，囑宋宜堅守待援，勿降。不幸解揚被鄭所俘，因而獻諸楚，楚人予揚以十分豐厚的獎金，囑其反言告宋，說晉師已不能前來救宋。揚不答應，經楚再三威逼利誘，揚始應允。楚使其登雲車上，揚乃反言，大呼告宋，謂晉大軍將臨，切勿投降。楚子憤怒已極，欲殺之。揚說：「君以貨賂，生死來要脅，不爾便謂之不義；臣能承君命而為信，義無二信（欲為義者，不行兩信。意即既為義，即不可朝秦暮楚），信無二命之也（欲守信者，不受二命，意即是說，一個真正守信的人，即不可同時接受兩個相反的使命），君之賂臣，不知命也（說君以利誘惑於臣，臣不知其為命也），受命以出，有死無霣（臣既奉吾君之命而出，早已把生死置之度外了。霣同隕雷前之雨）。」楚見其不可屈，遂釋其返宋。宋與楚平。

丁卯，困。

西元前594年。周定13年。民元前2505年。

周定王殺二伯。

二伯即毛伯、召伯。《左傳》說：「王孫蘇與召氏、毛氏爭政，秋七月，使王子捷殺召公毛公。」論者以為，《春秋》非天子，不得專殺。王劄子為人臣，人臣而殺召伯、毛伯于朝，定王不能禁，故說定王殺二伯。

按：王孫蘇、召氏、毛氏三人皆周定王卿士。據《左傳》，王劄子即王子劄；王孫捷，亦謂王孫蘇，劄為名。

晉滅赤狄及潞氏。

六月癸卯，荀林父敗赤狄于曲梁；辛亥滅潞。

狄有赤狄、白狄，諸狄之中，以潞最大，處晉國的腹心。設官分職，儼然為當時一現代化國家。潞子嬰兒，娶晉景公之妹為夫人，酆舒為政殺之，酆舒又傷潞子之目，侵吞了各狄。晉侯欲伐之，諸大夫皆以為不可，以酆舒有三個了不起的助手，無人能敵。大夫伯宗說一定要伐。說舒有五項不可救藥的大罪，所謂恃才與眾，亡之道也，故必伐之。六月，荀林父敗赤狄于曲梁，辛亥滅潞。酆舒奔衛，衛歸諸晉，晉人殺之。

戊辰，未濟。

西元前593年。周定14年。民元前2504年。

周宣王榭火。

成周即東周洛陽，夏周宣榭火，榭即宣王射箭習武之所，榭火（人為之火災。《左傳》：「人火日火，天火日災。」）榭又為藏樂器之所，有射必有樂。

論者以為，宣王為周中興之主，今其宮榭灰滅，雖人為之禍，實亦有天意在焉，似乎在暗示後人，周已無興復之望矣！

按：榭音謝，有屋之台，故曰台榭。杜預釋榭為講武屋。

晉滅甲氏，又平王室之亂。

周定王十四年，晉士會帥師滅赤狄甲氏，及留籲鐸辰。三月，獻俘于王，請以紱冕，命士會將中軍，為大傅。晉國之盜，聽到了這個消息，皆逃往秦國去了。羊舌職曰：「善人在上，則國無幸民（作奸犯科，逃避法律制裁者），民之多幸（作奸犯科，而逃避法律制裁之人愈多，即所多幸），國之不幸也（逃避法律制裁之人愈多，則國之不幸也愈大）。」

按：甲氏、留籲，赤狄之別種。

又平王室之亂。

周定王十三年，王室又發生毛、昭之難，晉侯使士會往平之。定王享之（用很隆重的國宴，慰勞士會），武子（即士會謚號）私下問其故，定王告訴武子，王室之禮儀。武子歸晉後，開始修鄭國之法，講求典禮。

己巳，解。

西元前592年。周定15年。民元前2503年。

晉會諸侯之君於斷道。

周定王十五年，魯宣公十有七年，魯會晉侯、衛侯、曹伯、邾子同盟於斷道。晉侯使郤克征會於齊（征，召也，即今所謂之接受邀請之意），齊頃公十分惡作劇，將其姬妾等，聚於一室中，從窗簾外偷看諸侯會盟情形。與會代表各有特徵，如季孫行父禿（禿頭）、晉郤克眇（一隻眼）、衛孫良夫跛（跛）、曹公子僂（駝背），此四人同時聘於齊，齊亦以禿、眇、跛、僂四人為馭，以禿馭禿、眇馭眇、跛馭跛、僂馭僂，招搖過市。

頃公姬妾，見其滑稽可笑，聲傳於外，使郤克等十分難堪，克憤而離會，發誓必報復之。數次欲起兵伐齊，晉侯不許。於是魯會晉侯、衛侯、曹伯、邾子同盟於斷道。齊侯派了高固、晏弱、蔡朝、南郭偃等，四位代表來會，高固害怕晉之報復，便中途逃回；晉人執晏弱于野王；執蔡朝于原；執南郭偃於溫。苗賁皇使見晏桓子于野王（苗乃楚鬬椒之後奔晉，以食吧為氏），謂晉侯說，齊侯因得罪於晉，不敢與會，纔派晏子等代表前來，他們有什麼罪呢？而晉郤將其扣留，實在不合道理，如果這三人怕死而全部逃回，不是證明了晉人挾怨報復嗎？使天下諸侯聞知，對晉有什麼好處呢？晉人始任其離去。秋八月晉師還。

按：斷道，地名，今山西沁川有斷梁城，即《春秋》所說之斷道。

庚午，渙。

西元前591年。民元前2502年。

魯宣公卒，世子黑肱繼，是謂成公。

宣王在位十有八年，冬魯宣公卒，子黑肱立，是謂成公。成公弒君（弟惡）、逐母（哀姜歸齊），賄齊以濟西之田，以博取齊之承認，七年之中五朝於齊，又改賦稅以竭民力，卒致饑饉連年、民不聊生。

晉伐齊，此外齊之效也。

十八年春，晉侯、衛世子臧伐齊，至於陽穀，齊與晉盟於繒，子強為質於晉。

楚莊王卒，世子審繼，是謂共王。

《春秋》書「楚子旅卒」。楚僭稱王，《春秋》何以稱子？這裡所以降稱子，即孔子《春秋》書，論事的基本原則和精神。

辛未，蒙。

西元前590年。周定17年。民元前2501年。

周伐茅戎不利。

茅戎為戎之別種。周定王十七年，伐戎，敗於郲垂（今河南伊陽），晉使詹嘉、處瑕，為之調停，茅戎退還，周復使單襄公來晉，以答謝協調之功（單襄公，周定王卿士）。戎還，周劉康公（周定王次子）擬乘其無備而襲之，叔服（周內吏）以為這是背盟而欺人的行為，「背盟不祥，欺大國必敗」。不聽，遂伐茅戎。三月癸未，敗績于徐吾氏（徐吾氏，為周代戎兵敗之地名，或以為茅戎之別種，非是。見《左傳・會箋卷十二》）。

壬申，師。

西元前589年。周定18年。民元前2500年。

齊伐魯、衛，敗魯、衛之師於新築。晉會諸侯之師救衛，大敗齊師於鞌（音年）。

周定王十八年，齊見魯與晉交好，即興師伐之，佔領龍，志在與晉為敵。論者謂，齊頃公好戰而不量力。夏四月，齊敗魯之後，回師於衛，與衛孫良夫師相遇於衛之新築，遂及齊戰於新築（新築，地名衛境），衛師敗績。良夫如晉乞師，魯臧孫許，亦乞師於晉。

六月季孫行父、臧孫許、叔孫僑如、公孫嬰齊，帥師會晉郤克、衛孫良夫、曹公子首，與齊侯大戰於鞌（音年，今山東歷城縣），郤克中矢，血流至足，未絕鼓音，馬不能止，晉師乘之，三戰不勝，齊侯僅以身免，齊師敗績。齊歸魯汶陽之田。

宋文公卒，子瑕繼，是謂共公，華元專國，兩盟于晉楚。

宋文公鮑卒，子固嗣，是謂共公。文公鮑卒，始用厚葬，以人、牛、馬、重器殉葬。當時有識之士，頗不值華元樂舉之所為，為不臣，對君之過，不能伏死而爭，說此二人，君生則縱其惑；死又益其奢。是棄於惡也。

按：燒蛤，為炭以瘞壙，多埋車馬，以人殉葬。

楚會十國之人於蜀。

魯于宣公時，即示好于楚，不期楚莊卒，宣公亦卒，兩國尚未能建立好同盟關係。及魯成侯即位，反而與晉結盟，適晉伐齊，衛國亦加盟伐齊，故楚令尹嬰齊，帥師侵衛，遂及于魯，楚軍至於蜀，魯使臧孫前往與楚軍談和，臧孫辭說，楚軍遠道而來，不能持久，即將退兵，我往而楚退，別人不知，還以為我有退楚之功呢？無功而受美名，我不敢。楚師進之陽橋，孟孫請往與楚交涉，於是帶了一百個鐵工匠，木工匠、繡花織綢緞的女工各百人，並以世子為質，與楚談和。楚很高興、遂退。十一月，魯侯與楚人（公子嬰齊）、及秦人、宋人、陳人、衛人、鄭人、齊人、曹人、邾人、薛人、鄫人、盟於蜀。此次會盟，乃陳衛鄭等中國之君，因擔心晉楚暗中結盟，遂偷偷摸摸的與楚相結，不敢公之於世之盟，故謂之匱盟，《春秋》皆稱人而不稱官職，因此盟乃秘密之盟，不是光明正大的，故說十國之人，而不稱國，故說楚會十國之人，言人而不言國而稱之。

癸酉，遯。

西元前588年。民元前2499年。

晉會宋、衛、魯、曹伐鄭。

周定王十年，晉楚戰於邲，晉師大敗。晉欲報邲之敗，乃于周定王十九年，會宋衛、魯；曹伐鄭。次於伯牛，遂東侵鄭，鄭公子偃，帥師禦之，在其東部邊境「鄤」這個地方，埋伏重兵，聯軍卒敗於丘輿。

論者以為：魯、宋、衛、曹，去強盛之楚，而從衰弱之晉，以伐有罪之國，是《春秋》之所嘉也。

按：伯牛、東鄙、鄤、丘輿皆鄭地。

鄭兩伐許。

同年夏，因許恃楚而不事鄭，故鄭公子去疾，帥師伐之。冬又伐許，一歲再伐，言其甚也。

甲戌，咸。

西元前587年。民元前2498年。

晉伐楚救鄭。

楚公子嬰齊伐鄭，晉欒書帥師救鄭。

乙亥，旅。

西元前586年。周定王21年。民元前2497年。

周定王崩，太子夷嗣，是謂簡王。

冬十一月，周定王崩，子夷立，是謂簡王。

晉會齊、宋、衛、魯、鄭、曹、邾、杞八國之君，盟於蟲牢。

十有二月，晉侯會齊侯、宋公、衛侯、魯侯、鄭伯、曹伯、邾子、杞伯八國之君，同盟於蟲牢。按：蟲牢，即桐牢，位於河南開封之封邱縣。

楚伐鄭。

許靈公愬鄭于楚，鄭悼公而不勝，楚王執皇戌及子國。該年無伐鄭之事。

丙子，小過。

西元前585年。周簡王元年。民元前2496年。

楚伐鄭。晉救鄭。

鄭離楚從晉，秋，楚公子嬰齊帥師伐鄭。楚公子嬰齊伐鄭，晉欒書帥師救鄭。與楚師遇於繞角，楚師還，晉師遂侵蔡。楚公子申、公子成，以申息之師救蔡，禦諸桑隧，趙同趙括欲戰，請于武子，武子將許之，知莊子、范文子、韓獻子，共諫曰不可。謂晉師是來救難解厄的，今楚師已去，我軍之來，不就是另換一個劊子手而已，勝之不武，何榮之有？欲戰者仍繼續鼓動武子求戰，欒書不為所動，終全軍而還。

按：繞角，為鄭地。位河南魯山縣東南。桑隧，河南汝南東南有桑里，即其地。此次晉楚出兵，兩軍先遇於繞角，楚師退還；後又遇于桑隧，晉軍退還，兩軍皆免於戰爭之苦。

是年壽夢稱王於吳。

吳自泰伯至壽夢，已十九世。《吳越春秋》說，壽夢元年朝周適楚，觀諸侯禮樂，魯成公為陳前王禮樂，詠歌三代之風，因歎曰：嗚呼禮哉！

丁丑，漸。

西元前584年。民元前2495年。

晉會齊、宋、魯、衛、曹、邾、莒八國之君於馬陵，以救鄭。

去冬楚伐鄭，晉欒書救鄭，楚未得志於鄭。今秋，楚公子嬰齊又帥師伐鄭，楚師至氾，晉會衛、曹、邾、莒，八國之君，盟於馬陵以救鄭，春秋以為乃攘夷狄，安中國之師，所以特別用一「救」字，以稱讚之。

按：馬陵衛地，即後孫臏敗龐涓處。

吳王壽夢，通好於中國。

吳王壽夢（季劄之父），之所以得通好於中國，蓋得之于巫臣之使吳。巫臣使吳，將兵車，戰法、射御、戰陣等術傳之於吳，並教之叛楚、通晉。吳始伐楚、伐巢、伐徐，通好中國。

戊寅，蹇。

西元前583年。周簡王3年。民元前2494年。

晉殺大夫趙括、趙同。

此言趙莊姬私於趙嬰，莊姬為趙嬰之未亡人，故誣同、括反，晉成公不察，遂殺同、括。

按：趙嬰為趙盾弟，朔為趙盾子，莊姬為朔之妻。朔謚莊子，故妻稱莊姬。

又：晉有二莊姬，亦曰姬氏。其一趙衰妻（衰唸摧），文公女，成公之姊；其一趙莊女也。《史記》誤以朔妻為成公姊。

《史記》稱屠岸賈殺趙氏：趙朔、趙同、趙括、趙嬰，皆滅其族，若然，則趙氏已死（是趙氏尚有未亡人？）二說不同，未審孰是。

己卯，艮。

西元前582年。民元前2493年。

晉會齊、宋、衛、魯、鄭、曹、郳、杞八國之君于蒲。

周簡王四年，為汶陽之田故，諸侯二於晉。晉人懼，會于蒲，以尋馬陵之盟也。

晉君處事，實在莫名其妙。如汶陽之田，原為魯有，被齊佔去，鞌（音：年）之戰，齊國大敗，晉乃將汶陽之田復歸於魯。齊戰敗後，齊君事晉極其順從，晉侯十分高興，使魯、衛皆將齊地歸還。並派韓穿來魯，索汶陽之田歸。晉侯反正是慷他人之慨，予齊予魯，於晉均毫無疼癢，故朝予之，夕取之，出爾反爾，全不在乎是非曲直，論者以為，晉失信於魯，即等於失去了天下諸侯、對晉的依從信賴感，說穿了晉侯所玩的，是晉在諸侯對其的向心力，是晉的信譽，和未來的影響力啊！

果然不出所料，由於汶陽之田，晉侯出爾反爾，諸侯皆離晉而去，晉這纔發現事態嚴重，於是于周簡王四年，會齊、宋、衛、魯、鄭、曹、邾、杞八國之君于蒲，希望恢復馬陵之盟。季文子（即季孫行父）告范文子（即士燮）說：作為領導諸侯的霸主，如果自己失去了領導道德，無論如何會盟，也沒有用的。所以這次會盟，雖然希望甫進入國際社會的吳也來參加，但連吳人也不來了。

齊頃公卒，子環繼，是謂靈公。

秋七月，齊侯無野卒，子環繼，是謂靈公。

晉伐鄭。

楚為維持與鄭的關係，不惜以重金與鄭交好，兩國在鄧完成同盟合作手續。然而不可諱言的，晉乃中國霸主，鄭會盟于楚，無疑遭忌於晉，為平息晉對鄭之不滿，遂親自赴晉以示歉，晉郤將其扣留，欒書復出兵伐鄭，鄭人派伯蠲前來講和，晉人郤將伯蠲殺死，這是違反國際基本法則的，鄭以禮來，晉執其君，殺其使，伐其國，可謂失禮之至。未久楚即代陳以救鄭。這些雖為欒書所不懌，但更嚴重的、卻直接影響到晉之國際聲譽。

秦伐晉。

晉為諸侯盟主，既召鄭伯前來向其賠禮道歉，反而將人家扣留，楚人伐莒，晉又不救，諸侯因而攜二，故秦人連絡白狄來伐晉。

楚伐莒入鄆。

莒新服於晉，冬十一月，楚公子嬰齊，自陳伐莒，自此之後，陳、莒皆離晉歸楚，不再與晉盟會。戊申、楚人入渠邱，莒人囚楚公子殺之，楚遂圍莒，莒人以莒城池敗壞，楚當不屑一顧，故不為備，攻之，莒潰，楚遂入鄆。後人論說：「恃陋而不備，罪之大者也；備豫不虞，善之大者也。」莒恃其陋而不修城廓，沒有警戒，旬日之間，楚克其三都，莒無備故也。

庚辰，謙。

西元前581年。民元前2492年。

晉景公有疾，授世子州蒲位，是謂厲公。景公卒。

俗謂人壞事作多了，終會見到鬼的。晉景公作為諸侯霸主，處事卻不講原則，甚則至於傷天害理（如殺趙同、趙括、鄭之伯蠲等）亦時有之，不免心中有鬼，不期真夢到了厲鬼，長髮垂地，雙手撫膺，如殭屍一般，踴跳而來，大聲呼叫，無緣無故，殺了我的子孫，不仁不義，我已經向玉皇大帝備了案，前來復仇的，於是厲鬼破大門、寢門而入於室，把門窗也一齊打碎……，景公嚇出了一身冷汗，召桑田巫者來驅鬼，桑田巫告知其厲鬼的情形，一如景公所夢：長髮垂地，踴跳而行，舉手之間破門穿戶……，恐怕景公吃不到新麥了。

景公無奈只好向秦國求援，請來神醫緩（或稱秦援），緩謂景公之疾，已至於肓之上，膏之下，攻之不可，達之不及，藥不能至，不可為也。沒有辦法了。延至六月（現在的陽歷）新麥已熟，庖人為之調理，並召桑田巫者睹新麥而殺之（巫謂景不能食新麥，今君擬進食，即巫言不驗，遂殺之），景公將食，忽內急（要拉肚），侍臣負景公如廁，不小心，竟使景公跌入茅坑，給淹死了（終未食到新麥）。前此小臣曾告人，彼夜來夢背負景公，飛上天去。現在小臣從廁所將景公背出，應驗了其夢，於是就將小臣殉葬，果然隨景公升天了。

景公卒，子州蒲繼，是謂厲公。

程嬰攻屠岸賈於公宮，滅其族，復趙武朔之封邑。程嬰請死。

司馬遷《史記》說：景公中了邪，卜之，謂不滿於景公，有冤情者為祟，便問韓厥，厥謂有大冤情者惟趙氏之後，尚藏匿於宮中，遂召趙武，程嬰因韓厥之眾而攻屠岸賈，滅其族，恢復了趙氏田邑，待趙武長大成人，程嬰遍辭諸大夫而自殺，以追隨公孫杵臼於地下。武為服三年之喪，世祀弗絕。

辛巳，否。

西元前580年。周簡王6年。民元前2491年。

秦晉修夾河之盟。

秦伯將與晉侯會盟於令狐，晉侯先至，秦伯不肯渡河，最後的折衷方案是，秦使其大夫史顆盟晉侯於河東；晉郤犨與秦伯盟于河西，是所謂「夾河之盟」。范文子說，盟是國家非常莊嚴神聖的，所以說齋盟，是表示盟者互相信守的意思，會盟之地，即代表二君質信之始。像秦、晉這樣的盟，開始即未以誠信作基礎，是很明顯的互不信任，盟還有什麼義意呢？果然，秦伯返秦，即背晉盟。

壬午，萃。

西元前579年。周簡王7年。民元前2490年。

晉楚同盟于宋。

宋華元與楚令尹子重交情篤厚，又與欒武子（晉欒書）關係良好，華元遂往來晉楚之間，促成兩國締交關係。

晉敗狄於交剛。

狄人以晉與宋有盟約，夏狄來侵晉，但對自家邊境，卻未增加防禦設備，秋，晉人敗狄於交剛。

按：交剛，在山西隰州境，即晉狄之交界處。

癸未，晉。

西元前578年。周簡王8年。民元前2489年。
魯成公朝于周。
周簡王八年春，魯與諸侯伐秦，道過京師，因朝于王，魯侯先至，周簡王以一般使臣之禮接待之。
晉會齊、宋、魯、衛、鄭、曹、邾、滕八國之師伐秦，敗之于麻隧。
夏五月劉康公、成肅公會晉侯、齊侯、宋公、魯侯、衛侯、鄭伯、曹伯、邾人、滕人，八國之師伐秦，敗秦于麻隧。
按：麻隧，秦地。

甲申，豫。
西元前577年。民元前2488年。
秦桓公卒，子景公繼。
周簡王九年冬，秦桓公卒，子嗣，是謂景公。

乙酉，觀。
西元前576年。周簡王10年。民元前2487年。
晉會諸侯之君于戚。
春，晉會魯侯、衛侯、鄭伯、曹伯、宋世子成齊、國佐、邾人，同盟于戚。曹應邀來盟，晉因而執之，晉侯所為，咸認為欠妥，故《春秋》譏之謂：「公會諸侯于戚，晉執曹伯歸於京師。」

麻隧之戰，曹宣公卒於軍中，曹人使公子負芻守國，公子欣時，往迎曹伯之喪。負芻趁機把太子殺了，自立為成公，諸侯建議晉侯討伐負芻，晉侯以為麻隧之戰剛結束，士兵太疲勞，留待以後再說吧，但卻于戚之會，將曹伯負芻扣押，送往京師。

按：戚在衛河上邑。

宋共公卒，國亂，大司馬唐山、殺世子肥，右師華元，左師魚石誅唐山，而立公子成，是謂平公。

夏六月，宋共公固卒，八月即匆匆下葬，《穀梁》以為：一國之君死亡，三月即葬，乖乎常理，其中必有特殊原故。

華元為宋右師，魚石為左師，蕩澤為司馬。澤因其君共公卒後，希望王室衰微，便把公子肥也殺了。華元以為自己為右師，職司國家綱紀，今王室衰弱，有賊不討，實在愧對職守，罪孽深重，但又勢單力孤，難能討賊（按：魚石、蕩澤、向為人、鱗朱、向帶，魚府等，皆為桓氏家族，在宋勢力很大），而又不願尸位素餐，故欲出亡晉國。魚石勸其不要出奔，並願支援其討賊。於是魚石遂殺唐山（唐山應為蕩山），而立公子成，是為平公。

按：殺世子肥者，為蕩澤而非蕩山。殺蕩山者為華元，而非魚石，因當時魚石已出奔于楚。

楚遷許於葉。

葉即漢時之縣，即今河南葉縣，在河南南陽附近，遠離中國，接近於蠻夷之楚，得一時之安定。中國之亂，可以想見。

吳大會諸侯之君於鍾離。

楚厥起於湖之北、漢江之南，所謂荊蠻之地，對中原諸侯，造成極大威脅（按：當時中國諸侯，視楚為化外之蠻夷，自稱中國）。今吳又興起，晉既抗楚，擔心吳楚聯合，故親吳以離楚。冬十一月，叔孫僑如會晉士燮、齊高無咎、宋華元、衛孫林父、鄭公子鰌、邾人，會吳於鍾離（鍾離在江西九江楚地），為中國與吳會盟之始。

丙戌，比。

西元前575年。周簡王11年。民元前2486年。

晉伐鄭，大敗楚師于鄢陵，楚救鄭不克，矢中王目，誅令尹側。

周簡王十一年夏，楚王使其公子成，將其汝陰之田給鄭，鄭即叛晉而與楚交。四月，鄭公子罕，帥師侵宋，至於鳴雁。宋將鉏樂懼，敗鄭師於汋陂，鉏樂氏打了勝仗，很高興，以為楚軍敗了，不加防備，楚軍當夜即來偷襲，宋軍大敗，指揮官鉏樂懼也被俘了。

按：汋陵即汋陂，在河南商邱甯陵南二十五里處。鉏樂懼，為鉏氏家族。宋，楚救鄭，楚師經過于申（今河南信陽），中軍指揮官子反，請教申叔時（申叔時人名），問楚師之吉凶？叔時答說：「德刑詳，義禮信，戰之器也。」意即是說：這個政府是否愛民，法律是否清明，國際間的信譽如何，是致勝的左券。今日之楚，內棄其民（未能愛其民），外絕其好（失信于友），盟而不信，疲民以逞（視會盟為開玩笑），誰肯為國效命呢？今日之別，我恐怕再見不到你了，請多多保重吧！

六月晉楚兩軍相遇于鄢陵，楚師敗，呂錡射楚王中目，大將子反，則沈醉未醒，晉囚楚公子茷，楚見軍情急，即行撤退。軍至於瑕（肥水經湖北瑕城南，即此地），楚王使告子反，謂此次戰敗，皆楚王自己之罪，囑子反切勿自責，子反說自己打了敗仗，理當受軍法制裁，遂自殺。

另一方面，晉軍亦發生兩種極其相左的意見，一派是見好就收，所以范文子每次與楚軍接觸，均保持一定程度的距離；希望使晉國常處於持盈守泰的狀況，所以范文子，最不願見晉人獲得大勝，亦不欲晉作諸侯霸主，只在國際間保持一種舉足輕重之地位即可，也只有如此，纔可紓緩晉國「君弱臣不佞」之憂。但文子的高瞻遠矚，卻曲高和寡，不被功利主義者所接受。

此次戰役，雖大敗楚軍，然晉國亦由外無強敵，文子懼于古人「無敵國外患者國恒亡」之古諺誡，對當前「君弱，臣佞」之晉，正應了昔人「無德而祿者，殃也」的古訓，成為晉國大禍亂之源。勝利沖昏了頭的晉國將領，卻根本不明此道，沈緬在勝利的春夢中。自鄢陵返來，文子以為「君奢而克敵，乃國之殃」，預見晉國將有大難發生，以憂國而自禱速死，六月，文子士燮卒。次年晉厲王即開始了血腥屠殺。

丁亥，剝。

西元前574年。周簡王12年。民元前2485年。

晉會諸侯于柯陵。

春正月鄭侵晉虛滑，衛救晉至於高氏。五月，鄭太子髡頑、大夫侯獳，為質于楚，楚公子成、公子寅戍鄭，令尹子重救鄭，師於首止。魯公會尹子，單子、晉侯、齊侯、宋公、衛侯、曹伯、邾人伐鄭，六月乙酉，同盟于柯陵（柯陵鄭地）。

是年晉殺三郤。

晉楚鄢陵之戰後，鼓舞了晉厲公奢侈、腐化的的慾念，范文子士燮即說：君驕侈信佞，今克強敵，是上天助其虐也，晉將有大難發生了，上天如果愛我，就讓我早日死去，免得遭此殺劫，便是我范氏之福了。果然，晉厲公聽了佞臣胥童的讒言，先除郤氏，殺大夫郤錡、郤犨、郤至三郤，並暴屍於朝。

戊子，復。

西元前573年。周簡王13年。民元前2484年。

晉亂，欒書弒其君厲公，迎公子𦎟周于周而立之，是謂悼公。

晉厲公殺三郤之後，佞臣胥童，又帥甲劫欒書與中偃於朝，欲殺之，厲公不忍，釋之。厲公使胥童為卿，遊於匠麗氏，欒書遂執厲公，殺胥童，使程滑弒厲公，使荀罃士魴迎公子周立之，是為悼公。未即位即將厲公之佞臣七人，逐出朝堂。二月悼公即位，即施恩惠、匡救困乏、薄稅歛、用賢良正人，所謂「舉不失職，爵不踰德」，軍令貫徹，民無謗言，晉國大治，復霸諸侯。

按：公子𦎟周，即晉襄公驪之曾孫，是個有規有矩，很明事理的人。

魯成公卒，子午繼，是謂襄公。

楚會鄭伐宋入彭城。

楚會鄭伐宋，取朝郟，子辛及鄭皇辰侵城郜、取幽邱，各路大軍，以戰略要衝，吳晉往來之交通孔道「彭城」為目標，克取彭城，令前宋之降將魚石、向為人、鱗朱、向帶、魚府，以三百乘戍守之。宋華元如晉告急，晉韓獻子說：成霸安邦，自宋始矣，機會來了，晉悼公帥師救宋，遇楚師於靡角之谷，楚軍退走。十二月宋借兵圍彭城。

按：朝郟，城郜、幽邱皆宋地。彭城即今之徐州，宋即今商邱等地。

晉侯會宋公、魯仲孫蔑、衛侯、邾子、齊崔杼，同盟於虛朾。

十二月晉會宋、魯、衛、邾、齊之師救宋。

己丑，頤。

西元前572年。周簡王14年。民元前2483年。

周簡王崩，太子泄心嗣位，是謂靈王。

晉會諸侯之師伐宋，圍彭城。

晉會諸侯之師伐宋，圍彭城，彭城降晉，將楚所置之五大夫，處於瓠邱。

按：一、今山西降州桓曲縣，即古陽壺城。二、《春秋》但曰圍彭城，不言伐宋。

庚寅，屯。

西元前571年。周靈王元年。民元前2482年。

周葬簡王。

正月周簡王崩，五月而葬，速也。

晉伐鄭，會諸侯之師于戚，以城虎牢。

秋荀罃為謀伐鄭，會諸侯之大夫于戚，為逼鄭故，孟獻子請城虎牢。冬，荀罃復會諸侯之大夫于戚，齊崔武子及滕、薛、小邾之大夫皆會，遂城虎牢（城虎牢，城、即取，亦即佔領）。鄭人與諸侯盟。

辛卯，益。

西元前570年。周靈王2年。民元前2481年。

晉會八國之君，盟於雞澤。

晉會單子、宋、衛、魯、鄭伯、莒、邾子、齊世子光，同盟於雞澤（雞澤故城在河北廣平東北）。此次諸侯之盟，史家以為有其深意，因楚勢方大於南方，中國之人未有以抗之，欲聯吳而吳不至，是以諸侯之心莫不凜然戒懼，是時晉雖復霸，然卒未俱以天下為己任之襟懷，諸侯病其求人者重，而其自任者輕，此識者所以為歎也。

楚伐吳至於衡山。

周靈王二年，楚公子嬰齊帥師伐吳，簡選楚師之精銳前往，初期似毫無阻擋的克鳩茲，大軍直達衡山。命鄧廖帥楚國裝備最好，訓練最精良的部隊，所謂組甲三百、被練三千，以侵吳。吳人迎戰，鄧廖被俘，逃回來的只剩組甲八十，被練三百而已。吳軍反攻，嬰齊憂心而卒。此為吳楚爭強之始。

壬辰，震。

西元前569年。民元前2480年。

晉用魏絳。

晉悼公之弟揚幹亂行，魏絳戮其仆，公怒欲殺之，魏留遺書其仆將自裁，士刃張老進諫，公悟，立即親往魏降謝罪，並命魏為三軍統帥。論者以為晉得人，用一魏絳，不戰而諸戎自服，而後致力於華夏，而諸夏亦服，較諸荀林父，但致力於戎而失華夏者，相去遠矣！

楚伐陳。

陳叛楚，楚將伐陳，三月陳成公卒，聞喪乃止。陳人不聽楚命。臧武仲聞之曰：「陳不服于楚必亡。」即大國有禮於大國，對方如果不禮，尚且會有糾紛，而況小國？夏、楚果派師來伐。

癸巳，噬嗑。

西元前568年。周靈王4年。民元前2479年。

晉會諸國之師于戚城，又救陳。吳會魯、衛之君於善道。

秋晉悼公會宋公、魯侯、陳侯、衛侯、鄭伯、莒子、邾子、滕子、齊世子光、吳人、鄫人于戚。目的有二，一會吳，再則救陳，蓋晉楚爭霸，勝負之機在吳，吳佐楚，則楚勝，左晉則楚輸，故晉以聯吳為急要。冬諸侯戍陳。

晉欲會吳，命使魯、衛之君，先往邀吳，會吳於善道（善道吳地）。

甲午 隨 靈五年	甲辰 損	甲寅 小畜
乙未 无妄	乙巳 節	乙卯 大壯
丙申 明夷	丙午 中孚 晉會師伐齊 靈公奔莒	丙辰 大有
丁酉 賁	丁未 歸妹	丁巳 夬 周景王
戊戌 既濟 晉會吳以滅偪陽	戊申 睽	戊午 姤
己亥 家人	己酉 兌	己未 大過
庚子 豐	庚戌 履 孔子生晉盟於潔隨	庚申 鼎
辛丑 革	辛亥 泰	辛酉 恒
壬寅 同人 楚伐有功	壬子 大畜	壬戌 巽
癸卯 臨	癸丑 需	癸亥 井 楚會十二國之君于申

經世之末二千二百十六（世）。

甲午，隨。

西元前567年。周靈5王年。民元前2478年。

周靈王五年。

乙未，无妄。

西元前566年。周靈王6年。民元前2477年。

晉會七國之君於鄬。晉會宋公、魯侯、陳侯、衛侯、曹伯、莒子、邾子於鄬。

楚於十月圍陳，十二月諸侯始救，晉始會諸侯來救，觀望意味濃厚，陳君兆出走後，陳即屬楚，諸侯不欲與楚戰，各自撤歸。或謂陳之從楚，乃晉之棄陳也。陳地近楚，日為楚所逼，民朝夕盼救，而晉范中行子則謂：「有陳非吾事也，無之則可。」意即是說陳之存亡，與晉何干？然而陳亡了晉還有利呢！個中秘莘，思過半矣！

按：鄬，鄭地。

丙申，明夷。

西元前565年。民元前2476年。

晉會七國之君于邢丘。

夏、晉會鄭伯、魯人、齊人、宋人、衛人、邾人于刑丘。往昔之會，皆諸侯自臨，似為今日之高峰會議，此次會議，猶今之部長級會議，乃次級會議，會議之目的，在統一各國朝聘之事。此舉，後人持正反不同看法。或謂此舉乃政權下移，無疑受人以柄；或謂此乃馭眾之道。

鄭子駟殺群公子。

鄭僖公是一個性情暴戾、不尊禮法的國君，嘗不禮于晉、楚，及諸臣下，子駟為相亦不禮之。侍者諫不但不聽，乃竟予殺之。於一次出席諸侯會議時，其相子駟使刺客殺之，偽稱亡於瘧疾。鄭群公子以僖公之死，與子駟不無關係，乃欲謀駟，子駟乃先發制人，誣陷以罪而殺子狐、子熙、子侯、子丁，孫於擊、孫惡出奔衛。

丁酉，賁。

西元前564年。周靈王8年。民元前2475年。

秦伐晉、晉會十一國之君伐鄭。楚亦伐鄭。鄭兩盟晉、楚。

夏、秦公欲伐晉，乃命士雅乞師于楚，秋、楚師進駐武城以為援（武、楚地，在河南方城之北），楚師遂侵晉。冬公會宋公、魯侯、陳侯、衛侯、曹伯、莒子、邾子、滕子、薛伯、杞伯、小朱子，齊世子光伐鄭，鄭人與晉簽和平條約，十二月與晉簽同盟合約於戲（戲，鄭地），鄭服於晉。

鄭服於晉，楚不悅，出兵討其與晉聯盟，鄭人向楚求和，遂亦與楚簽其同盟之約。所謂鄭兩盟晉楚。

戊戌，既濟。

西元前563年。周靈王9年。民元前2474年。

晉率十一國之君，會吳壽夢於柤，以滅偪陽。又會十一國之師伐鄭；又伐秦，楚伐宋，又救鄭。

春晉悼公之時，楚之勢力日益膨脹壯大，晉合諸侯似猶不足以制之，於是擬與吳為犄角之勢，會宋公、魯侯、衛侯、曹伯、莒子、邾子、滕子、薛伯、杞伯、小朱子、齊世子光會吳于柤，夏五月遂滅偪陽（今徐州附近）。

按：柤，從詐。又音杳，木欄也，楚地。偪陽、偪音福，又音逼，二地皆在江蘇沛縣、即今徐州附近。

楚公子貞（即子囊）、鄭公孫輒（即子耳），六月帥師伐宋，師于訾毋（訾毋宋地），庚午圍宋。

荀罃伐秦，以報秦周靈王八年之侵晉。

晉會宋公、魯侯、衛侯、曹伯、莒子、邾子、齊世子光、滕子、薛伯、杞伯、小朱子伐鄭。楚宋又救鄭，諸侯之師將還，欒黶獨進，與楚夾穎而軍。鄭與楚盟，黶欲伐鄭，荀罃不可，侵鄭而還，楚人亦還。

己亥，家人。

西元前562年。民元前2473年。

晉兩會十一國之師伐鄭。賜魏降食采安邑，秦伐晉救鄭。魯三桓分軍，楚伐鄭又伐宋。

靈王十年四月，晉悼公再會十一國之師伐鄭，鄭人懼，同意與諸侯結盟。秋七月簽同盟合約於亳城北，楚借秦師伐鄭，鄭不得已出兵，楚即轉兵侵宋。未幾鄭復叛盟，晉再會宋公、魯侯、衛侯、曹伯、莒子、邾子、齊世子光、滕子、薛伯、杞伯、小朱子伐鄭，會於蕭魚（鄭地），諸侯之師觀兵於鄭。鄭又與諸侯盟，並派代表向楚說明盟晉之故，為不得已。楚即將其代表扣留，鄭於是再與晉盟。晉即將所俘鄭囚，十分禮遇的將其釋回。

伊川程氏論說：數月之間再伐鄭，鄭之反復不足信可知，渟公能推其至誠以待人，信之不疑，至哉誠之能感人也。自此鄭不背晉。

魯三桓分軍。

魯本有上下二軍，皆由魯侯親自指揮，而無中軍。季武子欲專魯政，故借立中軍以掌控人民。季武子告知叔孫穆子，穆子以為魯國之政，即將由武子執掌，如作三軍，等於自找麻煩，武子很堅持，穆子擔心武子會有花樣，要求大家共同把計畫內容，明白列出，正月作三軍，遂與孟孫、叔孫，三分公室之賦稅與人民，而季氏獨大。

庚子，豊。

西元前561年。周靈王11年。民元前2472年。

楚會秦伐宋。吳壽夢卒，長子諸樊繼。

冬楚子囊，秦庶長無地代，師于楊梁（在睢陽東），以報晉取鄭也。

秋吳子壽夢卒，長子諸樊繼。

辛丑，革。

西元前560年。民元前2471年。

楚共王卒，子昭廢世子代立，是謂康王。吳伐楚不利。

秋九月共王卒，庶子昭廢世子立為康王，世子出奔吳，吳人來侵，養由基帥師，戰吳於庸浦（楚地），大敗吳師。獲太子黨。

壬寅，同人。

西元前559年。周靈王13年。民元前2470年。

晉率齊、宋、魯、衛、鄭、曹、莒、邾、滕、薛、杞、小邾十二國之君，會吳諸樊于向。

又會諸侯之師伐秦。

中原諸侯，耿耿於懷的吳、楚之合，結果不但不歡而散，乃至兵戎相見，周靈王十三年，晉復與十二國之君，會吳諸樊于向（在安徽鳳陽），為吳謀楚，提出意見。其實不過是一個幌子而已，因為自蕭魚之會後（周靈王十年，諸侯會於此、以伐鄭），楚吳業已決裂，鄭已納成於晉，吳於晉已無往日之重要，晉之所以與吳示好，只是擺個樣子而已，故會中范宣子即責吳不講道義，乘楚喪而伐之，乃是乘人之危，是非常不道德的，即令吳退席。

這年四月，晉與諸侯之大夫伐秦。由於晉軍指揮不統一，欒黶首先撤退，致諸侯聯軍，莫踵所是，亂作一團，晉欒針見欒黶不戰先退，出師之目的，本欲報欒之恥，今不戰而退，十分難過，便與士鞅馳入秦陣而戰死，欒黶以士鞅有意陷害其弟，欲殺士鞅，士鞅奔秦，秦庶長帥師入晉，晉師未設備，秦晉戰於欒，晉師大敗。

衛亂，孫林父、甯殖作難，衛侯出奔齊。

孫林父（即孫文子）、寧殖（即甯惠子）皆衛大夫，衛獻公通知二人，前來賜宴，二人朝服朝冠，鄭重其事的前來赴宴。過午甚久，仍無賜宴消息，經詢問方知獻公在皇家公園射雁。兩位大夫去到公園看獻公射獵，獻公也不卸去射獵的皮帽子，相當於皇帝賜國宴與大臣，眾皆以禮服與會，賜宴主人郤著運動服來主持，與其間話。二人以為受到侮辱，非常不滿，便各自返家（孫林父回到戚地，即河上之邑）。其子孫蒯入見獻公，獻公賜之酒，並使掌樂太師唱詩〈巧言〉篇的末章以佐酒（太師即掌樂大夫），太師故辭不唱，一位樂師自動獻唱。林父之子蒯，聽到這一章歌，心中十分憂恐，以告其父，林父說衛君已經猜忌我了，如果我不先發動，便死定了。於是便找其朋友蘧伯玉商量，蘧伯玉自知無能力消除這場國難，於是便匆匆出國去了，獻公見事態嚴重，便使子蟜、子伯、子皮（三子皆衛群公子）與孫子盟，孫子皆殺之。公使子行向孫子說情，孫子亦殺之。衛君遂出奔齊。

按：〈巧言〉乃〈詩・小雅〉之篇名，最後一章的內容是：「彼何人斯，居河之麋，無拳無勇，職為亂階。」一孫林父適居河上之市鎮，射孫林父（射即暗示），暗示其有反叛之意。太師（掌管樂政之大夫）知道會因此而釀成大亂，故推託不唱。一位樂師曾因教公妾琴，而受鞭三百，懷恨在心，故意獻唱，藉以激怒二人反叛獻公而泄忿。

又：古之大夫朝衣朝冠見君，君不可著獵帽接見，衛獻皮帽延見二大夫，為嚴重失禮。遂致二大夫之激烈反應。

楚伐吳有功。

楚康王元年，公子貞帥師伐吳，楚師大敗，公子宜谷被俘。按此次楚伐吳之役，楚兵敗歸，何以言有功？論者謂有功賞易，能夠無過為難。楚伐吳，楚之功不是所貴的，所可貴者，乃貴吳之過不再犯，就是大功了。

再者，子囊之伐吳，以吳曾乘楚喪而伐楚返來，不久即卒，將死時猶念念不忘楚之國防，提出寶貴建議，說郢是戰略要地，一定好好經營等……，後人謂子囊為「忠」。說子襄「君薨不忘增其名（周靈王十二年楚王將薨，告其大夫說自己一生沒有好好治理國家，鄢之戰弄得全軍覆沒，我不是一個好國君，請謚我為靈或厲，以警惕後人。王卒，子襄說：王能知過，請謚王共。大夫咸認為子襄的意見很對，一致贊成。卒謚王為共王，故說君薨不忘增其名），死猶不忘衛社稷」，還不能稱其謂忠嗎？

癸卯，臨。

西元前558年。周靈王14年。民元前2469年。

晉悼公卒，子彪繼，是謂平公。

周靈王十四年，邾侵魯，魯侯來告。悼公將召集諸侯討邾，十一月公卒。子彪立，是為平公。論者以謂：悼公十四歲而立，已有大人之志，故當晉室中衰，即慨然欲復文公之業，可謂衰世之英主。至召集諸侯、惟以謙德，經營中國，惟務息民。所以不戰而服鄭，楚不能爭。不幸壽未及三十（悼公卒年二十九），如天假之年，所成其可量哉？

甲辰，損。

西元前557年。民元前2468年。

晉侯會宋、魯、衛、鄭、曹、莒、邾、薛、杞、小邾十國之君，盟于溴梁，執莒子、邾子以歸。

又伐楚至於方城。

晉平王元年三月，盟宋魯等十國之軍于溴梁（在河南懷慶府之河內，至溫縣入河），晉人執莒子、邾子以歸，因其侵魯之故。

夏，晉荀偃、欒黶帥師伐楚，晉公子格及楚師戰於湛阪，楚大敗。晉師至於方城。

乙巳，節。

西元前556年。周靈王16年。民元前2467年。

丙午，中孚。

西元前555年。民元前2466年。

晉用范中行，會宋、衛、魯、鄭、曹、莒、邾、滕、薛、杞、小邾十一國之師伐齊，敗之子靡下，進圍臨淄，齊靈公奔莒。

齊在諸侯間，幾乎是千山獨行，對鄰近的小國，不但未盡保護之責，卻時存覬覦之心，四年之中，六伐鄙、四圍邑，又縱邾、莒，以助其虐，諸侯之淩暴，未有若是之甚者。晉悼公在時，即欲伐齊未果而卒。是年秋、齊又侵魯北鄙，遂使諸侯憤慨，會而攻之。冬十一月，晉會宋、衛、魯、鄭等國之師，將齊首都臨輜包圍，翌年春，諸侯盟于祝柯，執邾子，以其伐魯故也。諸侯大軍會集於泗上，令邾、莒等侵佔別國的土地，歸還原主。大將荀偃，於返軍途中卒，並告知士匄，大軍當終止伐齊，晉師乃歸。

丁未，歸妹。

西元前554年。周靈18年。民元前2465年。

齊廢世子光，以公子牙為世子，崔杼復廢牙立光為世子。靈公卒，光繼，是謂莊公，崔杼當國。

鄭簡公誅大夫子孔，以子產當國。

秋七月齊悼公卒，子光立，是為莊公。悼公未卒前，廢太子光，立庶子牙，使高厚、夙沙衛傅之。秋悼公卒，崔杼囚牙而立故世子光，光殺牙之母戎子、而屍諸朝。衛奔高唐以叛，晉士匄帥師來伐，聞靈公薨，乃還（不乘人之危），八月崔杼殺其大夫高厚于灑藍而兼其室。

按：春秋之際，敵國有大難時、國喪君亡，或遇重大災難時，皆不可出兵攻打其國，為春秋時期國際間，應遵守的高道德標準，如違背此一原則，則為國際間所不齒。

鄭子孔為政，十分專苛，國人不滿，所以要算西宮之難與純門舊賬，第一是平王九年鄭簡公三年鄭國發生了一件政治謀殺案，國君被劫，公子騑、公子發、公子輒死難，子孔事先得到消息，自己先 起來，故得逃過一劫，還遇子產與子蟜賻盜贓弭平；第二件情是去年周簡王十七年，失信于楚，楚師來伐，至純門，子孔不敢出兵會楚，造成極大傷亡。兩案皆與子孔有關，負有重大責任。子展子西率國人伐之，殺子孔。子西當政，立子產為卿。

戊申，睽。

西元前553年。周靈王19年。民元前2464年。

晉侯會十二國之君盟於澶淵。

靈王十九年六月，晉會魯侯、齊侯、宋公、衛侯、鄭伯、曹伯、莒子、邾子、滕子、薛伯、杞伯、小邾子，盟於澶淵。齊是個非常無道的國家，極少參與中原諸侯會盟，此次之會，由靈王十八年，晉士匄伐齊，聞齊有悼公之喪，晉師士匄即回師，齊卒被感動，遂來會盟。故說齊成。

按：澶淵，衛地，在頓邱，即浮水。

己酉，兑。

西元前552年。周靈王20年。民元前2463年。

晉侯會八國諸侯，盟于商任。欒盈奔楚。

晉欒桓子（即欒黶）娶于范宣子（即范鞅），生懷子，范鞅曾受欒黶的威脅而奔秦，故范、欒二氏積不相容，時常發生磨擦，對欒氏非常不滿，後來欒桓子死，其妻欒祁與老州賓私通，二人胡天胡地，弄得烏煙瘴氣，幾乎已將欒氏家業傾蕩殆盡，懷子看在眼裡，十分擔心、范祁怕懷子對其不利。乾脆編造了一篇鬼話，謂其子欒盈要造反，將對范氏不利。范宣子聽了其淫婦女兒欒祁的譖言，遂殺欒之黨族十人，囚叔向，欒盈出奔楚。

冬晉會魯侯、齊侯、宋公、衛侯、鄭伯、曹伯、莒子、邾子，于商任。目的在對付欒氏。

庚戌，履。

西元前551年。周靈王21年。民元前2462年。

晉會十一國之君盟于沙隨。楚殺令尹子南。晉欒盈自楚適齊。

秋欒盈自楚奔齊，晏平仲建議齊莊公，根據齊國與諸侯商任之會的盟約，齊國不宜接納欒氏的庇護，莊公不聽。齊莊公參加晉所召沙隨之會時，欒盈已經來到齊國，齊侯一副不在乎的樣子，晏子已經看出端倪，齊莊公要對晉國用兵，齊國的災難快到了。

冬晉會魯侯、齊侯、宋公、衛侯、鄭伯、曹伯、莒子、邾子、薛伯、杞伯、小邾子于沙隨。目的仍在對付欒氏。而欒氏已正在齊的保護之中。

楚國問題也不簡單，楚「觀起」有寵于令尹子南（令尹即現代之行政首長或內閣總理等職），子南雖未給「觀起」尊官厚祿，但卻任其擁有一支十分精銳的小機械化部隊，所謂「有馬數十乘」。楚王心中十分不安，常想將其消滅。恰恰子南的兒子棄疾，擔任楚康王的護衛，王每每向其訴怨，子南之寵「觀起」，棄疾問王，這究竟是誰的過錯呢？王希望怎麼辦呢？康王告訴棄疾，我想將其消滅，你繼續留下跟我幹好嗎？棄疾說：「父被殺頭，兒子還能用嗎？但我也不會把這個秘密泄漏出去的。」王遂殺子南於朝，將「觀起」車裂而死，所謂「轘觀起於四竟」。棄疾三日收父屍葬之。棄疾的部下，問棄疾是否要離開楚國？棄疾說，我也是殺父的兇手之一，普天之下，那裡能容納一個殺死自己父親的兇手，我能去那裡呢？問其是否仍返原職位？棄疾說，棄父事仇，我不忍。遂自縊而死。

周靈王二十一年、庚子冬十一月，孔子生於魯昌平鄉陬邑。

辛亥，泰。

西元前550年。周靈王22年。民元前2461年。

晉欒盈自齊復入於晉，不克、死，范中行滅欒氏之族。齊伐晉取朝歌。

欒盈逃亡諸侯之間，處處受到晉國的杯葛，可說是步步荊棘，齊送其返曲沃，又以曲沃之甲攻范氏，不克，范中行氏盡滅欒氏之族。

秋齊侯伐衛，計劃從衛伐晉，此為諸侯挑戰盟主之始，晏子、崔杼等皆諫，不聽。齊侯遂伐晉，取朝歌，以報周平王十七年，晉伐齊平陰之恥。

壬子，大畜。

西元前549年。周靈王23年。民元前2460年。

晉會十一國之君於夷儀。楚伐吳，又會諸侯伐鄭。

秋晉會魯侯、宋公等十一國之君於夷儀（在衛地），將以伐齊，因水患，不克行（各國皆有大水，受水災影響，不能伐）。論者以為自柯陵之會後（周簡王、晉會諸侯會于柯陵），齊即有輕晉之心，適齊侯環卒而光新立，始參加澶淵、商、沙隨等會。因晉內亂自不爭氣，齊始生二心，伐衛伐晉，又加兵於莒，於是晉會十二國之師於夷儀，將以討齊，然又以種種因素，會而不戰（如崔杼伐魯，足以證明晉之無能為者）。所謂伐而不果，救而弗及，進則憚齊之強，退懼楚之伐，伯主云者，實弩之末矣！

夏五月，楚以舟師伐吳，無功而還。冬又與蔡侯、陳侯、許男伐鄭救齊，次於棘澤。諸侯還救鄭。

癸丑，需。

西元前548年。民元前2459年。

齊亂，崔杼弒其君莊公，立異母弟杵臼，是謂景公，崔為右相，慶封為左相。晉敗齊師于高唐。

崔杼娶棠姜而美，莊公通之。崔子欲弒莊公，適莒子來朝，乃於宴請莒子時，偽稱患病，莊公聽說崔杼有病，便又來與棠姜氏幽會，遂弒莊公。莊公死，以身殉者有賈舉等十一人。

崔杼立莊公異母弟杵臼為君。是謂景公。崔杼為右相，慶封為左相，齊國之政皆歸崔氏。齊太史書曰：「崔杼弒其君。」崔子殺之。其弟繼書而死者二人（前後共死三人），其弟又書，崔子舍之。

楚會陳伐鄭及滅舒鳩。

舒鳩本為附楚小國（在今安徽舒城縣境），吳使其叛楚歸吳。冬楚子及蔡侯、陳侯、許男伐鄭，諸侯來救，楚子還。屈建為楚令尹，帥師伐之，吳人救之，敗吳師，遂滅之。

吳伐楚不利，諸樊死，弟餘祭立，封季劄於延陵。

十二月吳伐楚，以報舟師之役。攻其巢門，楚之守者牛臣說：吳王勇而無智，如果我們將城門打開，吳王一定率先入城，我伏而射之，第一個中箭的就是吳王。於是將門開啟，吳王果然上當，牛臣伏而射之，吳王中箭，返國而卒，楚遂滅舒鳩。

甲寅，小畜。

西元前547年。周靈王25年。民元前2458年。

衛亂，甯喜與孫林父爭權，林父不勝奔晉，寧喜弒其君剽。晉執甯喜求衛侯於齊而納之，封林父于宿。齊慶封夷崔杼族而專國。鄭封子產六邑。楚會陳蔡伐鄭。

衛國之亂，早在周靈王十三年，衛獻公開孫文子、甯惠子的玩笑，偽稱賜二子宴而不設宴，而且還戴著打獵的皮帽，與二大夫談天，並令樂師歌〈巧言〉之卒章，暗示孫文子要叛王，遂導致變亂而出奔於齊。雖迄已十餘年，但對往日之君位，仍眷戀不舍，故於晉夷儀之會時，與寧喜接觸，要求寧喜支援其返國，寧喜不加考慮，即答應其要求。消息傳出，大家都為寧喜不值，並譏其視立君廢君，比奕棋還要輕鬆，即如奕棋，執子時尚每每舉棋思考，況立君大事，寧氏幾如兒戲視之，不顧失敗後殺身滅家之後果，是忘其世世代代之後代子孫。寧喜可謂不恤其後者了，竟致其九世卿族，一舉而滅之，豈不可悲，而令人痛惜？

衛獻公與甯喜談的條件是，事成之後，願意將國家的行政權歸於寧氏，自己只要祭祀權就可以了。遂獲得寧喜的支援。再者，寧喜以為如果沒有子鮮的參與（用子鮮的人望），事情也必定失敗，於是便找上子鮮，但卻被子鮮以獻公缺乏誠信而拒絕，敬姒遂脅迫子鮮，強制其參與，終於使衛侯衎，復歸於衛。寧喜殺其君剽及太子角。《春秋》書說：「寧喜弒其君剽。」孫林父帶著其封地戚邑，投奔晉去了。

衛獻公雖然在寧喜的支援下，得以返國重定，但問題仍未解決。六月晉會魯人鄭良宵、宋人、曹人於澶淵，目的即在討衛，衛發現諸侯之間對衛成見頗深，於是衛侯亦率寧喜前來與會，晉侯即將其拘禁，後經齊、鄭等解說，晉允釋歸，冬衛人以衛姬歸於晉，乃釋衛侯。

齊慶封夷崔杼族而專國。

齊崔杼生子成與強，其母死，又娶東郭氏女，生明。東郭女使其前夫之二子無咎與偃相崔氏，成有罪，二相急治之，立明為嗣。成、強請老，崔杼允可，二相以崔氏宗邑，不允。成強告慶封，慶封與崔不睦，正欲崔氏滅亡，成、強乃殺無咎、偃于崔家，家人皆散，崔氏也去問計于慶封，慶封說這容易，交我辦是了，便盡殺氏之族，崔婦自殺，崔杼無所歸、亦自殺，慶封國相，專衛政。

鄭封子產六邑。

因伐陳故，鄭封子產六邑，子產辭不受，因為自己的品秩纔四等，自認功不及子展，鄭君堅持封其邑，子產受其三邑。申侯伯赴鄭國考察，發現子產處事明斷，不畏強禦，卻能以禮讓為其本色，聖人言，能以禮讓為國乎！子產的確做到了。所以公孫揮說，子產很快就要執鄭國之政了。

楚會陳蔡伐鄭。

冬，楚子、蔡侯、陳侯來伐，將禦之。子產說晉楚將和好，不如使其佔點便宜，不久自然會退的。子展認為子產的看法很有道理，根本不理，楚師入南里，楚果涉泗而歸。

乙卯，大壯。

西元前546年。周靈王26年。民元前2457年。

晉用趙武為正卿，是為文子。與韓宣子起、魏武子絳，同執國命，會諸侯之大夫于宋。衛誅甯喜，晉楚齊秦，同會于宋，從向戌之請，將弭兵也。

宋向戌與晉趙文子、楚令尹子木，與四方諸侯，皆有甚深的交情，希望在國際間扮演一種建設性的角色，聯合天下諸侯，成立一國際大同盟，期能消弭國際間的紛爭，增進諸侯間的和偕，以達弭兵止戰之目的。在此一冠冕堂皇的大前題下，國無大小強弱，均無反對的理由，何況各國皆有其如意算盤，於是各國的行政長官，如晉之趙武，鄭良宵之後、魯之叔孫豹、齊慶封、陳須無、衛石惡，卸悼公、楚公子黑肱等，先後皆至宋。參與此一曠世紀的弭兵之會小。

論者以為，此次之盟，乃所謂治絲愈棼者。把原來諸侯單一之盟（如早期之齊桓公，爾後之晉文公等，諸侯單一之盟），縱分而為二，使原來統於一者（或齊或晉），今則分而為二三（或為晉、楚，或為楚、宋）其遺害之大，難以想見。晉之趙文子，宋之向戌，真春秋之千古罪人矣！所謂：「于湨梁無君臣之分，于宋無夷夏之辨。」可勝言哉！

按：周靈王十五年，晉會十國之師，各國諸侯皆在座，等於各國諸侯在看其大夫討論天下大事，而無置喙餘地。

衛誅寧喜。

寧喜為支援獻公返國重定，不惜弑殤公，逼行父，卒使獻公重溫國君舊夢。但時間久了，獻公漸漸受不住甯喜儼然國君的霸氣，心中十分不平。公孫免餘主張將其殺掉。獻公以為不妥，說他這樣作，是我們的條件，是我同意的，再者，如果不是喜，我怎能有今天？此姑不論，如果萬一失敗了，不是很難看嗎？公孫免餘說，沒有問題，如果不成功，說事情是我們幹的，吾君本不知情！於是公孫無地、公孫臣等計議攻寧喜，沒有成功，全被寧氏殺死。到了夏天，免、餘復攻寧氏，殺寧喜及右宰穀（人名）暴屍於朝。

獻公除寧喜之後，心中最感不堪的有兩個人，其一是子鮮，曾經不反對獻公回國重定。子鮮看到寧喜被殺，說：「逐我者出（逐獻公出國者之孫行父，投奔于晉），納我者死（不惜弒君迎其返國之寧，則被殺死），賞罰無章，君失其信而國無刑，不亦難乎？」說國事如此反復令人難堪。獻公之弟鱄，領教了其老兄的作法，便離開了衛國，終其生，口中不說一衛字，坐臥亦不面向衛國，不接受任何國家的官祿。

丙辰，大有。

西元前545年。周靈王27年。民元前2456年。

周靈王崩，太子貴嗣，是謂景王。

十二月甲寅，周靈王崩，子貴嗣，是謂景王。按靈王本卒于十一月癸巳，而以十二月甲寅告，謂周臣辦事荒怠也。太子貴乃太子晉之母弟。

齊慶封弛政，其子舍及田鮑、高欒之徒逐之，慶封奔魯，又適吳。

齊慶封清除了崔子後，益驕。自己便也懈怠起來，把政權交給兒子慶舍，自己則求田問舍，以醇酒、美人、田獵、古玩、高車駟馬自娛，田文子謂其子桓子曰：「禍將作矣！」慶季為陳無宇卜其母疾，兆曰死，無宇奉龜而泣。慶嗣聞之，謂慶封歸，不聽。田鮑、高欒氏，相與謀慶封，慶封奔魯，獻其車季武子，美澤如鏡，展莊叔見之說：「車甚澤，人必瘁。」齊人誠魯，不可留慶氏，遂奔吳。

楚康王卒，世子麇繼，是謂郟敖。

十二月楚康王卒，子熊麇立，是謂郟敖（按：楚人謂尚未即位之君曰敖）。

丁巳，夬。

西元前544年。周景王元年。民元前2455年。

晉智伯會十國諸侯人，城杞。

晉荀盈會魯仲孫羯、齊高止、宋華定、衛世叔儀（又稱大叔世子、又稱大子，古世與大通）、鄭公孫段（即伯石、伯有死郎）、曹人、邾人、滕人、薛人、小邾人「城杞」。

杞為晉平公之母家，可能因年久失修，故動用諸侯之力，予以修葺，乃是假公濟私，為其母家，以勞瘁諸侯人力，故諸侯非之，《春秋》書此，乃志晉之失道。

楚用叔圍為令尹。

夏四月，葬楚康王，魯、陳、鄭、許之君，及諸侯之大夫，皆送葬，楚郟敖即位（郟敖，康王子熊麇，未即位的儲君，楚稱郟敖），王子圍為令尹。鄭人子羽謂，子圍為令尹（子圍為康王之弟，即郟敖之叔），是非常不妥的人選，弱本強幹，必將取而代之。

吳亂，餘祭遇弒，弟餘昧立，季箚使魯、齊、鄭、晉。

吳伐越，得一俘，令作侍衛（古稱閽者），使其守船，吳子餘祭（祭音載）在船上眺望，該閽者即將吳王刺殺。

餘祭的母親生了謁、餘祭、夷眛、季箚四個兒子，季子雖身體較弱，然賢而多才，深獲三位兄長疼愛，皆願由季子繼承父親的王位，但季子不肯接受，三兄弟仝立「兄終弟及」的繼承遺言，希望最後傳位予季子。於是三兄弟皆輕死，飯必祭，各求速死，俾傳位季子。但餘祭被刺之後，季子出訪在外，其子「僚」卻毫不客氣的便登上了吳王的寶座。

季子返來後，即以國君視僚。謁子闔廬以為，其父之所以約定不傳子而傳弟者，目的在傳位於季子也，如果從先君之命，那麼便應由季子繼位，如果否定了兄終弟及之約，則王位應該由我繼承（吳王餘祭的兒子），於是便使專諸刺殺僚，將國位傳于季子，季子不受，對闔廬說：「你殺了我君，我受了你的王位，不等於我和你共同篡位嗎？你殺吾兄，我又殺你，是我們父子兄弟相殘而無已時！」遂去之延陵，終身不入吳國。

戊午，姤。

西元前543年。周景王2年。民元前2454年。

蔡亂，世子弒其君代立。鄭亂、群公子爭寵。

蔡景侯為其世子般娶于楚而通焉，太子弒景侯而自立，是為靈侯。書稱世子，旨在突顯般之弒父弒君之情（景亦不配為人父，何況為君？）。

鄭亂，群公子爭寵。

鄭之執政者伯有，嗜酒，為窟室（即藏酒地窖），每每自酌，飲至早朝尚不止，天天沈醉如泥，子皙派兵將其酒窖焚毀，家人攜其逃往雍梁（即鄭國之地），及醒始知。無奈，即逃往許國避難去了。諸大夫聚會討論國事，有人擁子皙之既成事實，也有人認為子產是個「就直助強」者，意即子產固然站在正義這一方，但亦支援強者。子產說我不與任何人結黨，我只知有強有力的執政者，國家纔會強盛，社會纔能安定。於是未告知任何人，自己便把伯有氏之死難者，予以收斂埋葬。子皮以為子產在反對其三兄弟，便欲對子產不利，經印段制止。

鄭罕（即子皮）、駟（即子皙）、豐（即公孫段），為一母所生之同胞兄弟。鄭伯也只好承認其事實，與諸大夫盟于祖廟，與國人盟於國門。後伯有潛返，伯有、子皙皆邀子產加入己黨，子產說：兄弟而及此，我只好從天了。伯有死，子產哭之，並收斂其屍，與伯有之黨死難者葬諸門城，即今河南陳留縣。

宋災。晉會諸侯人於澶淵。

由於宋遭受了空前的大火災，晉人、齊人、宋人、鄭人、曹人、莒人、邾人、滕人、薛人、杞人、小邾人、會於澶淵，研究宋災的問題，此會原以宋災，諸侯之大夫聚會，研究各國應將其所取宋之財物，歸還宋國，結果未達成任何協議，尤其魯國，根本不予理會。所以《春秋》書稱與此會者，僅稱「人」而不書大夫之名。這就是孔子《春秋》書的一字褒貶。

己未，大過。

西元前542年。民元前2453年。

魯襄公卒，世子又卒，國人立齊歸之子裯，是謂昭公，季武子專政。

齊子尾欲殺閭丘嬰，夏六月，使閭丘嬰伐魯陽州，魯問齊伐魯之故，子尾謂殺閭丘以悅魯。夏六月魯襄公卒，立胡女敬歸之子子野（胡女即襄公之妾），秋九月子野又卒，立敬歸之娣、齊歸之子公子裯，穆叔認為不妥，說如果大子死，則立其弟，無弟，則立庶子中之長者，如其年歲相同，則擇賢者而立，如果人品不相上下，則用卜，古人之道如此，再說子裯之為人，居喪不哀，當哭泣的時候，還有笑容，是個很不懂禮與法度的人，如果立其為君，魯國便要完了。季武子不聽，卒立裯，是為昭公，季氏專政。

庚申，鼎。

西元前541年。周景王4年。民元前2452年。

晉趙武會諸國之大夫于虢。

晉平公七年，趙武會楚公子圍及諸侯之大夫于虢（即鄭地），同時楚公子圍聘于公孫段（即鄭大夫），率領大軍，以伍舉為副（即伍子胥之父），前來迎娶。鄭人非常害怕楚人使詐，故不令楚軍進城，楚人很不高興，但見鄭人識破其陰謀，只好「垂櫜」而入（即去掉箭囊，不帶兵器）。

祁午謂趙武說：「上一次在宋之弭兵會上，楚人已經占了上風，那次楚國的代表為子木，一言之還算較誠實的，晉國已上了其當，今子圍之詐，較子木百倍，閣下能不小心嗎？這一次絕對不能再讓楚得志了。子相晉國為中原盟主已七年，為中原各國做了許多工作，如果一不慎又落楚算中，不但會使貴國蒙羞，且使天下諸侯失望。不可不小心啊！」趙武說謝謝你的關心，「楚有禍人之意，我有仁人之心，本此以往，必獲厚福」，譬如農夫，只要勤於耕耘，「雖有饑饉，必有豐年」也。

楚亂，令尹圍弒其君麇代立，是謂靈王。公子比奔晉。薳罷為令尹。

楚公子圍將聘於鄭，未出境，聞王有疾而還，入問疾，遂縊而弒之，殺其二子幕及平，夏葬王於郟（即今河南郟縣），謂之郟敖。公子比，出奔晉。子圍弒其君麇自立，以薳罷為令尹。諸侯沒力聲討，反而大會十三國諸侯于申。實在是一種諷刺。

辛酉，恒。

西元前540年。民元前2451年。

晉韓宣子使魯。

晉自武子當國，而主持中國諸盟主，使晉的聲望日下，諸侯對晉國的看法，與往昔相去甚遠，晉為挽回其在諸侯間的影響力，起用韓起為政，並訪問諸侯，重振國家聲威，乃于晉平公十八年，使韓起聘於魯，見《易》《象》與魯《春秋》，說周禮盡在斯矣！由可知周公之德，與周之所以王的原故之所在了。

壬戌，巽。

西元前539年。周景王6年。民元前2450年。

魯昭公朝晉，齊晏嬰使晉，鄭伯朝晉又朝楚。

鄭簡二十七年，鄭伯進見晉侯。之後又往謁楚王。謁晉時，公孫段陪同前往，因辦事得力，禮儀完美無缺，甚獲平公歡心，因授以州田。十月，鄭伯又入楚訪問，子產隨侍前往，楚子亦極盡地主之誼，楚公並邀鄭伯田于夢澤，所謂以田江南之夢。

按：州田本周天子之邑，魯隱公十一年，賜予鄭，現復屬晉。

癸亥，井。

西元前538年。民元前2449年。

楚會十二國之君于申，執徐子於會。又會七國諸侯師伐吳之朱方，以誅慶封，吳拔楚三邑。

晉平公即位，晉的政事日非，趙孟沒有把政大夫貪鄙，對中國諸侯的合作不夠，給楚以機會，遂乘虛而入。伊川程氏說：晉平心不在諸侯，楚遂強，乃為霸者之事。

楚靈王三年夏，楚子、蔡侯、陳侯、鄭伯、許男、徐子、滕子、頓子、胡子、沈子、小邾子、宋世子、佐淮夷，會于申（今河信陽）。這是楚會諸侯之始。魯、衛、曹、邾不與會，當然各有說辭，曹邾辭以難，魯辭以祭祀，衛侯辭以疾等。椒舉言于楚，做大事的人要能知禮，並舉夏啟、商湯、武王……乃至齊桓有召陵之師，晉文有踐土之盟，咸能禮待諸侯，諸侯亦以禮相待而用命。周幽、商紂、夏桀等，皆以奢而無禮而亡。楚子聽不進椒舉的話，舉也就不再見楚子，子產見左師說，我不怕楚了，汰而愎諫，既貪而復剛愎拒諫，諸侯不會再追隨他了，不出十年必亡。

按：朱方即今潤州之丹徒。

甲子 姤 周景王八年	乙丑 大過 吳敗楚師於乾溪	丙寅 鼎	丁卯 恒	戊辰 巽	己巳 井	庚午 蠱	辛未 升	壬申 訟	癸酉 困
甲戌 未濟	乙亥 解	丙子 渙 滅陸渾之戎	丁丑 蒙 周鑄大錢宋衛陳鄭災	戊寅 師	己卯 遯	庚辰 咸	辛巳 旅 王崩三王爭國	壬午 小過 周敬王王子朝入成周王出居狄泉	癸未 漸
甲申 蹇	乙酉 艮 晉師入王于成周	丙戌 謙	丁亥 否	戊子 萃	己丑 晉	庚寅 豫	辛卯 觀	壬辰 比	癸巳 剝

經世之申二千二百十七（世），鼎六五變天風姤。

甲子，姤。

西元前537年。周景王8年。民元前2448年。

周景王八年，楚會諸侯伐吳。秦景公卒，世子繼，是謂哀公。

十月，楚子、蔡侯、陳侯、許男、頓子、沈子、徐人、越人伐吳。以報棘櫟麻之役，吳敗楚薳強於鵲岸，楚無功而返。

乙丑，大過。

西元前536年。民元前2447年。

齊伐北燕。楚東伐吳，吳敗楚師於乾溪。

燕簡公（即惠公），早在四年之前，因寵幸嬖臣，計劃將其朝中舊族除去，而以其新寵取代之，於是諸大夫便聯合起來，謀誅其所寵幸之嬖人，簡公因而逃亡齊國。請齊公與燕同伐北燕，晉侯許之。十二月齊伐北燕，將恢復簡公（即燕惠公）之位，齊軍臨燕，要求與燕談判，燕國答應齊國的一切要求，將燕國歷代相傳的國寶，送於齊國，於是齊國便不再過問簡公復國之事了。

晏子很感歎的說：燕國已經有了他們的國君，不會再接受簡公。我們的景公受了朝中小人的影響，貪圖人家的賄賂，不像是一位做大事的領袖。

秋九月，徐儀楚應聘于楚，楚人疑其為奸細，即將其扣留，儀楚逃歸，楚即使薳泄伐徐，吳人救徐，楚令尹子蕩，帥師代吳，師于豫章，而次於乾溪，吳人敗其師于房鍾，獲宮廄尹棄疾，子蕩歸罪於薳泄而殺之。

按：徐儀楚，徐國的大夫儀楚。薳泄，楚大夫。豫章在江北淮水南。乾溪在城父縣南，即今安徽亳州。房鍾在今安徽、蒙城縣東為吳地。

丙寅，鼎。

西元前535年。周景王10年。民元前2446年。

楚起章華台。

春楚為章華之宮，納亡人以實之。意即現在之迎賓館，收容各國流亡人士。台成，楚王欲請列國諸侯，前來參加落成典禮（觀禮），令尹薳啟彊用威脅利誘的手段，纔弄來了一位觀眾——魯侯。楚子用很豐盛的宴會來歡迎他，楚子非常高興，便把自己的寶弓「大屈」贈送給魯侯，魯君受了寶弓，楚君又十分心痛難舍，令尹薳啟彊，又用計將其從魯侯手中騙回。

論者以為：築一台能關係一國之輕重，甚而至家敗國滅，就有如此之嚴重，其故何在？曰無他，「逸欲之心滋，則奮厲之志弛」，此心理一生，即是很有修養之君子，尚且猶有所畏懼，況野心勃勃，目空一切之楚靈乎？

按：章華之台或云在安徽華容縣，或謂在乾溪。伍舉謂「君為此台，國民疲焉」！

丁卯，恒。

西元前534年。民元前2445年。

楚滅陳，執其公子招（即子囊），放之於越。

陳哀公妃鄭姬生太子偃師；次妃生公子留；三妃生公子勝。二妃甚得哀公寵幸，子以母貴，因之留亦得哀公溺愛，哀公身有殘疾，特囑託司徒招（即陳侯之弟）與公子過，照顧於留。司徒招與公子過（過後被國人所殺），竟將太子偃師殺死，而立留為太子。哀公很難過，遂走上自殺之路。

陳公子招弒太子、立留。公子勝往愬于楚，司徒招亦派乾徽師赴楚，傳達陳將立新君之事，楚以陳所作為大逆不道，於是便也把乾徽師殺掉。

冬十月楚滅陳，執公子招，放之於越。

楚之救陳，其骨子裡，並無平亂之意，其真實目的，乃是利陳土地，恃強行暴，得而滅之而已。

戊辰，巽。

西元前533年。民元前2444年。

己巳，井。

西元前532年。周景王13年。民元前2443年。

晉平公卒，世子夷繼，是謂昭公。齊陳鮑逐欒高氏、於魯，分其室。

晉平公卒，子夷繼立，九月魯、齊、宋、衛、鄭、許、曹、莒、朱、滕等人來會葬，既葬欲見新君，魯叔孫昭子以為與禮不合，乃非禮的要求，不可以。諸侯不聽，叔向謝辭說孤衰絰中，以嘉服見，則喪禮未畢，如以喪服見，則是再開弔一次，大家看怎麼辦？眾無辭以對。

齊惠欒、高氏，皆嗜酒（欒氏，高氏皆齊惠公後），喜聽婦女小人之讒，而多結怨仇，強於陳、鮑氏。欒、高氏與陳鮑氏，兩家有很深的嫌隙。有人從中挑撥，對陳桓子說，欒氏要滅陳鮑氏，其人已披甲上馬，展開對陳鮑氏的攻擊了；又對欒氏說，鮑氏要滅欒氏，其人業已準備殺向鮑氏來了。兩家亦不約而同，皆要先下手為強，以控制齊景公作籌碼，掌控行政中樞，於是各以其家兵，攻向虎門（虎門即景公宮門），晏子身著朝服朝冠，站於虎門之外，四家皆請晏子參加其陣營，晏平仲皆不予理會，其屬詢其我們要助陳、鮑嗎？晏子說：陳、鮑有何什麼優異之處呢？然而助欒高嗎？欒高全是醉鬼，又不安分，挑起兩家火拚的始作俑者，我們能與這種人共事嗎？那麼回去嗎？晏子說：問題尚未解決，國君仍被困中，怎可放手不管呢？

到了五月，兩派終於展開了火拚，結果欒高氏大敗，一路被人追殺，逃往魯國，陳鮑氏聽從晏子的建議，將欒高氏霸佔各家的土地、莊園，分還給原來主人，或諸公子無祿者，國之貧弱孤寡者，與之粟，自己則從此退休於莒。

庚午，蠱。

西元前531年。周景王14年。民元前2442年。

晉韓起會齊、宋、魯、衛、鄭、曹、杞之大夫于厥慭。

楚侵佔蔡。把軍隊駐紮于蔡。晉荀吳問韓宣子說，楚侵陳侵蔡，晉為諸侯盟主，如果眼看著小國被滅亡而不能救，人家要我們這個盟主做什麼？於是晉於這年秋，會諸侯於厥慭（厥慭地不詳），欲救蔡。秋季孫意如會晉韓起、齊國弱、宋華亥、衛北宮佗、鄭罕虎、曹人、杞人、於厥慭。鄭皮將行，子產說，此行不會有什麼結果的，行不了多遠，也救不了的，蔡小而反覆無常，不肯服于人，楚大而不德，上天必以蔡來填滿楚國的欲壑，滿招損，蔡必然要亡的。楚國不出三年，也必然會大禍臨頭的。

楚誘蔡侯于申殺之。公子棄疾滅蔡守之，執其世子有歸用之。

蔡靈公十二年，楚子在申，召蔡靈公，靈公欲往。其大夫曰：楚王貪而無信，平日即對蔡國十分不滿，今一反常態，送那麼厚重的禮，而態度又極其溫和，所謂「幣重而言甘」，必定有詐，不可前往。蔡侯不聽。三月楚子埋伏好甲士，以晏請蔡侯，乘其醉而執之，四月殺之，並其護衛七十人皆殺之。楚公子棄疾，帥師來圍，十一月楚滅蔡，執其世子有，歸用之。十一月楚城蔡，使公子棄疾為蔡公。早時韓宣子問叔向，楚能克蔡嗎？曰能。蔡侯弒父而立，又不愛其民，天將假手于楚以滅之，當然要亡，楚一再失信于諸侯，可一而不可再，楚謂陳將助之安定其國，結果竟將其併吞；今又誘騙蔡君而殺之，這樣的國家能長久嗎？

辛未，升。

西元前530年。周景王15年。民元前2441年。

魯朝晉，楚伐徐。

晉君新立，諸侯等皆來朝嗣君，魯亦欲藉此機會，欲愬季孫於晉，事被季孫所悉，乃藉魯十年伐莒事，使晉取消魯侯之入晉，使魯無訟季孫之機會。故魯公及河而返。

楚之所以伐徐，因徐吳兩國有婚姻關係，楚人惡吳，故遷怒于徐，既執其君，又伐其國，予吳十分難堪與威脅。楚子駐於乾溪以為援。朴析父（楚大夫）與右尹子革（子革即鄭丹）從侍。時天降大雪，楚王心情很好，戴皮帽，穿豹鞋，見到子革，便去掉皮帽，放下鞭子（君王見大臣的禮貌。衛獻公曾因不釋皮冠與臣下問話，使臣下不滿，釀成暴亂），對子革說：早時周天子曾把其寶物，分賜給齊、衛、晉，而不給我先人；又曾把其寶弓「桃弧棘矢」，賜予魯、衛，楚也沒份……，我要求鼎入于周；求田於鄭；周天子會答應我的要求嗎？子革說：現在周與四國，皆服事于楚，對楚唯命是從，豈敢愛其鼎？楚王又問，楚有陳、蔡、不羹（不羹地名，在襄城西南），皆千乘之大城，諸侯畏懼我嗎？……子革說：即此四國，亦足以畏，再加上楚之強，誰敢不畏？祈父抱怨子革，先生是楚國之人望，楚王已經不知天高地厚，目空一切了，先生不應更慫恿于王，無疑火上澆油，楚國將如何得了？子革說「磨礪以須，王出吾刃，將斬矣」（磨礪，把刀子磨快。須，等待。到時候，即可一刀將王非非之念斬斷）。適遇左史倚相，王謂左史乃當代良史，學問淵博，能讀《三墳》、《五典》、《八索》、《九丘》，應多向其學習。子革說：昔周穆王曾欲以其八駿，周遊天下，祭公（祭念戴）謀父作〈祈招〉之詩，穆王知師憬悟，因獲善終。我問其詩而不知。王問你能嗎？對曰能，子革誦之。楚王聽了之後，對子革拱拱手，便入其房中，所謂「王揖而入，饋不食，寢不寐」，達數日之久，不能自已。蓋楚王對使民之力，已超越極限，根本不知有所謂「形民之心」之念，而且嗜殺如狂，加以時方隆冬，士兵們墮指裂膚，暴骨沙場，皆滋於在上者醉飽之心，遂致天怒人怨，楚王所恐懼人民「時日曷喪，予及汝偕亡」之心之升起滋長。然而為時已晚，纔僅僅三數月之間，乾溪之難已作，身死業隳，為天下笑矣！

其詩曰：祈招之愔愔，式昭德音。思我王度，式如玉，式如金，刑民之力，而無醉飽之心。

按：詩祈招的意思是說：祈招、是祈求之意；愔愔，安和之意，乃放逸之反。

式昭德音：式，用也。昭，明也。言王宜聽愔愔安和之樂，以自明其德音。

思我王度：祈求吾王所思考的如玉如金。

式如玉，式如金，形民之力：無論勞役或出征，凡用民力的，首先便要考量到人民的負荷能力。

而無醉飽之心：而非逞一時之快，醉飽之餘、率性而為者。

壬申，訟。

西元前529年。周景王16年。民元前2440年。

晉昭公會齊、衛、鄭、曹、莒、邾、薛、杞、小邾之君，盟于平丘，魯不得與，執季孫意如以歸。

以魯伐邾之故，晉昭公三年，會齊、鄭、曹等君于平丘，為晉最後一次之諸侯盟主。晉因作虒祁（念斯期）宮，窮侈極欲，勞民傷財，叔向說，晉作虒祁，諸侯必叛。果如叔向所慮，宮成，諸侯皆二於晉，此次平丘之會，齊即不欲與會，經叔向之疏導，景王又命其卿士劉子，代表周天子共同主持，以會諸侯，齊始參加。

楚公子比自晉歸，弒其君於乾溪。公子棄疾自蔡入，殺比代立，是謂平王。釋陳、蔡二君歸。

王聽了子革所誦〈祈招〉之詩，回憶其往昔所作所為，犨（念抽）無疑如遭棒擊，數日不能自已，然終未能避免被篡弒的厄運。楚王害了那麼人，而毫無警惕之心，甚至還將對自己恨之入骨之人，留在身邊作親信，此等人眾，掩護越大夫常壽過，佔領楚國城池，又聯絡陳、蔡亡國志士，與楚公子比、公子黑肱，公子棄疾等，以入于楚，棄疾使須牟利用正僕人（楚王太子之近官），殺楚王太子祿驗公子罷敵、蔡公以公子比為王（即子乾），公子黑肱（子皙）為令尹，公子棄疾（蔡公）為司馬，楚王自縊而死。觀從（本從棄疾）勸子乾，早殺棄疾，不殺棄疾，雖得國，不但無福，且蒙其禍，子乾不忍，觀從謂子乾，子不忍人，人將忍子，子乾終不忍，乃去，棄疾使人大街小巷，散佈流言，謂棄疾業已返楚，子乾、子皙，還沒有看到棄疾的影子，便自殺了，終難成大事。丙辰棄疾即位，名曰熊居，是謂平王。使子旗為令尹（子旗即蔓成疾）。釋放陳蔡二君返國。

按：楚靈王乃公子圍，弒其君郟敖而自立；楚子為令尹時殺大司馬薳掩，而取其室；及即位，奪薳居田；遷許而擄其大夫許圍；蔡洧（念衛）仕于楚，有寵于王，王滅蔡，其父死焉，王乾溪之行，使洧守國；申之會侮辱越大夫常壽過；又奪鬥韋龜（令尹子文亦孫）中犫（犫音抽，鬥韋龜之封地）；又奪蔓成然（韋龜子）邑而使為郊尹……。

吳滅州來。

近楚小國州來，為楚吳間之要害地區，周簡王二年（魯成七年），曾被吳佔有過，但吳並未好好經營州來，五十年後，吳復乘楚亂，而殘毀之，以見吳不能有也。令尹子旗請伐吳，楚王弗許。謂楚大亂之後，國家元氣未復，人民尚未休養生息，國防要塞亦未完成，而用民力，不可。何況州來在吳與在楚，沒有什麼分別，待以後再說罷。
按：州來位於淮水北，為淮河守備之重要軍事據點，六朝時，梁魏與後周南唐若四戰之地。

癸酉，困。
西元前528年。民元前2239年。
楚復諸侯侵地，觀從用政。
朱氏隱老說：楚子所以復還所侵諸侯之地，是托公而近義；名觀從者，懷其私而近仁，然而皆似之耳，非有也。說楚復還所侵諸侯之地之作為，從表面看來，似堂而皇之，近仁近義，大有為仁為義的味道，大有「草色遙看近卻無」之意，看來很像，似是而已。骨子裡並非真有仁與義之存在啊！

甲戌，未濟。
西元前527年。周景王18年。民元前2438年。
晉伐鮮虞。
鮮虞為古中山地，在山西太原東，與晉接壤。八月晉荀吳帥師伐鮮虞，將「鼓城」包圍，鼓人欲叛鮮虞，以城來降，穆子（即荀吳）不接受，左右皆以為，不戰而能得城，這不就是我們出師最高的作戰目的嗎？為什麼不接受呢。穆子說，我常聽叔向說：「好惡不愆，民知所適。」好惡與是非，要有一定的標準，不因時空因素而異，這樣人民纔能夠知所適從，天下事沒有不成功的。譬如，我們的軍隊或人民，將城池獻給敵人，我們會非常痛恨他，現在人家以城來獻，我們有什麼可高興的？人以城來獻，我們要獎勵他，那不是賞其所惡嗎？這樣對我們所喜歡、所認同的大是者，又如何交待呢？如果不賞，我們又失信於人，那以後還如何談養民用民之道呢？所以我們量力而為，力量夠就進，力不及則退，量力而為。我們不可以又要人家的城市，又與奸人打交道啊！這樣我們會得不償失的。於是告知鼓之欲叛者，使殺之。並囑其整好守備之具，好好守城。

又三月，城中又要請降，並派代表來見，是真的要降。穆子說，看你們城中還有糧食，你們回去好好防守吧。穆子左右說，敵人投降而不受，自又屯兵其城下，這不等於勞民傷財，如何對得起君上？穆子說，這就是報效君上的方法，如果獲一城池，而教民以投機取巧，雖得城邑而不如不得，再說養成了投機取巧的習氣，終非國家之福，不會有好結果，鼓勵人家背棄其故舊，今天我們得了便宜，明天同樣也可以背棄我們。我們鼓勵對方效忠其君上，我們也能率義事君不爽，這樣我們城可獲而民知義，若人民知義，有死命而無二心，不是很好嗎？鼓人終於告知其食盡力竭，遂克鼓，不殺一人，而服其國。使鼓終無叛意。

楚王非常信任朝吳，遂派其代表自己居於蔡，負責對蔡之監督掌控。費無極，是個十足的小人，妒忌朝吳欲取而代之，遂謂朝吳，楚王因為信任你，始派駐于蔡，你乃楚王代表，但職位卻太底，常此必然發生意外，一定要妥善處理，夏蔡人逐朝吳，吳出奔鄭，楚王十分震怒，說我這麼信任你，纔派職卻為何逃去？費氏謂吳在蔡，猶如生了翅膀，吳去蔡對等於去剪翅羽，對楚來說是有其利的，有什麼不好？

楚費無忌，為太子建逆婦于秦。

楚平王使伍奢為太子建之師。費無極為少師，建不喜無極，無極欲害太子，乃譖為王言，太子建已當婚矣，無極為迎婦于秦，而勸王納之。費無極又向楚子進言，謂晉之所以能霸諸侯，就是因為與諸侯接壤，得地利之故，如使太子居於城父，得與北方諸侯相遙，王坐鎮南方，等於得了天下，楚子很高興，遂使太子建居於城父。又譖太子及伍奢將叛變，太子奔宋、又奔鄭，楚殺伍奢及其子尚，少子員奔吳。

吳餘眛卒，季劄逃，國人立餘子僚。

吳子餘眛（或作夷末）卒，將傳位季劄，季子逃，國人立餘眛子僚。

乙亥，解。

西元前526年。周景王19年。民元前2437年。

晉昭公卒，子去疾立，是謂頃公。

魯昭公因平丘之會而朝晉，晉因魯伐莒、伐郲之故，即將其執留於晉。十九年魯昭侯返魯，子服昭伯（子服昭伯，隨魯侯留晉，魯侯返魯，子服亦從之返），告訴季平子，晉之公室，日漸式微，其君幼弱，六卿強而奢傲，久而久之，晉公室必然卑弱不振！秋八月晉昭公卒，季平子如晉，參加晉昭葬禮，看到晉國情形，非常佩服子服的觀察深入，見微知著，謂子服氏之子有識見，有深度，實在了不起。

晉昭公卒，子去疾立，是謂傾公。

楚誘戎子殺之。

楚子聽到河南新城之蠻戎發生動亂（蠻為國名，戎為族名），加以時常背信，使「然丹」誘其子嘉而殺之。遂取蠻氏。繼而復立其子，《左氏》謂楚有禮。或以為一個大國，乘蠻氏之亂而殺其子、滅其國，其罪大矣！既而復立其子，似此情形，安得為禮乎？

丙子，渙。

西元前525年。周景王20年。民元前2436年。

晉滅陸渾之戎。

晉侯使屠蒯晉見周天子，向周天子報告，晉將於雒與三塗一帶（雒水名今河南宜陽，經宜陽入河，三塗在陸渾附近），舉行祭山川大禮。萇弘對劉子（劉子周大夫）說，晉不是祭山川，亦非什麼大會，乃是伐戎的軍事行動而已。要快點作準備，預防戎蠻之流竄。九月丁卯，晉吳荀帥師涉孟津，公開在雒舉行祭奠活動，暗中布署軍隊，作攻擊陸渾之準備，陸渾人蔑然不覺，一鼓作氣，遂滅陸渾，責備其合楚之罪，陸渾子奔楚，其眾皆奔甘鹿。周亦乘機大獲戰利品。

吳伐楚。

吳伐楚。陽匄為令尹（匄古害反，音蓋），卜戰不吉。司馬子魚說，我得上流，何故不吉？請改卜，謂魴以其屬死之，楚師繼之，大克吳師，吉。戰於長岸，子魚先死，楚師繼之，大敗吳師，獲其乘舟餘皇，派人守之，吳以計復奪回之。

丁丑，蒙。

西元前524年。周景王21年。民元前2435年。

周鑄大錢。

周鑄大錢，單穆公諫曰，這樣會使國家財政更為困難，不得已，必將厚取於民，人民因稅賦增加，必然產生怨離，是很不妥當的事。王弗聽聽。如今之世，國家財政因入不付出，最笨的辦法，就是增加貨幣發行量，而造成通貨膨脹，古今中外皆然。

宋、衛、陳、鄭災，楚遷許於白羽。

去年冬有彗星見，星象者以為將有火災，應在宋、衛、陳、鄭，四國將同日而火。鄭稗竈謂子產，若能用其「瓘斝玉瓚」禳之（四寶皆子產之物），鄭可免除其災，子產不予。果於五月壬午，四國同時發生大火。稗竈又說，如果不用瓘斝玉瓚禳之，鄭仍將有大火。子產仍不予。子大叔說，寶的作用在救人，如果再一次火災，國家將有覆亡之憂，既可救亡，為何吝於借來一用呢？子產說天道遠，人道邇，竈乃人，何以能知天道？四國同日災，只是大家預言得多了，適逢其巧遇而已，終不予，亦未再災。子產於兩千四百年前，即有此膽識，以袪除無稽流言，方之今人，亦殊不易。

楚左尹王子勝，建議楚王：謂許與鄭兩國仇怨甚深，而居楚地，且不禮於鄭。而晉與鄭，關係卻十分親密，如果鄭伐許而晉助之，其所佔領，即是我楚國之土地。何不將許遷於境外，在不影響楚之版圖，使許、鄭皆能接受，仍可為楚之遮罩，而免麻煩。楚子認為意見不錯，遂遷許於析（許在許昌附近，析即今河南南陽西之析川，越秦嶺即陝西）。（編按：《春秋》為白羽，《左傳》為析。）

戊寅，師。

西元前523年。周景王22年。民元前2434年。

楚用無極專政。放太子建于城父。

費無極為太子建娶婦于秦，而獻之平王，遂獲得平王信任而專楚政，因放太子于城父。又濳王謂伍奢將與太子謀反，遂殺伍氏全家，太子建出奔宋，又奔鄭。

己卯，遜。

西元前522年。周景王23年。民元前2433年。

齊景公與晏嬰入魯問禮。

齊景公與晏嬰到魯國訪問孔子，問秦穆公當國的時候，可說是國小地僻，如何而霸天下呢？孔子說：秦國雖小，而其志大；處雖僻，而行中正，其處事風格，光明正大。身舉五羖（羖，音穀，秦穆公以五張黑羊皮，贖百里奚，封其為五羖大夫，授以國政），爵之大夫，起縲絏之中，授之以政，以此取之，雖王可也，其霸小矣！說秦穆公聽說百里奚之賢，很有才幹，不論其出身低賤（在為人飯牛），年紀老邁（將近七八十歲）即以五張黑羊皮，將其贖回，與談三日，其身不倦，遂封為五羖大夫，授以國政。秦因霸西戎。孔子以為如秦穆公任賢，應有王天下之功，豈止霸而已。

宋有華氏之難。大夫華亥、華定、向寧奔陳。

宋元公是一個寡信而私欲極重的人，很討厭華向。華定、華亥與向寧計議，咸認為死亡與逃亡，二者相較，死亡是大家皆不願見到的，一切爭取主動。先使華亥偽裝臥病，誘使元公來探病，果然諸公子皆上當，將其全部執禁。六月殺公子寅、公子禦戎、公子朱、公子固、公孫援、公孫丁，拘向勝、向行於其廩。宋元公聞悉，即往向華氏求情，華氏不許，並將宋公一併劫持。最後雙方達成協議，宋公以其太子欒及其同母弟辰，以為質；宋公亦取華亥之子無戚，向寧之子羅，華定之子啟，與氏盟，以為質。

秋公子城與華氏戰，敗而奔晉。冬公殺華向之質子而攻三臣，三臣出奔陳，華登奔吳；太子復歸於宋。

楚世子建，自城父奔宋，又適鄭，又適晉，其傅伍奢及其子尚死于楚，伍員奔吳。

春二月，無極讒太子建，說太子建與伍奢，將據方城以叛。楚子信之，密令城父司馬奮揚殺太子。奮揚奉命後，即使人通知太子趕緊逃走。太子建奔宋。楚王召奮揚，奮揚使其屬下，將自己捆綁押回見楚王，楚王問何人告建，奮揚說是自己告太子的。因為我曾奉到君王之命，要臣事建如事王，我不能出爾反爾，故告知太子速逃。王問：何以還敢來見我？奮揚說，因為我已經犯了一次錯，我不能再犯第二次錯誤。楚子即令其返歸父城，繼續任職。太子建奔宋，又適鄭、晉。

費無極謂楚子說，奢子之能。皆非常人所及，是楚國的心腹大患，如其能返回楚國，即可免其父一死，伍子尚囑其弟員說，我返楚與父親同死以盡孝，你留吳國，我能死，弟能報父仇，所謂：「奔死，免父，孝也（楚平謂其兄弟返楚，奢可免死）；度功而行，仁也（考量成功之機率）；擇任而往，智也（兄弟各盡其特長）；知死不避，勇也；父不可棄（兄弟俱逃，便是棄父不顧），名不可廢（兄弟俱死，仇不能報），爾其免之，相從為愈（一留一返，得以兼顧，最為妥當）。」於是伍尚返楚，弟員留吳，奢知員不返，歎道，楚國不得安寧矣！

庚辰，咸。

西元前521年。周景王24年。民元前2432年。

宋華亥、華定。向寧入宋南里叛。

宋華亥、華定、向寧，自陳入于南里（南里，宋地），發動叛亂，棄派樂大、豐衍、華牼禦諸橫（橫地名睢陽有橫亭，宋地。今河南商邱），進行不很順利。華登以吳師來救，吳師敗宋，宋公欲出走，廚人濮止之（廚有二說，一說即庖人，一說為地名，庖邑宋地，濮為庖邑大夫），晉、衛之師來救，大敗華氏，圍諸南里。使華登借兵于楚，華貙以車十五乘，載七十人突圍而出，哭而送之，自己複入于南裡。

辛巳，旅。

西元前520年。周景王25年。民元前2431年。

周景王崩，葬景王，王室亂，三王子爭國，國人立猛，是謂悼王。王子朝殺猛代立，晉逐朝而入丐，是謂敬王。

景王愛長庶子朝，欲殺劉單而立之，未及而王崩。獻公劉執、穆公單旗立子猛。子朝號召喪秩者與靈王、景王之子孫，攻劉子、單子，單子奉子猛於莊宮，王室大亂，王猛居於於皇，晉人復入子猛于王城，猛忽卒，劉、單立其弟匄，是為敬王。

按：《春秋》書謂子猛卒，未言為子朝所殺。

宋華亥、華定、向寧奔楚。

南里之戰，華氏大敗，華亥華定、向寧奔楚。太宰子犯諫，認為楚舍君而助臣，在國際上，會造成不良影響。楚平王說，已經答應了人家，不好食言，遂使楚薳越帥師往宋，迎救華氏，薳越使告于宋君：謂楚王聽說貴國有不受君命之臣，對宋而言，實在是不很光彩，楚國願意替宋教訓他們，把其除去。宋君謂，貴國如能不助宋之亂臣，宋當然十分希望與感謝，如果楚一定要支援宋之亂臣賊子，也無所謂，不過古人有句話說得好：「亂門無過。」（意即不自找麻煩），亦請貴國三思。

宋國的謀者對當前局勢的研判分析，認為：華氏被圍，自分其必死，一定會作困獸之鬥，而楚又利於速戰，二者相應之下，絕非宋國之利，因之如果網開一面，任其出逃，當是一兵不血刃的好辦法，在楚師接應之下，華亥、華定、向寧得以順利奔楚。

楚世子建及晉師襲鄭不克，死。其子勝奔吳。

楚太子建，受費無極陷害，逃亡於鄭，鄭君待之甚厚，後去鄭赴晉，周敬王元年，建復自晉來鄭，鄭君待之如初，建與晉密謀襲鄭，事泄被殺，建子勝奔吳，號白公。

壬午，小過。

西元前519年。周敬王元年。民元前2430年。

召氏、尹氏，入王子朝于成周，單子、劉子，以王出居狄皇。

夏，單子、劉子，討王子朝，朝入尹，又伐諸尹，尹氏、召伯、南宮極，以成周人戍尹，單子、劉子，以王入劉，王子朝入于王城，鄩羅納諸莊宮。尹辛敗劉師于唐，又敗諸鄩，取西闈，攻蒯，蒯潰。

秋，天王居於狄泉（即指王子猛），尹氏立王子朝。八月乙未地震，丁酉南宮極震（即子朝所居之宮），萇弘謂劉文公（即劉氏），君其勉之，周之亡也，其三川震（幽三年，西周三川皆震，三川即指涇、渭、洛水，因地震而堤岸崩壞），今西王之大臣亦震（意即指南宮等），天棄之矣（言蒼天不佑），東王必大克（言敬王子猛）。子朝在王城，故曰西王，敬王在狄泉，位王城東，故曰東王，南宮極、周卿士，子朝之黨，皆以地震而死，故上文云，西王之大臣亦震。

楚徙都郢，囊瓦子常為令尹。吳代楚，敗陳蔡頓胡沈之師于雞父，滅胡沈獲陳夏齧，楚建之子勝啟之也。

楚平王信任佞臣費無極，殺伍奢父子，太子建出亡，伍員留吳，對楚國政局，民心士氣，均有莫大影響，致對外軍事，幾乎每戰皆北，平王十年秋，司馬薳越會諸侯之師救州來，令尹陽匄，死於軍中，楚軍大敗于雞父；十月吳太子諸樊入鄖（諸樊，吳王僚之子。鄖音皓，今河南南陽），獲太子建之母與寶器，薳越追之不及。或建議司馬薳越伐吳，薳越說，如果再敗，便死無葬身之地了，國家的軍隊連國君夫人亦保獲不了，可說是死有餘辜，遂自縊而死。使囊瓦子常為令尹。因吳之故，遂徙都于鄂。

按：鄂，今湖北江夏，或言城郢。

癸未，漸。

西元前518年。周敬王2年。民元前2429年。

楚城郢。吳公子光伐楚，拔巢及鍾離，二女爭桑故也。

冬楚以舟師，略吳國邊境，作騷擾性之攻擊行動。沈尹戌（楚王室後裔）說：楚國此種作為，必然弄巧成拙，得不償失。因楚不撫民而勞民，吳人則以逸待勞，而且躡楚之後，吳有為而楚無備，能不失敗？果然吳人躡于楚師之後，而楚師不覺，楚邊無備，吳遂滅巢及鍾離而還。沈尹氏說：楚一動而亡二姓之帥，這是亡郢的開端啊！後吳人入郢之時，尹戌竟以身殉，真丈夫也。

按：據《史記》的說法，是楚邊邑卑梁氏之處女，與吳邊邑之女爭桑，二女家怒相滅，兩國邊邑遂怒而相攻，楚滅吳之邊邑，吳王怒，故伐楚，取兩都而去。

甲申，蹇。

西元前517年。周敬王3年。民元前2428年。

魯有三桓之難，昭公奔齊，齊景公唁之于野井。

魯國的政權，長期被三大家族所把持，尤以季氏為最強（按季氏自文子武子、平子三世執魯政，魯自宣公起，歷宣、成、襄、昭四世，皆為有名無實之國君），臧昭伯、郈昭伯與季氏有隙，欲使昭公滅季氏。子家懿伯（即子家羈）認為不妥，勸魯君不要聽信小人的讒言，而冒然採取行動，造成不可收拾的局面，因季氏執魯國之政，已歷三世，可謂根深柢固，要扳倒季氏，是絕對不可能的，而且失敗的責任，必須由召公自身來承擔，一但發動，後果不堪設想。昭公不聽。秋大旱，遂藉祈雨機會，聚眾以攻季氏，季孫意如，請求昭公調查清楚再行治罪，昭公不允，又請以五乘攜家人出亡他國，昭公又不准。季孫之徒與叔孫、孟孫氏救之，昭公敗。欲奔齊，子家懿伯謂齊公反覆無常，不可靠，不如赴晉，昭公亦不從。遂次陽州，齊侯前來野井吊問，並謂擬將魯公安排在千社地方，自此以後，齊將以昭公馬首是瞻，當追隨魯君之後，魯君之憂，即齊之憂，昭公聽了非常高興。子家子以為這是一個騙人的鬼話，最好的還是能回魯國為好，臧昭伯邀魯昭與齊共同來結盟，務期彼此戮力一心，好惡同之，請子家子加盟，子家子以為此盟之目的，在出賣魯君，遂不與其盟。

按：魯有三桓之難，四庫全書作二王之難。

晉趙鞅會宋、魯、衛、曹、邾、滕、小邾之人于黃父。按全書黃作冀。

因周王室有難，趙簡子呼籲諸大夫出錢出力，共同支援王朝的重建工作。

乙酉，艮。

西元前516年。周敬王4年。民元前2427年。

晉趙鞅會諸侯之師，入王于成周，召、尹二氏之族，以王子朝奔楚。

冬十月諸侯聯軍，在晉趙鞅的領導下，逐步向成周推進，十一月晉師克鞏，召伯盈逐王子朝，及召氏之族，毛伯得、尹氏固、南宮嚚等奉周之典籍奔楚。陰忌奔莒以叛，召伯迎王于屍，癸酉王入于成周，十二月癸未，王入於莊宮。按成周即東周。

楚平王卒，世子軫繼，是謂昭王。

九月庚申楚平王卒，令尹子常欲予子西，其理由為子西年長而賢。子西十分不滿，認為楚王有嫡嗣，自當立嫡，不可亂來，今以天下歸我，我絕不可受，乃立昭王。

丙戌，謙。

西元前515年。周敬王5年。民元前2426年。

晉韓、趙、魏三家，大滅公族祈氏、羊舌氏，分其地。

楚令尹子常，誅費無極。

郤宛是一個和氣、正直的彬彬君子，國人都很喜歡他。鄢氏右領與費無極（右領、官名），忌恨郤宛的正直，遂設計使令尹子常，除去郤宛。令尹子常是一個喜讒納賄的贓官，郤宛在費無極的設計下自殺，子常不但下令焚其屍，火其家，還將其族人、親友一概殺死，弄得天怒人怨，罵聲載道。被殺者之親友，因散佈令尹子常與無極，勾結納賄，蒙蔽楚王，濫殺忠良，圖謀不軌的消息於眾。令尹患之。沈尹戌謂令尹子常說：「你無緣無故的殺了那麼多無辜之人，落得 名滿天下，所獲得的是什麼？人人皆知費無極是個獻讒納賄的小人，通敵賣國，蒙蔽平公，誣陷太子，使本性善良的平王，把天下弄得國已不國，下一步就要輪到你自己了。」誠如古人說：「智者除讒以自安，愚者愛讒以自危。」今吳已立新君，一但天下有事，令尹將何以自處？子常懼，遂殺費極與鄢將仕，並滅其族。

吳季劄（季劄，人稱季子）使晉。公子光弒其君僚代立，是謂闔廬。專諸、伍員為相。

楚平王卒，吳王僚欲因楚喪而伐之，使公子掩余、公子燭庸帥師圍潛。楚使莠尹然、工尹麇（按尹，楚官名，然、麇皆人名），帥師救潛。吳分潛師迎楚，遇於窮穀（在潛附近），令尹子常令左尹郤宛、工尹壽（按宛、壽皆人名）。帥師至潛（霍山，在今河南信陽附近），吳師遭楚師夾擊，進退失據，如陷泥淖。

此時吳國內之反僚暗潮，正在秘密進行，以公子光為中心的奪權鬥爭，聽到了伐楚大軍，陷於潛而一籌莫展的消息，吳軍之帥，即僚之二子，知吳軍主力，大部投入伐楚戰場。公子光以機不可失，便設計使專諸刺殺王僚。僚子掩余奔徐，燭庸奔鍾吾。楚師郤宛聞吳亂而還師，此雖是國際道義（亦見郤氏乃一不乘人之危之君子德性與善良品質），但也因而伏下了殺身滅族之慘禍。

公子光刺殺了楚王僚，取得政權，即以伍員為相。

按：吳子壽夢有四子，長諸樊、次餘祭、三夷末、四季箚，光為諸樊之子；僚、夷末之子。諸樊四兄弟，季箚最賢，父甚愛之，擬傳位季子。父死，季子不肯立而逃，四兄弟相約，用兄終弟及之法，最後傳位於季子。因之三兄弟皆求速死，俾傳位季箚。夷末死，季子仍不受，夷末之子僚，毫不客氣的，便繼其父而為君。公子光以為，如傳位於季子，是理所當然，大家均無異議，如季箚不受，則王位應該是諸樊之子光的，而非僚有，始合於理。因之《春秋》書說吳弒其君，而不言光弒其君。

關於這一則歷史，後世學者的看法，以為釀成吳國之亂者，吳之大臣未能盡到責任，或謂從史書吳弒其君，按其史當可明白，或謂責任在僚，或謂在季子。

丁亥，否。

西元前514年。周敬王6年。民元前2425年。

魯昭公自鄆如晉，次於乾侯。

魯國遭三桓之亂，昭公出走，先至鄭，又至齊，又如晉。子家子建議昭公，我們現在是無家可歸之人，要自求多福，隨遇而安，不要希冀得到別人的同情和憐憫，那是很難的。昭公不聽，快到乾侯時、即使人通知晉，謂其將來晉，希派人來迎。晉人不但不加理睬，反而予以奚落。昭公感到沒有面子，於是又自乾侯到鄆（在今山東魯西，屬古周邑，即《水滸傳》宋江的家鄉），齊侯使高張來吊問，高張稱魯侯謂「主君」（春秋時一般對大夫的稱謂），子家子以為這是齊對魯昭公的侮辱，昭公無奈，便再次回到乾侯。

楚大夫伯嚭奔吳。

伯嚭為楚伯州犁之孫，乃郤宛之黨，楚殺郤宛，伯氏之族出奔，為報楚，故伯嚭奔吳。

戊子，萃。

西元前513年。民元前2424年。

己丑，晉。

西元前512年。民元前2423年。

晉頃公卒，世子午繼，是謂定公。

吳滅徐，以侵楚。

周敬王五年，吳王僚被弒，僚之二子掩余奔徐，燭庸奔鍾吾。闔廬使徐人執掩餘，鍾人執燭庸，二公子奔楚。楚子使人往迎，並為營居所于城父，且予以胡田，希能造成對楚之威脅。

子西認為，吳公子光，新得國而視民如子，這是吳將有大動作的徵候。楚當務之急，應先以柔和的手段、處理好楚吳邊界間之官民關係，加強其防務與戒備，以應付兩國未來的局勢發展，能否確保楚之安全，尚未可知。今楚不此之圖，相反的卻與吳之仇人，建立親密關係，豈非暗示我向吳挑戰，更增加吳對楚國之仇恨？子西勸王，楚國的一切作為，皆應以國家的安全與人民幸福為重，楚子不聽。吳王果然不滿，十二月執鍾吾子，滅徐，徐子斷發，攜其夫人以迎吳子以輸誠（表示歸順之意，後奔楚）。

闔廬問伍員伐楚的策略。伍員說：楚之執政團隊，人雖多而意見不一，不能應付緊急情況，我則將吳師分為三部，輪流出擊楚，楚必全軍來迎，楚出則我退，楚退則我進，加以種種欺敵手段，或聲東擊西，或聲西擊東，致楚師往來奔波，疲於奔命。待其軍心懈怠，我三軍主力傾國而出，必大克楚師，闔廬從之，楚果疲于應付，痛苦萬分。

庚寅，豫。

西元前511年。周敬王9年。民元前2422年。

晉定公使大夫荀躒，納魯昭公不克。

魯昭公在國際間奔波的情形，還稱不上為流亡政府，只是帶著魯君的名牌而已，為不十分受人歡迎的國際難民。晉欲假之以申國際正義，擬以軍事力量，使其返魯重定。范獻子建議先禮後兵，先找季孫談判視其反應而定，范獻子暗示季孫如意，好好與晉代表談判，不然會有麻煩的。季孫表現得非常誠懇的樣子說，歡迎魯君返國。子家子勸魯君，見好就收，寧可今日稍稍低頭，以能先返國為上策，忍一時之氣，保百年之身。魯君說好。但當魯君與晉代表談話時，卻說其永遠不願看到季孫的面孔，致使晉代表荀躒掩耳而走。子家子要魯君以一乘與季孫返國，魯君同意，其從者脅之，終不得歸，

吳伐楚拔舒。

同年秋，吳人侵楚，代、侵潛、六，楚沈尹戌帥師救潛，吳師還；吳師圍弦，楚左司馬戌，右司馬稽，帥師救弦及豫章，吳師還。始用伍員之謀。

辛卯，觀。

西元前510年。民元前2421年。

晉韓不信，會齊、宋、魯、衛、曹、鄭、莒、薛、杞、小邾之師，城成周。

周天子經過子朝之亂，其餘黨猶在，多潛伏于王城，敬王畏之，遂徙于成周，成周狹小，其城又矮小，需諸侯派遣士兵戍守，不勝其煩，王因使人赴晉，請其邀請諸侯，范獻子與魏獻子，成周不如城，於是晉韓不信，會齊、宋、魯、衛、曹、鄭、莒、薛、杞、小邾之師。協助修葺成周城池。三旬而成，遂歸諸侯之戍。（周

敬王十年）。

魯昭公卒于乾侯，三桓立其弟宋，是謂定公。

魯昭公十二月病卒乾侯，翌年七月歸葬于魯，季氏意如廢世子而立昭公之弟宋，是為定公。夏，公孫成迎昭公之喪，囑成子謂，吾欲與子家子從政，即欲重用子家子，子家子不見叔孫，逃。

吳伐越。

夏吳伐越，為吳對越用兵之始。史墨預言，不及四十年，越其有吳乎？史墨是從越得歲星而吳代之，必受其凶。是說本年歲星在星紀。即歲星應在吳越，所得歲而吳伐之，故吳必受其凶。

按：五星即歲星、熒惑、鎮星、太白、辰星，分司春夏秋冬者，是奉上帝，即上天之令使，稟受帝命而各司其職，雖幽潛疎遠，罔不悉及，故福德佑善，禍淫罰慝，順軌而守常，錯亂而表異。五星顏色：歲星青；熒惑赤；鎮星黃；太白白；辰星黑。

歲星：東方歲星，司春，亦稱木星，色青，主化生；萬物如太歲之生成，故曰歲星，主五穀豐稔，性仁，以甲乙為配。

熒惑：亦為火星，南方之星、司夏，色赤，主禮，職比司馬，火處心，心應無方，其體不測，故稱熒惑以丙丁為配。

鎮星：亦為土星，土得方而靜，靜而不動，故曰鎮星，配思與信，司夏，位在中央，故為鎮星，主夏、色黃，為帝王之星，以戊己為配。

太白：主秋，位於西方，色白。司殺，以其光芒，盛於餘星，故曰太白，配義庚辛，其官為大司馬，大司寇，皆司兵刑之職，太白晝見經天，應兵喪之兆，太白若隨太陽于正南過而光明不息，與日爭輝，主君弱臣強，國將有更王之變。

辰星：司冬、位北，色黑，於日為壬癸，天一生水，為五緯之先，其體合散無方，如龍之變，故曰辰星。其德為智、主聽。水星失度，則主胡狄入寇，兵亂。水星一時不出，其時不和，四時不出，天下將亂。

壬辰，比。

西元前509年。周敬王11年。民元前2420年。

晉人執宋仲幾於京師。

晉會侯于狄泉，為周天子築城，所謂「城于成周」。宋仲幾參與成周之築城工作，在任務分配上，與晉之指揮官，意見上有所抵牾。晉之代表韓不信，在周天子之京畿，執拘諸侯之大夫宋仲幾。依理，即諸侯亦不可在天子京畿，擅自拘人，何況大夫？韓不信乃一陪臣，如此作法，豈非無視于周天子之存在，於理法不合，故《春秋》書說：「晉人執宋仲幾於京師。」以責之。

按：諸侯為周天子構築都城，晉分配于宋之工程，仲幾不願接受，原因是宋以滕、薛、郳與宋為一體（宋以滕、薛、郳為其屬國），滕、薛、郳所承擔之工作，即宋所應負擔之分內工作，因而不接受另外所分配之工作。故晉之指揮官，將宋仲幾拘執。

楚令尹子常敗吳師于豫章。

秋，楚人伐吳，前後數次，此為最後一次。楚令尹子常，敗吳于豫章，乃是上了吳人示弱之當。

癸巳，剩。

西元前508年。周敬王12年。民元前2419年。

吳敗楚師于豫章。

桐叛楚，吳使舒鳩氏誘楚伐吳，吳故意出師伐桐，表示與楚站在同一立場，以示好于楚。秋楚囊瓦伐吳（囊瓦即楚令尹子常），于豫章，吳人見楚方出現于豫章，即暗中把部隊開向巢，冬十月吳敗楚于豫章，遂圍巢克之，獲楚公子繁（繁楚守巢大夫）。

甲午 復 敬十三年吳敗楚師	甲辰 既濟 魯孔子在衛	甲寅 睽
乙未 頤 晉伐楚 吳入郢	乙巳 家人 孔子之宋如陳	乙卯 兌
丙申 屯 周有儋翩之難	丙午 豐	丙辰 履 孔子在陳復至衛
丁酉 益 王出居姑蕕	丁未 革 吳敗越於夫椒釋之	丁巳 泰 孔子自陳返魯
戊戌 震 晉師入王于成周	戊申 同人	戊午 大畜
己亥 噬嗑	己酉 臨 孔子在陳	己未 需 晉及諸侯會吳夫差
庚子 隨 魯以孔丘為司寇	庚戌 損 孔子之蔡	庚申 小畜 魯獲麟
辛丑 无妄 魯會齊於夾穀	辛亥 節	辛酉 大壯
壬寅 明夷	壬子 中孚 孔子復至陳	壬戌 大有 魯孔子卒
癸卯 賁 孔子去魯適衛	癸丑 歸妹	癸亥 夬

經世之酉二千二百十八（世）。

甲午，復。

西元前507年。民元前2418年。

周敬王十三年。

乙未，頤。

西元前506年。周敬王14年。民元前2417年。

晉定公會劉子、宋、蔡、魯、衛、陳、鄭、許、曹、莒、邾、頓胡、滕、薛、杞、小邾之君，及齊大夫于昭陵，以伐楚。

按：史家以為：昭陵之會，乃春秋戰國分判之始。蓋此以前，晉為盟主，此後晉衰而吳主盟、越繼霸而三晉分，自晉平公以來，晉不得志于楚，昭陵之會陣容之盛，為前所未有，晉本可乘之而復其霸業，乃以荀寅鄙夫，因索賄敗晉大事，殊屬可恨。

春三月，晉定公會劉子（周天子之代表，名蚡、即劉卷）、宋、蔡及齊大夫等，在周天子支援之下，合十八國之眾以伐楚，雖齊桓、晉文之會，未有如此之盛也。本可一舉而入郢，制吳，誠晉重霸諸侯之天賜良機，惜未能審謀定計，仗義執言，以聲討楚罪，而侵掠其境，故《春秋》書謂諸侯「侵楚」。又晉荀寅因索賄不得而棄蔡，取鄭之旄以招搖（旄乃王者旌旗車馬之裝飾品。孟子「見羽旄之美，舉欣欣然有喜色」，即指此而言），遂失諸侯之心，諸侯之師，亦未盡弔民伐罪之責，不但晉國斷送其霸業之路，中國諸侯因無霸主，遂致混亂的列國局勢，雪上加霜，更加混亂。

楚昭王北伐蔡。

召陵之會，沈人拒不與會，晉使蔡伐之。蔡使公孫姓帥師滅沈，俘其君嘉，歸殺之，以示其絕楚之決心。楚人因沈故圍蔡，晉人則坐視不救。

伍員為吳行人，以謀楚；伯州犁之孫伯嚭，因宛郤而奔吳，為吳太宰，亦為吳謀楚，楚自昭王即位，無歲不有吳師。

吳師入郢，令尹子常奔鄭，昭王奔郢，又奔隨，使申包胥求救于秦。

冬十一月，蔡侯、吳子、唐侯伐楚。自豫章與楚夾漢而陣。楚左司馬戌，建議楚令尹子常，沿漢江上下佈防，自己用方城之軍，燒毀吳舟，而後布軍於各要塞阨道，子常即越漢江，擊吳，二人前後夾擊，必敗吳軍。

楚武城大夫黑謂子常，楚軍利於速戰。史皇亦謂，楚人不滿子常而喜司馬（因數常貪贓枉法而無行），如依司馬之計而勝吳，克吳之功便歸於司馬一人了，因之一定要速戰，否則狀況對令尹極其不利，子常乃濟漢而陣，三戰子常知己非吳敵，便欲出亡他國。史皇謂子常當抱必死決心，打好這一仗，過去的種種罪過，方可消沒，逃亡不是辦法。

許徒居容城。

許曾四次遷徙，雖皆系奉于楚命，亦因有其遠害就利之原因。史家謂許不能修德，徒遷無常，終不能獲其益。

吳王闔盧敗楚師于柏舉，五戰及郢，遂入其國，燒其宮，平其墓，伍子胥為之也。

冬十一月，吳楚兩軍戰于柏舉，闔盧之弟以五千人擊楚，楚師大敗，子常出奔鄭，史皇作子常替身而戰死。楚昭王奔隨，吳人五戰而入郢。以班處宮（君居其君之寢，而妻其君之妻；大夫居其大夫之寢，而妻其大夫之世，掘平王屍而鞭之，以報其殺父之仇）。

申包胥乞師于秦，秦不願發兵，申包胥依牆而哭，七日不食不飲，淚盡而繼之以血，秦哀公遂為之賦〈無衣〉（《詩經．秦風》），取其「王于興師，修我戈矛；與子同仇；……修我甲兵，與子偕行」之意，秦師乃出。

按：或謂子胥號入郢，鞭平王屍乃齊東野語，子胥忠而智者，不可能為此，子胥之入吳乃存吳之祀，與報費無極之仇耳，觀吳代楚，子胥未致一言，皆闔廬之弟夫概與闔廬子山之意。

丙申，屯。

西元前505年。周敬王15年。民元前2416年。

魯，陽貨囚季氏（或作陽虎囚季桓子）。

六月季孫意如卒，子斯嗣，是為桓子，家臣陽虎，欲索求「璵、璠」于仲梁懷，仲氏不與。虎又與費宰子泄合謀，囚季桓子及公父文伯（文伯，季桓子之伯叔輩），而逐仲梁懷，冬殺公何藐（公何復姓，藐季氏之族），己丑盟桓子於稷門內（魯南門之內）。庚寅大詛，逐公父歜（即文伯），及秦遄（平子姑婿）皆奔齊。

按：史家謂，遍觀列國倍臣，未有如陽虎之暴者。其所以致此之由，昭二十七年，虎與孟懿子並將，季孫如意已授之兵權矣！此年麟囚桓子十五日，逐三人，殺一人，陽羑皮之所以敢如此囂張？一者因趙氏之寵，二者諳於三桓之所為之故？

秦救楚，敗其師于稷，楚昭王自鄖復歸於郢，封吳夫概於棠溪。

申包胥以秦師至，大敗夫概王於沂，九月夫概王歸，自立。與闔廬戰而敗，奔楚，楚封夫概為棠溪氏。吳敗楚師於雍澨，秦師又敗吳師，吳師居麇（麇，音菌）。楚將子期用火攻，吳師大敗乃歸。楚子復入於郢。

越乘虛破吳，入其國。吳王弟夫概，自棠溪亡歸代立。闔廬逐夫概，夫概奔楚。

當吳楚之戰的緊要關頭，越便乘虛入吳，攝吳之後，于時秦犄吳之前，越議吳之後，吳前後受敵，敗回，夫概復自棠溪歸吳代立，闔廬逐夫概，夫概奔楚。

丁酉，益。

西元前504年。周敬王16年。民元前2415年。

周有儋翩之難，王出居姑蕕。楚去郢，復都鄀。鄭滅許。

王子朝之黨，借鄭人之力，作亂于周，伐周之馮、滑、闕外（在龍門外）等六邑。冬十二月，天王處於姑蕕，為辟儋翩之亂之故。

四月吳太子終累（闔廬之子，夫差之兄），敗楚舟師，獲潘子臣，小帷子（二子乃楚軍舟師之帥），及七大夫，楚國大惕（楚水師二帥與七大夫被俘）、懼亡。子期又以陵師敗於繁揚（陵即陸，南人謂陸為陵，陸軍亦敗，楚水陸俱敗），令尹子西喜曰：「乃今可為矣。」（子西聞敗而喜，與范文子聞勝而憂，同一高見！）於是乎遷郢於鄀（今湖北自忠縣東南九十里）。

春秋之時，宋、鄭、曹、許諸小國得以存在者，以有桓文之霸，曹許始得苟延二百年之久。桓歿，曹許俱入于楚。春，鄭因楚師之敗而滅許。桓文以存人國為事，桓文之霸息，曹許不旋踵而亡。可為慨歎。

戊戌，震。

西元前503年。周敬王17年。民元前2414年。

晉師入周敬王于成周，齊取鄆為陽虎邑。

冬十一月，單子劉子，迎周敬王於慶氏，晉使籍秦送王入于王城。先居於於黨氏，而後朝於莊宮（朝於莊公之廟，即祭其祖先之意）。

齊人歸鄆之陽關，陽虎居之以為政。（按：鄆、陽關皆魯地，後為齊所管，今歸於魯，陽虎乃居之。）

己亥，噬嗑。

西元前502年。周敬王18年。民元前2413年。

魯有陽虎之難，攻三桓不克，竊寶玉大弓走陽關。

季寤、公鉏極、公山不狃，皆不得志于季氏；叔孫輒，無寵于叔孫氏；叔仲志，不得志於魯。故五人皆從於陽虎，陽虎欲卻寤等取代三桓，並釐訂消滅三家之計劃，事有湊巧，不期於調動兵車時，被公斂處父發現（孟氏之臣），即告知孟孫，預為之防，選壯士三百人，矯作造屋工匠，集于孟氏門外，陽虎攻孟氏，公斂處父與陽虎戰，陽虎敗，入宮取寶玉大弓以出。

夏、陽虎歸寶玉大弓。六月伐陽關，陽虎奔齊，請齊師以伐魯，齊侯將許之。鮑文子諫謂魯上下猶和，又無重大災難。不是很好取的，再說陽虎有寵于季氏，卻欲殺季孫，而不利於魯。俗語說「視富不視仁」（覬覦富者不覬覦仁人）。齊國正是陽虎要傾覆的物件，君侯卻要婦容他，不是自我找麻煩嗎？齊囚陽虎，被其逃脫，而奔於晉。

按：寶玉為國家之封圭；大弓為武王伐紂之弓，由周公所保管。

庚子，隨。

西元前501年。周敬王19年。民元前2412年。

秦哀公卒，子惠公繼。

按：《春秋》書載，秦哀公卒，世子夷早死，孫惠公立。

辛丑，无妄。

西元前500年。周敬王20年。民元前2411年。

魯以孔丘為司寇，從定公會齊景公於夾谷，齊復魯侵地，晏嬰在會。

魯以孔子為司空，由司空進為大司寇，有法而不用，國無奸民。即所謂之刑措而不用。

魯定公十年夏，與齊平公會於夾谷，孔子躬與其會。（夾谷即祝其。其地有三，今山東萊蕪，當即其地，齊滅萊，以萊民居此，任其生滅，其情極慘，故云萊蕪。）齊人以孔子知禮而不知兵，遂使萊人劫魯侯。孔子使其衛士斬萊人，並謂：「夷不亂華，俘不干盟。」不懂禮儀的夷狄，是不可以在此擾亂秩序的，像這種行為，對神明為不祥，於人為失禮，是種無德無義的失禮行為，識禮達義的齊君，絕對不會同意的。齊侯十分難為情，遂與魯同盟於夾谷。

壬寅，明夷。

西元前499年。民元前2410年。

宋公之弟辰及大夫仲佗、石彄（音寇，弓兩端叩的環）公子地，自陳入於蕭以叛。鄭子産卒。

宋公之弟子地、嬖蘧富獵（公子乃宋景之弟），將其庭園約二分之一，賜與之。景公寵于司馬桓魋，地有白馬四匹，向魋非常喜愛，景公遂取與之，地十分不滿，使人將馬搶回，並向桓魋飽以老拳，桓魋十分害怕，便欲逃走，景公不放，竟閉門而泣，如椎心泣血，目皆盡腫。辰勸地謂其亦有不妥處，既肯以庭園之二分之一予蘧富獵，而不舍予魋兩匹馬，其不有所偏頗？在禮貌上可出國避避風頭，給老哥一點面子，老哥一定會挽留你的。地聽了辰的話（景公與辰同母，地為庶母所生，三人同父異母），遂準備出走，辰向老哥勸諫，請其挽留于地，景公竟不予理睬，辰心中十分難過，等於自己欺騙了老哥，出賣了老哥，懊惱不已。遂與仲佗、石彄出奔陳。

冬十一月，景公母弟辰及仲佗、石彄（音扣），公子地，自陳入於蕭以叛。秋，宋樂、大心自曹入於蕭從之，形成宋之大患，之所以把問題弄得如此難以收拾，皆因宋君之寵向魋，而失群臣心之故。質言之，辰等之出叛，乃是由於宋景一手造成，甚至乃受其驅逼而致。景之寵一小人魋，竟付出如斯之代價。

癸卯，賁。

西元前498年。民元前2409年。

孔子去魯適衛。

周敬王二十二年，魯以孔子掌理宰相工作，即所謂攝相事，數月而魯大治，鄰近的齊國聽到了魯國政治革新，非常有成效，十分擔心，如果孔子長期執魯政，則魯必霸，魯霸，首當其衝的，便是齊國，所以齊國一定要破壞孔子的治道。最好的辦法，便是誘使魯君荒怠政事。於是選國中女子美好者八十人，教以歌舞，文馬三十駟，到魯國京城外，公開表演，季文子微服往觀再三，便引誘魯君前往觀看，魯君留連忘返，桓子受之。君臣荒淫，怠於政事，三日不朝，不分大夫膰肉，孔子便離開了魯國，到衛國去了。

甲辰，既濟。

西元前497年。民元前2408年。

魯孔子在衛。

孔子自魯至衛。本欲赴陳，因匡人欲對孔子不利，遂復返於衛。

晉六卿相攻。（按：以下關係複雜，因以條列之）

初趙鞅嘗圍衛，衛貢鞅五百家於邯鄲（衛以五百戶民贈趙鞅，遷諸邯鄲），鞅謂邯鄲午，將此五百家歸還於晉陽，午允諾。

午之父兄以為不可，因此五百家，與衛關係良好，如冒然移於晉陽，無異於切斷邯鄲與衛之通道，將引起衛之不滿，但又不能拒絕趙簡子的要求。

於是想出一條極笨的策略，即發動對齊戰爭，說是受了齊國的要脅，始移此五百家至晉陽的，期取得衛之諒解。

趙氏不明就裡，疑邯鄲午有意抗拒，遂將午拘於晉陽而殺之。

趙稷（午子）、涉賓（午之家將）以邯鄲叛。

夏六月上軍司馬籍秦，圍邯鄲。

按：邯鄲午，晉趙穿之後，世居邯鄲，趙鞅六世祖趙衰與午之六世祖趙夙，為同胞兄弟，或謂邯鄲大夫寒氏之後。

晉大夫間的關係，十分複雜，諸如：

邯鄲午為晉荀寅之甥；荀寅與范吉射為兒女姻親，關係密切，故不但不參與趙鞅包圍邯鄲之軍事行動，反而欲對趙氏採取敵對立場，計劃對趙反擊。秋七月，范氏、中行氏開始攻擊趙氏之宮，趙鞅奔晉陽，晉人圍之。

范皐夷無寵于范吉射（皐夷，范氏側室之子），欲為亂於范氏；梁嬰父得寵于知文子（知文子即荀躒），文子欲以為卿；韓簡子與中行文子相惡（中行文子即荀寅），魏襄子亦與范昭子相惡（昭子即士吉射），故五子相謀逐范寅（五子即范皐夷、梁嬰父、知文子、韓簡子、魏襄子），而以梁嬰父代之；逐范吉射，以范皐夷代之。荀躒謂晉侯說（荀躒即知文子），朝廷有命，大臣之首亂者，唯一罰則為死刑，今三家為禍，而獨逐趙鞅，有欠公允，國法應一視同仁，皆予逐之纔是。冬十一月荀躒與韓不信、魏曼多，以伐范氏、中行氏不克。范中行欲伐晉定公，齊高強謂不可，這是得不到人民支持的，我就是現實的例子，就目前狀況看，三家還未建立深厚關係，可各個擊破，屆時晉君還能聽誰呢？若先伐君，是促使三家的團結，對范氏有什麼好處呢？不聽，遂伐公，國人助公，二子敗。冬荀寅，士吉射奔朝歌。晉之大夫唯存知、韓、魏、趙四家，分晉之勢已成。十二月韓、魏請趙鞅，趙鞅入絳。

論者謂召陵之會，晉不足以救蔡，適曆之會，晉不足以正魯，其霸業微不足道矣。諸侯叛於外，三卿叛於內，卿雖有六，而叛者過半，豈復能主諸侯之盟？

乙巳，家人。

西元前496年。周敬王24年。民元前2407年。

衛世子蒯聵奔宋。

衛靈公夫人南子，是一個行為極其不端的女人，在未出嫁之前，即與宋公子朝，發生曖昧關係，嫁宋君後，仍不忘舊情人宋朝，尤不堪的是，衛侯為夫人南子召宋朝來衛與其幽會。衛太子蒯聵赴齊，經過宋國，宋國老百姓諷刺衛說，「衛人既得了我們生仔的母豬，應該把小種豬還我們才對」，衛太子聽到了，感到十分丟臉，欲殺南子，未能成功，太子蒯聵出奔宋。

魯孔子自衛之宋、又如陳。

孔子去魯至衛、主顏濁鄒家，衛人致米糧六萬，居十月，去，將適陳，遇匡，匡人誤以孔子為陽虎，圍之數重，孔子弦歌不輟，匡人知非陽虎而退，月餘孔復返衛，主蘧伯玉家，南子欲見孔子，孔子不見，卒不得已而見之（《論語》：「子見南子、子路不悅。」）

楚會吳伐陳滅頓。

二月辛巳，牂欲背楚晉而絕陳，楚公子結、陳公孫佗人，帥師滅頓，執頓子牂以歸。

吳王闔廬伐越不利，死，子夫差立，以伯嚭為太宰。

闔廬十九年夏伐越，不利，敗於檇里（今浙嘉興南六十里），死之。子夫差立，矢志報越。

丙午，豐。

西元前495年。周敬王25年。民元前2406年。

魯定公卒，子蔣繼，是謂哀公。

魯定公十五年春，邾隱公益來朝。子貢觀禮，邾子執玉高，昂胸仰首，所謂「邾子執玉高，其容仰」；魯公受玉態度拘僅，伏首躬身，所謂「公受玉卑，其容俯」。子貢說：以禮觀之，二君皆將不久人世。子貢以為，禮是吾人生死存亡之體，從其左右周旋，進退俯仰中，觀察其身體；從祭祀、喪禮、軍禮上，觀察其法度。二君於一年之始之正月相朝，皆不合法度，是二君之心已亡矣，嘉事不體，何以能久？高仰驕也，卑俯替也，驕近亂（驕，便目空一切，則必亂），替近疾（魂不守舍），君為主，其先亡乎？夏五月，魯定公薨。孔子說：「賜不幸，言而中。」子貢太多話了。

丁未，革。

西元前494年。周敬王26年。民元前2405年。

晉趙鞅圍范中行氏於朝歌，中行走邯鄲。

趙鞅殺邯鄲午，午子稷與范中行氏，據邯鄲以叛。

夏四月、齊侯、衛侯救邯鄲、圍五鹿；秋八月，魯齊等會于乾侯，以救范氏；魯、齊、衛、鮮虞人伐晉，取棘蒲（晉地）。冬趙鞅伐朝歌，以討范中行氏。

楚會陳、鄭、許，圍蔡。

春楚會陳、許，圍蔡，報柏舉戰敗之仇（周敬王十四年、蔡曾參加吳伐楚之役）。

論者以為：楚攻破楚都城的是吳，掘平王墓的也是吳，鞭楚王屍是吳，楚不能報之於強吳，而以二三小國如蔡，當箭靶子來出氣、以報怨，如前年滅頓，去年滅胡，今又加兵于蔡，很明顯的，志在蠶食小國以為利而已。

吳敗越於夫椒，伏而釋之。

吳王夫差，自其父闔廬戰死於檇里之後（檇音醉，檇里吳地，今浙江嘉善附近），日唯精練士卒，撫愛百姓，勵精圖治，苟出入必使人謂己曰：「夫差，爾忘越王之殺爾父乎？」夫差對曰：「唯。夫差不敢忘。」矢志為其父闔廬，報檇里戰敗之仇，三年後，終於敗越王勾踐於夫椒（越地）。遂入於越。越王以甲楯五千，死守會稽，即使其大夫文種，透過太宰嚭，低聲下氣，幾乎近於投降一樣的態度，向吳王夫差，哀哀求和，乃至屈身為隸。夫差將許之。伍員諫不可，竟許之。員謂人曰：越十年生聚，十年教訓，二十年後，吳其為墟矣！

吳越戰後，楚人非常恐懼吳之壯大。楚令尹子西說，從吳王生活之奢靡看，吳先已自敗了，安能敗我？

戊申，同人。

西元前493年。周敬王27年。民元前2404年。

衛靈公卒，其孫輒立。晉趙鞅會陽虎，以師入衛世子蒯聵，不克，居之于戚城。

靈公未卒之前，對子南說欲立之。子南郢（子南名郢，靈公庶子），置若罔聞，毫不理會。他日又謂子南欲立之。子南說自己不是作國君的材料，請改立他人。靈公卒，晉趙鞅與陽虎，欲迎立蒯聵未果（衛世子蒯聵，因欲弑南子不遂，而出奔于宋），遂納蒯聵于戚城居之。國人立蒯聵之子輒。是為哀公。

按：據《左傳》，蒯聵、子南皆靈公子，子南賢，以母賤，不敢與於他子。

魯孔子復過宋。

周敬王二十有七年，孔自陳返於衛，自衛如晉，不果，返乎衛，復如陳。

孔子既不得用於衛，晉趙簡子使人來聘（簡子即趙鞅），孔子將西見之，至於河（即鳴犢河），聞竇鳴、犢舜華之死（二子乃晉之賢大夫），臨河而歎曰：「美哉水，洋洋乎，丘之不濟此，命也夫！」子貢問其故。孔子說：竇鳴、犢犨華，晉之賢大夫也，簡子未得志時，乃依此二人，始得從政，今得志，乃殺之。吾聞之：「竭澤而漁，蛟龍不處其淵；覆巢毀卵，鳳凰不翔其邑，君子惡傷其類也。」作盤琴操以哀之。孔子返衛，復如陳。

楚伐蔡，吳徙蔡州來於越，范蠡歸國。

周敬王二十六年，蔡有避楚遷吳之意，因公子駟與大臣們激烈反對，遂中止其議。冬十一月，吳泄庸入蔡納聘（即訪問），暗中以吳軍為隨入蔡，蔡人聞之，群情大嘩，蔡昭為討好吳人，遂將公子駟殺死，使國內再無人敢反對，不但遷國，蔡之祖宗墳墓亦一併遷吳，蔡昭乃哭而遷墓。其臣民們，面臨流離播遷之難，男號女啼，宮室為墟，先人墳塋，悉為屏棄，形成一幅去國離鄉之流亡圖，豈不令人觸目傷心！冬，蔡遷於州來。

蔡徙州來，楚遂襲蔡故地，以居葉公。

己酉，臨。

西元前492年。周敬王28年。民元前2403年。

秦惠公卒，子悼公繼，魯孔子在陳。

冬十月秦惠公卒，子嗣，是為悼公。

孔子在陳。

春二月，蔡侯將入吳，諸大夫恐其又遷也，大夫公孫翩追殺之，昭逃入民家而卒。

庚戌，損。

西元前491年。民元前2402年。

魯孔子之蔡。

二十九年夏，孔子在陳，想回歸於魯，不久即赴蔡國。陳、蔡不但是個微不足道的小國，而且是已經是被滅亡的弱國，孔子何以眷眷不忍離去呢？論者以為，當時的大國，幾乎沒有不被大家巨室所控制，陳蔡亡國之後，既微且弱，但卻無強臣巨族攬政權，大有轉弱為強之可能，故流連徘徊而不忍卒離。

辛亥，節。

西元前490年。周敬王30年。民元前2401年。

齊伐宋，晉伐衛。齊景公卒，子荼繼，是謂孺子。晉、韓、趙、魏、敗范中行氏於邯鄲。

齊所以伐宋，目的是為了爭霸，當前中原之國、魯、衛、鄭皆服於齊，而宋則獨事晉，故齊伐之。

春，魏曼多帥師侵衛，荀寅、士吉射奔齊，柳朔死焉。早時范氏之臣王生，向范氏推薦其讎人張柳朔擔任柏宰，昭子說：張氏不是你的仇人嗎？為什麼還要推薦他呢？王生說不錯，他是我的仇家，但古人說：「私仇不及公，好（好惡之好）不廢過，惡（厭惡之惡）不去善，即義之基本思想，我怎敢違背呢？」。亦即《大學》所說：「好而知其惡（好即愛好之好。惡如字，即罪惡之惡），惡而知其美（此惡念誤，厭惡之惡）」；《曲禮》「愛而知其惡，憎而知其美」之意。後趙鞅圍柏人，柳朔謂其子從主，我要與柏人共存亡，遂死之。趙鞅以范氏之故，復圍中牟。

論者謂：齊伐宋，晉伐衛，霸統絕矣！說春秋之霸，已不復再矣！

按：霸統，即諸侯間共同承認之名義領袖。

齊景公夫人生子而夭，諸子鬻姒（即景公之妾）之子荼（諸子指荼，庶子的別稱，別於嫡子），甚愛之。諸大夫擔心景公立荼，便建議景早立太子。景公的答覆，十分蕭灑，說人生百年，不在愁中在病中，高高興興，得過一天是一天，大家不必擔心無人當國君……，與群臣打太極拳，顧左右而言他。周敬王三十年秋，景公將死，即命國惠子、昭子立荼（國惠子，即國夏；高昭子即高張），同時遷諸公子于萊（齊東之小縣）。秋，齊景公卒，冬十月公子嘉、公子駒、公子黔奔衛，公子鉏、公子陽生來奔（即在萊之諸公子）。萊人為歌說：「景公死乎不與埋，三軍之事乎不與謀。」說諸公子父死不能為之治喪，三軍與國防等大事，亦無人聞問。

壬子，中孚。

西元前489年。民元前2400年。

齊亂，田乞弒其君孺子。迎公子陽生于魯而立之，是謂悼公。高昭子死國，惠子奔莒，魯孔子復至陳。

齊景公將死的時候，把自己心愛的稚子，推向人人覬覦的焦點上，卻托孤于國惠子、高昭子，兩個庸碌的人（二人被陳乞玩弄於股掌之上，足見其庸碌），致釀成齊國之禍。

陳乞是一個野心很大的人，晏子在世的時候，即深以陳氏終將篡齊為憂，景公偏偏又廢長立幼，托稚子于國、高二氏，陳乞偽裝依附于國、高，籍機以挑撥分化國、高與朝臣之間的關係，掩護公子陽生回國奪權。夏六月，陳乞弒其君荼，國夏奔莒，陳乞遂並高張、晏圉皆逐之。冬十月陽生即位，是為悼公。

按：一、陳乞即田乞，古田、陳同音，故陳、田同姓（台灣陳字唸但）。二、晏圉即名相晏嬰之子。

楚昭王救陳于城父，卒于師，世子章繼，是謂惠王。吳伐陳、魯伐邾、宋伐曹。

吳王夫差，因報舊怨而伐陳。楚昭以為楚與陳有盟約，不能坐視不救。秋七月，楚子在城父將救陳，蔔（卜）救陳之戰的吉凶，不吉。卜退、亦不吉。進既不吉，退亦不吉，使楚王進退維谷，怎麼辦呢？似乎只有死路一條。楚王說：前已敗于柏舉（周敬王十四年，吳、楚大戰于柏舉，吳大敗楚師），若此次再敗，則置楚於何地？真是生不如死；再者，如不戰而退，所謂「棄盟而逃仇」，這樣丟臉的事，傳入諸侯耳中，更是不堪，也生不如死；橫豎皆死，不如戰而死于仇，還光彩些。昭王遂抱必死之心，先把後事交代了，如命公子申為王，卜又不吉；再命公子結，亦不可、公子啟（申、結、啟，皆昭王之兄），五卜而後許之。將戰，王有疾，庚寅昭王攻大冥（陳地，今河南項城縣境），卒于城父。大臣子閭謂群臣，昭王為國家所作的一切，從君之命而立兄，則順；立君之子，亦順，二者擇其一，皆為楚國之利，令尹子西、子期共議，立其子章而後祕密撤軍返楚。

楚昭王是歷史上一位非常了不起的人物，不顧自己的生死，來救朋友的危亡。自己抱必死決心，投入救陳戰場，卻把王位讓于其兄而不傳子，一心不為個人，只為國家，可說是推大公至誠於天下。故楚大臣子閭謂：君王舍其子而讓兄，我們都明白，吾人從君之命，當然是順理成章，如果立君之子，也不能說是違背昭王之意，二者皆是不可違逆的前題。遂與子西子期密議，楚軍秘密撤退，並立昭王子章，是為惠王。

昭王未卒之前，天現異象，天上之雲像一群火鳥，夾太陽而飛，歷三日之久。楚子使人問于周太史，太史說應在王身，但可以禳禱，而將其轉移于令尹或司馬之身。昭王說，為了除我個人的災難，而將移之於左右之身，像這樣的作法，其罪惡較原有的災殃更大，更不可恕，對我而言，沒有絲毫利益，假若上天以我有罪，應受天罰，我便理當接受，怎麼可以移於他人？不必禳禱。此次患病，卜者以為乃河神為崇，要王祭河神以免災，王說我雖沒有多大的德行，但河神不會禍我的，遂不祭，大夫請祭，楚王說古人祭不越望（國王祀其境內之山川，即謂之望），江、漢、睢、漳，乃是楚國之望，不會降禍福予我的。孔子聽到了，說楚昭王是知大道的君王。

魯孔子復至陳。

癸丑，歸妹。

西元前488年。民元前2399年。

吳會魯於鄫以伐齊，征百牢於魯。

周敬王三十二年夏，魯會吳於鄫，吳要求魯以一百頭牛，來慰勞吳國。魯子服景伯說，魯從未聽說過有索取百牢之說，這是不合法度的。吳不答應，理由是吳過宋，宋即以百牢勞吳，魯亦不可少於此數，況且魯曾予晉大夫趙鞅，超過十牢，吳要百牢，實不過分，子服景伯說：周天子規定諸侯貢物，不得超過十二數，晉范鞅因貪而破壞禮法，脅迫於小國而索十一牢，閣下若遵守禮法，便有一定的規矩數量，如果不顧禮法，乃至毀棄禮法而不惜，請三思，吳人不聽，一定要百牢。景伯說：吳快要亡了，違棄天理，忘其根本，不亡何待？

甲寅，睽。

西元前487年。周敬王33年。民元前2398年。

宋滅曹。巢大夫號白公。吳伐魯，盟於城下而還。

周敬王三十二年冬，宋圍曹，鄭人伐宋救曹。曹人有公孫疆者，說曹以霸天下之道，曹乃背晉仇宋，宋人來伐，晉人不救。三十三年春，宋伐曹還，曹人罵宋，宋公聞之怒而返，遂滅曹，執曹伯及司城疆殺之（司城即公孫疆，說曹以霸諸侯之道，曹因之而亡國者），曹自周武王弟叔振鐸始，終於伯陽己卯，凡二十五君，六百二十六年，宋景公滅之，國亡。

論者以為：檜亡乃東周之始；曹亡為春秋之終。

巢大夫號白公。

平王世子建之子勝，居吳為巢大夫，號白公勝。

吳伐魯，盟於城下而還。

哀七年魯伐邾，俘邾子益，邾臣茅夷鴻救於吳，吳許救邾，春吳伐魯，公山不狃以為不可，子泄亦說不可，魯雖孤立無友，但諸侯一定來救，皆不聽，楚師入魯，魯侯懼，將與吳訂城下之盟，景伯說吳不能久戰，很快就會退兵，哀公不聽，即與吳定成下之盟，吳師即退還國。

乙卯，兌。

西元前486年。民元前2397年。

宋伐鄭，楚伐陳，吳伐齊。

許瑕深得鄭武子剩之嬖愛，向武子求邑，希望有一個地盤，武子已答應他，但無邑可給，只好向鄰國侵奪一個邑給許瑕，於是便向鄰近的宋打主意，出兵攻取宋之雍邱。宋皇瑗圍鄭師，子姚救之（子姚即鄭武子），鄭師大敗，宋輕而易舉將鄭師消滅。

吳與楚為世仇，陳與楚在過去亦尚友好，今陳與吳發生夥伴關係，楚因怒而伐陳。論者以為，魯哀公六年，吳伐陳時，陳曾求救于楚，楚不能救，陳不得與吳建立關係，以求自保，楚不檢討陳與吳之原因，而徒怪陳人之親吳，豈非重責於人，而怯於自責者。

丙辰，履。

西元前485年。周敬王35年。民元前2396年。

齊田乞卒，子常繼事，是謂成子。齊亂，鮑子弒其君悼公，立其子壬，是謂簡公，田恒專國。

齊田乞（即陳乞）卒，其子常繼，是為田成子（後篡齊）。齊鮑牧與悼公有隙，弒悼公，國人立其子壬，是為簡公。

齊景公病中，立其少子荼為世子，景公卒，荼立，是為安孺子，鮑牧弒荼，陳乞（即田乞、又名陳僖）弒荼，使人連絡公子陽生返齊，立為齊侯，是為悼公。

公子陽生（即齊悼公）在魯時，季康子以其妹妻之，及即位，使人往迎。康子妹因與其叔季康侯通（即庸子之叔父），不敢來齊。悼公疑魯賴婚，怒，使鮑牧伐魯，取讙、闡二邑，並向吳請兵，準備大舉攻魯。魯即送季姬於齊，同時釋邾子歸邾，齊以季姬故，還魯讙、闡二邑。三月齊君陽生卒。立其子壬，是為簡公，田成子專齊國之政。

按：田乞、陳乞、陳僖、田成子、田恒皆同一人，齊田同姓，今閩南念陳仍為但，但、田同聲，以音近故。

齊悼公之死，《春秋》書謂悼公為病死，《左氏》謂鮑子弒其君悼公，又謂齊人弒悼公，秘而如病死。

《史記》：鮑牧與悼公有郤（同隙），弒悼公，國人立其子壬，是謂簡公。又謂悼公殺鮑牧。

魯孔子在陳，復至於衛。

楚伐陳，吳會魯伐齊以救陳。殺大夫伍員。

周敬王二十五年冬，楚公子結，帥師伐陳，吳廷州、來季子救陳，告子期說（子期即公子結），吳楚二國之君，不務德而力爭諸侯，百姓有什麼罪呢？現在我師退，讓你成名，希望你能務德而安民。遂還。

按：吳延州、來季子，蘇東坡以為即吳季劄。東坡有詩詠其事云：「我師吳季子，守節到晚周，一見春秋末，渺焉不可求。」宋，叔黨《斜川集》謂：「老冉及見東周晚，季子幾同魯史長。」蓋季子已九十餘矣！並詠此。

吳大夫伍員極諫，不可答應越王勾踐的投降條件，夫差不聽，十二年春，越勾踐來朝吳，吳的大小官員，幾乎皆收到勾踐的厚禮，伍員看得膽戰心驚，這那裡是越向吳投降，於其說是越於吳，無寧說是越在豢養於吳，又諫夫差說，越終為吳之腹心大患，越一日不處理，吳國不得一日安寧，夫差不聽，伍子胥看到國即將滅亡，即將其子送往齊國，事被夫差知曉，即將員賜死。伍員謂我死後可將其頭懸於吳國門外，以見越之入吳也。夫差怒，殺伍員，將之裝入鴟夷（即牛皮帶中），沈於河底，使其什麼也看不到。

丁巳，泰。

西元前484年。民元前2395年。

孔子自衛返魯。子貢使齊及吳、越。晉、齊伐魯，吳救魯，敗齊于艾陵，越朝吳。

周敬王三十六年冬，孔子自衛返魯。齊田常欲作亂，而又擔心自己鬥不過高國、鮑晏，故欲移其兵伐魯。孔子以祖宗墳墓在魯，問諸弟子如何使田常取消伐魯之念。於是子貢往說（說念稅）齊田常謂其最大利益，不在伐魯而是弱齊，伐魯對田氏一無好處，只有伐吳，始可達其目的。田常非常高興，於是子貢說（說念稅）吳伐齊，又說（說念稅）越、晉伐吳。子貢一句話，而存魯、亂齊、破吳、強晉而霸越。

齊國書帥師伐魯，吳救魯與齊戰于艾陵（今山東萊蕪東南），齊師大敗，國書、公孫夏等均被俘，並獲其革車八百乘，甲首三千。

吳將伐齊，越王勾踐率其大臣前來犒勞三軍，並致贈禮物，吳人皆喜，唯伍子胥深懷戒懼與不安，復諫吳王，謂越在為吳腹心之疾，夫差不聽。

戊午，大畜。

西元前483年。周敬王37年。民元前2394年。

楚白公勝復奔吳，子西復召之。

早時，楚太子建為鄭人所殺，其子勝在吳，居巢為巢大夫，號白公勝。令尹子西召之，葉公諫不可，子西不聽。或問白公勝於子西，子西曰：「彼哉！彼哉！」所謂彼哉！彼哉者，外之而又外之之辭也。

吳會魯衛之君於橐皐，移兵攻晉。

論者以為橐皐乃漢之縣，屬九江郡，吳日益壯大，其勢力已成為中國最大的威脅，始初中原諸侯的如意算盤、是以吳以制楚，而今業已使晉受到兵臨城下之壓迫，這是中原始料所未及者。

按：橐皐，橐音柘，又音托，疑在今安徽巢縣附近。

己未，需。

西元前482年。民元前2393年。

晉定公及諸侯會吳夫差于黃池。越伐吳，入其郛，執其世子友而還。

敬王三十八年夏，魯會單平公、晉定公、吳夫差于黃池（即今河南陳留封邱左近之地）。吳晉爭先（即今所謂之排名次序），據公羊傳的意見，當時之中國，已處於非常微妙之境，中原諸侯，又視吳為夷狄而不與同中國，又希望籍吳為號召，故晉與吳爭先。最後吳、晉史書，各記其國為先。

六月越子伐吳，以王孫彌庸，不遵軍令，越大敗吳師，獲吳太子友、王孫彌、壽于姚等，於是越師入吳，吳王夫差不願聽到越軍入吳，太子被俘的消息，把所有傳遞消息的軍士悉行殺死，吳國的情形，不言而喻。

庚申，小畜。

西元前481年。周敬王39年。民元前2392年。

魯西狩獲麟。

古人稱麟為仁獸，麒麟的出現，為聖王嘉瑞之兆，春秋之末，天下無聖王，麟出而被獲。孔子以周道不興，麒麟的出現，有嘉瑞而無其應，象徵聖王之治從此不再，因不再著述，史所謂「西狩獲麟，孔子絕筆」（西狩大野之中獲麟，即今魯西鉅野之地）。縱觀孔子為天下蒼生與往聖道統，悽悽遑遑于道路，而終生不遇，其狀之可悲，其悽惶、喪家、失路之情狀，誠志士之所悲者！略述其事如左：

周敬王二十三年甲辰，孔子為魯相，誅少正卯，赴夾谷之會。

三月齊歸女樂於魯，孔子去魯適衛；

乙巳，敬王二十四年，孔子自衛適陳，匡人誤以孔子其為陽虎，圍孔子欲殺之；

丙午，孔子去衛過曹；秋九月，孔子自曹適宋、與弟子習禮大樹下，宋司馬桓魋欲殺孔子，伐其樹，孔子去。

適鄭，茫茫然若喪家之犬、遂至陳。

戊申，敬王二十七年，孔子自衛欲如晉，不果，返乎衛，復如陳；

庚戌，敬王二十有九年，孔子在陳、思歸魯，尋如蔡；

壬子，敬王三十有一年，孔子自蔡如葉，楚子遣使來聘孔子，陳蔡懼楚用孔子，不利其國，兩國聯合發兵圍孔子，絕糧七日；楚興師迎孔子，孔子至楚，楚不能用，孔子自楚返衛；

丁巳，敬王三十六年冬，孔子自衛返魯，魯終不能用，孔子亦不求仕，乃敘書、記禮、刪詩、正樂、序易、讀易韋編三絕；

庚申，敬王三十有九年，春，魯人西狩獲麟。孔子歎曰：「吾道窮矣！」遂因魯史而作《春秋》。

齊田常殺其相闞止，及弒其君簡公于舒州，立其弟驁，是謂平公。割安平以東，自為封邑。孔子於魯，請討不克。

周敬王三十九年，齊田常軟禁其君齊簡公于舒，簡公在魯時，對闞止（即子我）非常信任，及即位，即授之政，田氏對之深具戒心。御者鞅對簡公說，陳、闞二人只可擇一，不能並用，簡公不聽。田常見子我對其威脅愈來愈大，為了清除其篡齊之障礙，故先殺闞止，然後弒齊簡公于舒，簡公十分感歎當時不聽御者鞅「陳、闞不能並用」的話，卒致如此結局。田氏立簡公之弟驁，是為平公。田氏並自劃封邑之地，孔子諫魯侯，討伐田氏弒君之罪，不果。

按：舒一說在今山東滕縣；一說在河北大城。

秦悼公卒，子厲公繼。

晉伐鄭。

宋桓魋出奔衛、又奔齊。

五月宋向魋入于曹以叛，六月自曹出奔於衛。

宋向魋恃寵而驕，至於尾大不掉。宋公欲除之，向魋竟先發難，要求以鞌邑（魋之封邑，鞌即鞍）賜交換薄（宋公之邑），宋公以為薄邑乃宗廟所在不可，另將鞌邑近之七邑賜給魋，並表示為了感謝宋公之恩，特於其舍備具酒席，請宋君飲晏，並埋伏其兵將，欲謀宋公不果，六月向魋奔衛，衛大夫公文氏攻之，而奔齊，適吳，吳人惡之，遂卒於魯國門之外。

楚巢大夫白公勝，殺令尹子西，逐其君自立。

楚太子建因受讒奔宋，為鄭處理華氏之亂，鄭人非常感激楚，然而建卻是個反復叵測、而又十分暴虐的人，卻又暗中助晉攻鄭，約期以為內應，於是建請求返鄭，鄭人依然竭誠歡迎，晉人遂派一間諜隨同來鄭，俾裡應外合，一舉取鄭。世子建又名子木，對其邑人，極其暴虐，邑人因向鄭告密，鄭人遂殺晉諜與子木（即世子建）。

楚太子建之子勝在吳，子西欲召勝，葉公諫子西，謂勝為「詐而亂」之大禍害，召之不祥。子西則謂「勝，信而勇」，是個見義勇為的人。遂不理會葉公忠言，使人召勝。勝及楚，即請伐鄭，子西許之。未幾，晉人伐鄭，楚救鄭。勝怒，遂殺子期、子西，劫楚惠王，自為令尹，欲立公子閭，閭辭，殺之。葉公不著盔甲，即與國人攻勝，勝自縊死。迎章重定。

辛酉，大壯。（舒即今河北大城）

西元前480年。周敬王40年。民元前2391年。

魯使子服景伯使齊，子貢為介，齊歸魯侵地。

魯公孫以成叛于齊，周敬王四十年，魯，子服景伯出使齊國，子貢為副，見公孫成。子貢謂成：作人臣子，常有背叛其主者；同時為人君上者，為了自己的利益，亦常有犧牲其部下者。你今叛魯奔齊，未來說不定也可能會有兔死狗烹的結果，是不可逆料的。尤其你是大聖周公之後，已經享有很多優惠，還不滿足，萬一你的目的不能達到，又遺棄了你的父母宗國之邦，你還能立足於天地之間嗎？成說：是呀，真恨我從前沒有聽到先生的高論啊！

田氏欲篡齊，恐遭諸侯撻伐，因向魯示好，將齊所侵魯地還魯。

衛世子蒯聵自戚入，是謂莊公，輒出奔魯。

衛世子蒯聵，因其父靈公夫人南子，醜聞遍天下，世子蒯聵欲誅之而未果，遂逃入戚，達十四年之久，衛大夫孔圉，娶太子蒯聵之姊，生孔悝。孔圉卒，遂與其僕渾良夫通。孔姬使良夫赴戚，與蒯聵潛返於衛，公輒出奔魯，子路戰死，蒯聵入，是為莊公。

楚葉公以兵入，誅白公而迎章重定，滅陳而縣之。

楚令尹子西，不聽從葉公的忠告，乃召勝稱白公，因建議子西伐鄭未果，遂殺子西等，自為令尹。葉公與國人攻白公勝，勝自縊死。

七月公孫朝帥師滅陳。

壬戌，大有。

西元前479年。周敬王41年，民元前2390年。

魯孔子卒。

夏四月己丑，孔子卒，時年七十有三。

癸亥，夬。

西元前478年。周敬王42年。民元前2389年。

晉伐衛，莊公出奔，國人立公子班師。齊伐衛執班師，而立公子起。

夏六月晉趙鞅圍衛，齊師來救，晉師退。冬十月晉師復來伐，攻破其外城，即將攻入於內城，忽然想起叔向的名言，乘人之危，滅人之國者不祥，會遭到絕後之報應的，適時蒯聵初入，誅殺過當，國人怨怒，致使衛國暴亂連連，遂令晉軍不許入城。衛國人亦逐莊公，與晉媾和，晉復立襄公之孫「般師」而還。

越敗吳師於笠澤。

春三月，越王伐吳，吳於笠澤設防，越、吳夾水而陣。吳師大敗。

按：笠澤，江蘇縣名，今太湖東南。

甲子 恒 周敬王四三年	乙丑 巽 吳伐楚 越伐吳	丙寅 井 周元王	丁卯 蠱 越伐吳圍其國	戊辰 升 越滅吳會諸侯致貢于周	己巳 訟	庚午 困	辛未 未濟	壬申 解 周貞定王	癸酉 渙
甲戌 蒙	乙亥 師	丙子 遯	丁丑 咸	戊寅 旅	己卯 小過	庚辰 漸	辛巳 蹇	壬午 艮	癸未 謙 秦取晉武城

甲申	否	晉三家兵圍晉陽
乙酉	萃	
丙戌	晉	韓魏趙滅智伯
丁亥	豫	
戊子	觀	
己丑	比	
庚寅	剝	
辛卯	復	
壬辰	頤	
癸巳	屯	

經世之戌二千二百十九（世），鼎上九變雷風恒。

甲子，恒。

西元前477年。周敬王43年。民元前2388年。

周敬王四十三年，衛石圃逐其君起，而迎輒重定，起奔齊。

石圃逐君起、迎輒，輒復逐圃。可為攜二者誡。

乙丑，巽。

西元前476年。周敬王44年。民元前2387年。

周敬王崩，太子嗣位，是為元王。齊田常卒，子盤繼事，是為襄子。

秋，周敬王崩，太子仁踐位，是為元王。

按：《左氏》、《通鑑》載敬王崩在是年。史記年表為四十三；周本紀世族譜說在四十二年。

吳會齊、晉之師伐楚，越伐吳。

冬吳王伐楚，乃越王驕吳策略之成功。

丙寅，井。

西元前475年。周元王元年。民元前2386年。

晉定公卒，子鑿繼（或作錯）。智伯伐鄭，取九邑。

冬，晉定公卒，子鑿（《左氏》作錯）嗣，是為出公。

掌握晉國權的另外三家：韓、趙、魏之第二代，也已出而接斑。趙簡子卒，派尹鐸為晉陽行政長官，並囑其子無恤謂：「翌日晉國有難，不可以為晉陽遠，小而忽之，必當投奔晉陽于尹鐸。」趙襄子於喪服中，偽意救吳，而伐代，擊殺代王（無恤姊為代王夫人，其姊聞代王死而自殺）。

范宣子欲立瑤為後，智果以為瑤不如宵。說瑤優點很多，智慧亦高，但有一個無可彌補的缺點，就是「至不仁」。「至不仁」為治國者無可彌補的缺憾，如果立智瑤為後，智宗必滅。宣子不聽。智果則別為輔氏。秋智襄子（即智瑤）伐鄭，取其九邑。

越人伐吳。

吳王夫差，因被越國所愚弄，以為自己國力已超邁諸侯，遂於其二十年冬，與師伐楚，其子慶忌亟諫，弗聽，慶忌出居於艾，聞越將伐吳，擬誅吳之不忠者，而與吳講和，吳王殺之。

丁卯，蠱。

西元前474年。民元前2385年。

越伐吳，圍其國。

越伐吳至五湖，吳挑戰，越不與戰，吳求戰，越不理，以懈其軍心。

戊辰，升。

西元前473年。周元王3年。民元前2384年。

越滅吳，破姑蘇，殺其王、及其大夫，北會諸侯于徐，致貢于周。太宰范蠡辭祿，遊五湖，殺大夫文種，兼有吳地。

夫差十三年冬，十一月，越師入吳國都，吳王上姑蘇台，遣使卑辭厚禮，向越求和，不許，允其攜夫婦三百，遷往海外之沙洲上，所謂甬句東（即今浙江鎮海之舟山），以終老。吳王自覺生不如死，遂自縊而亡，結束了其自以為不可一世、殺諫者（如伍員及其子慶忌）、寵佞幸（如太宰嚭）的一生。

越滅吳後，即涉足中原，會諸侯於徐州，致貢于周，王命越為伯。越發還吳所侵諸侯之地。遂橫行江淮之東，諸侯稱霸王。

范蠡與勾踐深謀二十年，終滅吳，蠡以盛名之下，難以久居，遂泛舟五湖，不知所終。謂文種越王烏頸而長喙，可與同患難，難與處安樂，諷種去。種稱病不朝。或讒種欲作亂，王賜種劍，種自殺。

己巳，訟。
西元前472年。周元王4年。民元前2383年。

庚午，困。
西元前471年。民元前2382年。

辛未，未濟。
西元前470年。民元前2381年。
周元王崩，太子介嗣，是為貞定王。
冬周元王崩，太子介踐位，謂貞定王。

壬申，解。
西元前469年。周元王7年。民元前2380年。

癸酉，渙。

西元前468年。周貞定王介元年。民元前2379年。
魯季康子卒，三桓作難，弒其君哀公，立其子寧，是為悼公。
周定王元年，魯哀公欲借越兵，逐三桓（孟孫、叔孫、季孫，皆魯昭公之後。）不克，遂奔邾，後入越。旋卒於有山氏，魯人立其子寧，是為悼公。

甲戌，蒙。
西元前467年。民元前2378年。

乙亥，師。
西元前466年。民元前2377年。

丙子，遯。
西元前465年。周貞定王4年。民元前2376年。

丁丑，咸。
西元前464年。民元前2375年。
晉伐鄭。
周貞定王五年，晉荀瑤、趙無恤，帥師圍鄭，入于南里。

戊寅，旅。

西元前463年。民元前2374年。

己卯，小過。

西元前462年。民元前2373年。

庚辰，漸。

西元前461年。周貞定王介8年。民元前2372年。

秦伐大荔。

大荔為戎之別種，即今陝山西、慶陽之地，今之臨晉。按岐梁山、涇漆之北，有義渠、大荔等戎，是時義渠、大荔最強，築城數十，自稱王，秦來伐，取王城。

辛巳，蹇。

西元前XX年。民元前XX年。

壬午，艮。

西元前XX年。民元前XX年。

癸未，謙。

西元前458年。周貞定王介11年。民元前2369年。

晉趙簡子卒，子毋恤繼，是為襄子。同智伯、韓康子、魏桓子，滅范中行氏，四分其地，逐其君，立公孫驕，是為哀公。

晉智氏、趙氏、韓氏、魏氏、范氏、中行氏，號為六卿。是歲，智伯與韓、趙、魏，共滅范、中行氏，四分其地，晉侯告於齊、魯，請伐四卿，四卿反攻其君，晉侯奔齊，死於道中，智伯立昭公曾孫驕，政皆決于智氏。

秦取晉武城。

按：武城位華州鄭縣東北。即華陰渭南之北，似當為秦地。吳楚材氏《綱鑑易知錄》謂，晉取秦武城，此說秦取晉城，此恐有誤。

甲申，否。

西元前457年。周貞定王介12年。民元前2368年。

晉伐秦，復武城。

武城位秦晉之交，日而為晉，時而為秦，故史書有此出入。

乙酉，萃。

西元前546年。民元前2367年。

齊平公卒，子積繼，是謂靈公。晉智伯及韓、魏二家兵，攻趙襄子於晉陽。

按：靈公應作宣公。

晉四家共分范中行氏之後，智伯又索地于韓、魏二家地，二家不敢不予，索地於趙，襄子弗予，智伯乃與韓、魏二家圍攻趙於於晉陽。

丙戌，晉。

西元前455年。周貞定王介14年。民元前2366年。

晉三家兵圍晉陽。

智伯與韓、魏二家圍攻趙於於晉陽。約滅趙共分其地。引汾水灌晉陽，城將浸沒，所謂「沈竈產蛙，民無叛意」，爐竈皆沈于水中，生出青蛙來，老百姓亦毫無怨言，因尹鐸在晉陽，能苦民之苦，故民亦苦其苦而無怨。

丁亥，豫。

西元前454年。民元前2365年。

晉韓康子、魏桓子，復合趙襄子兵，攻智伯滅之于晉陽，三分其地。

晉陽在漢為縣，屬太原。

晉臣強君弱，業已有年，晉君形如傀儡，大夫之爭，諸侯不能禁。同理則諸侯強大，天子亦如贅瘤，乃至列國兵爭，天子亦莫能禁者，朱氏隱老謂為「履霜堅冰之漸」。

韓康子、魏桓子，從智伯攻趙襄子者，卒與趙氏合而攻智伯。智伯猶未知也。趙孟談出，說韓、魏二家謂唇亡齒寒，趙亡，韓魏必為之次。兩家遂復合趙襄子，攻殺智伯，滅其族而分其地，智氏之族，唯智果存。

齊田盤卒，子白繼事。是謂莊子。

齊平公卒，子積嗣，是為宣公。陳氏自陳完至陳恒，凡七世，陳故國原為田齊之封邑，陳滅後復稱田。陳成子卒，子盤代立，是為襄子。

戊子，觀。

西元前453年。周貞定王介16年。民元前2364年。

己丑，比。

西元前XX年。民元前XX年。

庚寅，剝。

西元前XX年。民元前XX年。

辛卯，復。

西元前XX年。民元前XX年。

壬辰，頤。

西元前XX年。民元前XX年。

癸巳，屯。

西元前448年。周貞定王介21年。民元前2359年。

甲午 益 貞定王二三年	乙未 震	丙申 噬嗑	丁酉 隨	戊戌 无妄	己亥 明夷 王崩哀王弟叔弒立	庚子 賁 周考王叔思王代立	辛丑 既濟	壬寅 家人	癸卯 豐
甲辰 革	乙巳 同人	丙午 臨	丁未 損	戊申 節	己酉 中孚	庚戌 歸妹	辛亥 睽	壬子 兌	癸丑 履
甲寅 泰	乙卯 大畜 封東周君	丙辰 需 周威烈王	丁巳 小畜	戊午 大壯	己未 大有	庚申 夬	辛酉 姤	壬戌 大過	癸亥 鼎

經世之亥二千二百二十（世）。

甲午，益。

西元前447年。周貞定王介22年。民元前2358年。

楚滅蔡。

楚人來伐，蔡侯齊出奔國亡（按《皇極》作貞定二十三，他皆作貞定二十二）。

按：蔡自武王十有三年，封弟叔度，終齊四年，凡二十五君六百七十六年，楚惠王滅之。

乙未，震。

西元前446年。民元前2357年。

秦厲公卒，子躁公繼。

丙申，噬嗑。

西元前445年。民元前2356年。

秦伐義渠，虜其王以歸。

義渠為戎之別種，亦即漢邊地之郡。因秦所置，即義渠國。

楚滅杞，東開地至泗上。

楚滅杞，東侵地至於氾上。《史記》以為斯時越已滅吳，而不能正江淮之北，楚東侵，盡取江淮以北之地，至於泗上。

按：泗。水名，出魯卞縣，至下邳入淮。

丁酉，隨。

西元前444年。周貞定王介25年。民元前2355年。

戊戌，无妄。

西元前XX年。民元前XX年。

己亥，明夷。

西元前442年。民元前2353年。

周貞定王崩，太子去疾嗣位，是謂哀王。王叔襲殺哀王代立（按：王叔應作弟叔），是謂思王。

按《史記》：貞定王崩，子去疾立，是謂哀王。立三月，弟叔襲殺哀王自立，是為思王。

庚子，賁。

西元前441年。周貞定王介28年。民元前2352年。

周亂，少弟嵬殺其王叔代立，是謂考王。

周思王立五月，少弟嵬攻殺思王、自立，是為考王，封弟揭于河南（王城），以續周公之職，是為河南桓公。此為分東西周之始。三王皆貞定王子。

按：河南城乃周公所營造以為都者。城與郟、鄏、金谷園，皆在洛陽城西（今之王城，周公廟，皆在洛陽市內）。

又，周室東遷後，謂豐鎬為西周，東都為東周。威烈王之後，則謂河南為西周，洛陽為東周。

辛丑，既濟。

西元前440年。周考王嵬元年。民元前2351年。

晉哀公卒，子柳繼，是謂幽公，公室止有絳及曲沃。

晉哀公卒，子柳繼，為晉幽公，很可憐的，其行政權力，僅及于絳及曲沃兩個城市而已。這時韓、趙、魏已將晉國瓜分了。

按：《歷代史年表紀事》，謂哀公卒在考王二年。

壬寅，家人。

西元前XX年。民元前XX年。

周考王二年，晉哀公十八年，龍門水赤三日。

癸卯，豐。
西元前XX年。民元前XX年。
甲辰，革。
西元前XX年。民元前XX年。
乙巳，同人。
西元前XX年。民元前XX年。
丙午，臨。
西元前XX年。民元前XX年。
丁未，損。
西元前XX年。民元前XX年。
戊申，節。
西元前433年。周考王8年。民元前2344年。

己酉，中孚。
西元前432年。民元前2343年。
秦躁公卒，弟懷公立。楚惠王卒，子中繼，是謂簡王。
按：或以秦躁公卒在周考十二年。又，秦躁公八年夏六月雨雪。即民間所謂之六月雪。

庚戌，歸妹。
西元前431年。周考王10年。民元前2342年。
魯悼公卒，子元公繼。楚滅莒。
悼公卒，子嘉嗣，是謂元公。
莒在徐泗之北。《春秋諸國興廢說》謂莒出自少昊，武王封茲於期於莒。楚滅之。

辛亥，睽。
西元前XX年。民元前XX年。

壬子，兌。

西元前XX年。民元前XX年。

癸丑，履。

西元前428年。民元前2339年。

秦庶長鼂弒其君懷公（按：鼂應作鼂），立躁公孫，是謂靈公。

秦庶長鼂與大臣圍懷公，公自殺。太子「昭子」早死，大臣立昭子之子（昭子乃懷公太子），是謂靈公。

按：靈公乃懷公之孫，非躁公之孫。

甲寅，泰。

西元前XX年。民元前XX年。

乙卯，大畜。

西元前426年。周考王15年。民元前2337年。

周考王崩，太子午嗣位，是謂威烈王。河南惠公封其少子於鞏，稱東周君。

周考王封其弟揭于河南，是為河南桓公，桓公卒，子威公立，威公卒，子惠公立，河南惠公復封其少子班於鞏，以奉王號。東周班沒，亦曰惠公，乃父子同謚。

《世本》謂：「東周惠公名班，居洛陽。」可知班秉政於洛陽，而采邑則在於鞏，于此可知：平王東遷之後，所謂西周者，乃指豐鎬而言；所謂東周者，乃指東都而言。威烈王之後，所謂西周者，乃指河南而言；所謂東周者，乃指洛陽也。

丙辰，需。

西元前425年。周威王元年。民元前2336年。

晉趙襄子卒，兄之子浣繼事，是謂獻子，治中牟。襄子弟桓子，逐獻子代立。

晉趙無恤卒，以其兄伯魯之孫浣為後，浣少，徙治中牟。襄子之弟嘉，逐浣而自立於代，是為桓子。韓虎卒，子啟章代，是為武子。

按：曲沃桓生韓萬，萬至虎凡九世。

韓康子卒，子武子繼事；魏桓子卒，子斯繼事，是謂文侯。

韓駒卒，子斯代，是為文侯。三卿同年易世。

按：畢公高之後曰畢萬，事晉獻公，賜邑于魏，自萬至駒凡八世。

丁巳，小畜。

西元前424年。民元前2335年。

趙桓子卒，國人殺其子而迎獻子重定。
桓子自立一年卒，國人殺其子，迎浣重定。所可稱道者，襄子之子，可爭而不爭，誠戰國之絕響。

戊午，大壯。
西元前423年。周威王3年。民元前2334年。
秦攻魏少梁。

己未，大有。
西元前422年。民元前4333年。
秦作上下畤。
秦靈公三年，作上下畤於吳陽，上畤祭黃帝，下畤祭炎帝。

庚申，夬。
西元前XX年。民元前XX年。

辛酉，姤。
西元前420年。周威烈王6年。民元前2331年。

魏文侯殺幽公，立其弟止，是謂烈公。

周考王二年卒，子柳嗣為幽公，龍門河水赤三日。晉幽公性好漁色，夜出邑中淫婦人，遭人謀殺。魏斯誅亂者，立幽公之子止（此說晉幽公）。

壬戌，大過。

西元前XX年。民元前XX年。

癸亥，鼎。

西元前418年。周威烈王8年。民元前2329年。

黃氏纖說：以上為午會第五運之十二世，大有伏比而幽王廢申后及太子宜臼，以褒姒為否后，伯服為太子，則天地失其用矣！庚午直巽，申侯以犬戎伐周，敗幽王於 山之下，殺之。平王由是東遷，豈非「改邑」之兆哉（井《彖》）？周之衰也，直蠱而失岐周，秦之西畤以祭天，適當升焉，代周者非秦而誰？（此說周幽王）

五會第五運為經運之戊，直鼎（火風）。鼎上卦為離火，下卦為巽風，故說火風鼎。鼎初爻巽變乾，則為火天大有，直經世之子之二千二百〇九世。離火之伏卦為坎水，乾天之伏卦為坤地，水地為比（水地），故說火天大有之伏卦為水地比

（水地）。

大有、比，皆大吉之卦。大有（火天）是火在天上，無所不照的意思；比（水地）的意思為親輔，為元、永、貞，是建萬國、親諸侯之卦。顧名思義，無論本卦、伏卦，皆屬上上之卦。然而周幽王值此，卻是身死夷狄，國破家亡，把祖宗基業，大半葬送在自己手裡，這就是大有伏比嗎？似乎矛盾多多。但如果我們把卦意弄清楚了，當知周幽王之一切，皆自招之。

比卦說：「比，吉，原筮、元永貞。」但是「不寧方來，後夫凶」。意思是說，人相親比，自是吉道，故《說卦傳》又說：「比樂，師憂。」人所相親比，應有其道，苟非其道，則必有悔咎，故必推原其可比者而比之，始吉。如所謂與善人交，如入芝蘭之室；與不善人交，如入鮑魚之肆。治國家如用不善之人，不亡何待？此又所謂「師憂」者。試看周幽王之所親比，是寵褒姒、以國家之動員令，來開諸侯的玩笑，以博婦人之一笑（此所謂烽火戲諸侯）。任虢石父，廢申后、廢太子宜臼……，申侯遂引犬戎入寇，殺幽王於驪山下，使犬戎得飽掠而歸。犬戎嚐到甜頭，食　知味，從此為患於中國。宜臼即位，是為平王，為避犬戎而東遷，堂堂威威的大周天子，從此而成小朝廷了。

申侯引犬戎伐周，殺幽王於驪山。年值巽，所謂大有（火天）伏比（水地。火伏水、天伏地）。平王東徙直井，井《彖》說：「改邑不改井。」故說「改邑之兆」。平王東徙洛陽，處處仰諸侯鼻息，諸凡名器、祿位、諸侯亦向周天子欲索欲求……，平王雖為天下共主，亦不能堅持原則，遂致王綱崩墜，諸侯坐大。時直蠱。蠱為山風（蠱），朱子釋蠱為「壞極而有事」。平王東遷，其護衛有功者，命秦為諸侯，賜以岐豐之地；命衛侯和為公；賜晉文侯之命，分河內之地，搖身而擠大國之鄰；鄭亦亡武王所封之東虢、鄶。

按：平王東遷，秦襄公親自率兵護送，平王心中感激，不但封襄公為諸侯，並把周家祖宗創業發祥之地，八百里之遙的「豐、岐」（岐、豐，周朝發迹之地，岐為文王之父大王所居，豐邑為文王所作），一併償賜給嬴秦，秦之坐大，自此始。申侯犬戎之亂，不但毀滅了大周，壯大了嬴秦，而且為我國歷史，開啟了第一次亙數百年之久的大亂局——春秋戰國（春秋：西元前770—476年。戰國為西元前475—221年）。

秦立西畤，祀白帝。

平王東遷，為秦襄製造了機會，啟迪了秦襄的野心。平王雖封其為諸侯，但秦襄並不滿足，於是立西畤，祭白帝，儼然以天子自居。太史公說：他讀了秦作西畤這段歷史，便已看清了秦襄的猙獰面目，和狼子野心了。

按：畤，音止或雉，人工築的土堆，或叫壇，為天子祭天之用。秦以諸侯而祭天，所以太史公司馬氏說：位在藩臣，而臚於郊祀，君子懼焉，將來恐怕是一個很麻煩的問題啊！

桓王以蔡、衛、陳之師伐鄭，不利，矢中王肩、直觀，則猶南巡不返之年也。

周桓王十三年，甲戌直觀（風地），桓王因取消鄭莊公掌理周室行政工作的責任，鄭伯怨，不朝王。於是王與蔡、衛、陳之師伐鄭，結果，周桓王被鄭射中其肩，大敗而歸，與昭王南巡不返，同值觀。（按：昭南巡，楚以膠舟供王渡漢江，中流膠溶舟解，昭王與其從屬，皆沈于漢江之中）。桓王以蔡、陳伐鄭，矢中王肩，亦幾乎送了性命，桓王與昭王南巡，同值風地「觀」卦，其遭遇亦十分相似。

履之乾，伏謙之坤，齊桓公始伯（伯唸霸，即古霸字），遇焉。與成王小畜之乾（有孚，血去惕出，撝謙）、周公豫之坤（由豫，大有得，朋盍簪，志行也）正相反，自是諸侯惟知有伯主而已。天子出奔，因之復國，不能自振，反聽命焉！履虎尾，咥人凶，武人為于大君（履六三），此之謂歟！

若曲沃滅翼，得請為諸侯，年直需矣！所謂天水無應者也（天水為訟，故說無應，《雜卦》親也）。後三晉能無效尤乎（後韓、趙、魏三家分晉，在戌亥世）。

履卦（天澤）上乾、下兌。下卦兌六三爻變陽，亦為乾。則內外卦皆乾，故說履之乾（乾為天）；履上卦為乾天，下卦為兌澤（重兌），為伏謙之坤（重坤）之卦（履上卦乾伏坤，坤為地；下卦兌伏艮，艮為山，合為地山謙）。再者，六三爻為陰居陽位（卦之六爻正位一三五爻為陽位，二四六爻為陰位）、陰陽位為柔遇剛，故說遇。于時齊桓公始伯（伯同霸）諸侯。與成王小畜（風天）之乾、周公豫

（雷地）之坤，兩者情形，恰恰相反。

成王直小畜（風天）之乾（小畜六四變陽，上卦成乾，其辭為「有孚，血去惕出」。意即周公輔成王，誠信著於天下，故說有孚，上合志也。周公進君子，退小人，有血去惕出之象）。周公直豫（雷地）之坤（豫六四爻謂：由豫，大有得，志大行也），周公輔成王，則是以中央統攝四方。齊桓公糾合諸侯，擁戴中央。在諸侯心目中唯霸主之命，而無關乎周天子。乃至天子出奔，猶賴諸侯之力以復國（惠王二年，周有五大夫之難，王出居鄭，鄭厲公與虢叔，擊破亂黨，助王返京）。

履之乾。履六三為謂「履虎尾，咥人凶，武人為于大君」。履六三陰居陽位，以柔履剛，不顧強弱、兇險，勇於進取，有履虎尾、咥人凶之象，但如果武人為君王之事，則又另當別論了！

至於曲沃滅翼。早在周平王二十六年，晉昭侯封其叔「成師」于曲沃。之後晉即一分為二，以翼、曲沃別之。迄周釐王（釐同僖）三年，曲沃武公滅晉緡，盡以其寶器賄賂于周天子，請為諸侯，周釐王不但不過問其弒君之罪，竟十分高興的，命以一軍為晉侯，斯年直需（水天），需，須也，有所待也，以卦象看，水在天上，但不能下來，謂之天水無應，到了天子也賣官鬻爵，不問是非，天下事還有什麼好談的呢？這不是為天下諸侯，公然開啟了買官的方便之門？給後來者以極不良示範。於是晉三家即起而效之，將晉一分為三，真是殺人者人恒殺之，分人國者，人恒分之，周天子也只是一個贅瘤而已！

仲尼修經，絕筆獲麟，而年當小畜。文王既沒，文不在茲乎？故邵子于文王紀其生（三運之申），於孔子書其卒，大有伏比，天地之用固在也。戎攻周而值否（辰巳世），則齊會諸侯戍周，猶可言也，晉三家兵圍晉陽而直否，則大夫專伐、諸侯不救，世道至此，尚可言耶？

孔子生於周靈王二十一年冬之十一月，曾為魯中都宰，魯司寇、攝相事，參加齊魯夾谷之會。敬王三十四年，孔子自衛返魯，魯不能用孔子，孔子亦不求仕，乃退而敘《書》、刪《詩》、《記禮》、正《樂》、序《易》、作《彖》、《象》、《系辭》、《說卦》、《文言》等篇。因魯史而作《春秋》，絕筆於西狩獲麟，年直小畜（風天），小畜卦辭謂：「密雲不雨，自我西郊。」文王自西岐來，被殷紂囚於羑里，自歎道之不行，因而演《易》，故說「密雲不雨，自我西郊」，不無自傷之意。小畜《象》曰：「君子以懿文德」。孔子歎文王既歿，文德未傳，自獲麟之後，復感明王不作，天下無有遵行其道者，所謂「傷麟憐道窮」，故有「泰山其頹，哲人其萎」之歎。周襄王八年，戎攻周直否（天地）（辰已世），周襄告難於齊，齊會宋、魯、陳、衛、鄭、許、曹等，諸侯之兵戍周，以拱衛周室，天下諸侯，尚存有一絲守望相助之誼，頗堪稱道。周貞定王十三年甲申，三家分晉，以大夫逼諸侯（按，即以臣逼君，如曹操，司馬氏之行），天下諸侯，卻視而無睹、不理、不救，無人聞問。自此諸侯、大夫，上下之間，任所欲為，唯力是視，了無道義、公理之可言，時直否，其壞已極。

文王既沒，文不在茲。文王、周公所辛苦創建的善法美政，已隨著周王室不肖的繼承者，銷蝕殆盡，大道已坎坷不堪，民生之憔悴、凋蔽亦愈甚，所以邵子于文王紀其生，於孔子言其卒。哀時而傷世也！然而大有伏比，天地之用固在也。

孔子卒年值大有（火天）、大有伏比（水地）（按：大有為火天，上離下乾；伏卦為上坎下坤。水地比），虞翻說：「大有與比旁通，為柔得尊位、大中、應天而時行。」之卦。意即是說，孔子至中至正之大道，並不因時空而異，雖則哲人有時而萎，而其道卻無時空因素之限制。比與大有旁通。子夏《易傳》說：「地得水而柔，水得地而流。」比為一陽五陰，上下皆應，有所親輔，以下順上之卦。亦猶天地之大用者然。

孔子晚年，讀《易》至韋編三絕。卒于周敬王四十一年夏四月，年七十有三。

按：孔子生於周靈王二十一年冬十一月，周敬王十九年秋為魯中都宰，制養生送死之節，因邱嶺為墳，不封不樹，四方諸侯則焉。二十年為魯司空，進大司寇。齊魯夾谷之會，孔子曰：「有文事者必有武備，請左右司馬以從。」景公懼，歸齊所侵魯、汶陽等田，魯大治。二十三年，魯以孔子攝相事，與聞國政，攝朝七日，誅聞人少正卯。男女別途，道不拾遺，男尚忠信，女尚貞順，齊懼，以女樂予魯。魯侯受女樂，三日不朝。孔子遂去魯適衛。又自衛適陳，匡人欲殺孔子，孔子復返於衛，又去曹適宋，習禮大樹下，宋司馬桓魋欲殺孔子，孔子適鄭。二十七年，自陳返衛，欲如晉不果，復如陳。又如楚，陳蔡之君，懼孔子為楚用，遂發兵包圍孔子，孔子厄于陳蔡，絕糧，七日不食，而弦歌不輟。周敬王三十六年冬，孔子自衛返魯，魯終不能用孔子，孔子亦不復求仕。時周室衰微、禮樂廢、詩書缺。孔子乃追迹三代，研究其禮；敘書，上自唐虞，下至秦穆；刪《詩》三千餘篇為三百五篇，皆可弦歌吟詠，禮樂自此有規範可循；晚而喜易、序《易》、作《彖》、《象》、《繫辭》、《說卦》、《文言》等，讀《易》韋編三絕。以詩書禮樂教弟子三千人。孔子因魯史作《春秋》，上自魯隱西元年，下迄哀公十四年，絕筆于周敬王三十九年，魯人西狩獲麟，從此不再著述。

何氏夢瑤以為：辰世乙丑書齊伐蔡入楚，疑誤。當依《春秋》侵蔡伐楚為是。

劉氏斯組以為：午會第五運，直姤之鼎十二世也，起周幽王五年甲子大有（火天）、迄周威烈八年癸亥鼎（火風），凡三百六十年，為王降而伯之世。

劉氏以為：以上午會第五運，值姤（天風）之鼎（火風）十二世也，起周幽王五年甲子，大有，迄周威烈王八年癸亥，鼎（火風），凡三百六十年間，為王降而伯（伯同霸）之世。

康節先生以為：我國歷史，其進行次序，乃是由皇而帝，由帝而王，由王而伯，而遞降者。亦即由三皇，而五帝，帝後為王，王降而伯。五會之第五運，值姤（天風）之鼎（火風）之十二世，起周幽王五年甲子，大有，迄周威王八年癸亥之三百六十年，為王降而伯之世。

按：三皇，《史記》以天、地、人為三皇；《通鑑》以伏羲、神農、黃帝為三皇。

五帝，史記以伏羲、神農、黃帝、堯、舜為五帝。《通鑑》以少昊、顓頊、帝嚳、帝堯、帝舜為五帝。

王，帝後為王，自大禹家天下始、至商、周，為王。

伯，王降而伯。春秋五伯、戰國七雄皆入於伯。

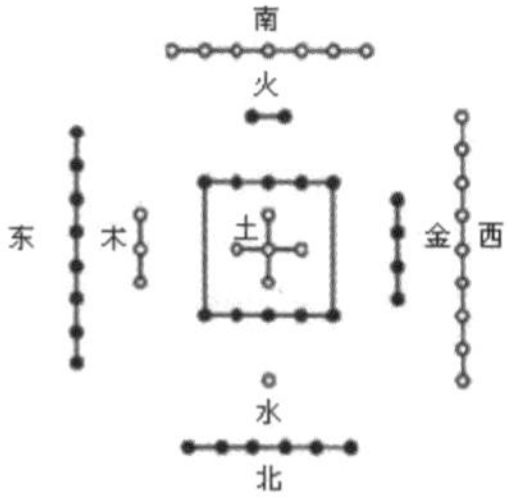

河圖、五行等方點陣圖

姤五分鼎，正天地相遇，剛遇中正之爻，猶然乾五聖作物睹同象。而鼎元吉亨，享上帝、養聖賢，於以正位、凝命可也。

按，姤（天風）五變為火風鼎（火風），五為陽爻，陽為天，變鼎遇陰，陰為地，故說天地相遇，姤五為陽，得六爻正位，故說剛遇中正之爻。姤五分鼎，為含章、中正，與乾《文言》九五之「聖人作而萬物睹」之象相類（姤九五爻《象》謂：九五含章，中正也）。乾九五為飛龍在天之象，有聖人出而持之，聖人治世，萬民皆仰，故說聖作物睹；姤五分鼎，為含章、中正之爻。含章，為中有所美之意，來氏說：此爻變離，有文明章美之意。九五當遇之時，有中正之德，故說含章中正。鼎《象》說：「聖人亨以享上帝，而大亨以養聖賢。」亨即烹飪的意思；聖人，來氏指君而言，古之有盛德者，亦可稱聖。大亨，豐厚之意；虞翻以為，賢之能者稱聖人。享上帝，即奉祀上帝；大亨以養聖賢。虞翻以謂，大亨，乃是天地養萬物，聖人養賢、養萬民之意。鼎《象》說：「君子以正位凝命。」說養賢，養萬民，一定要正其位，而後始能安其命。凝，安也。假如鼎不正，即不能安穩，便有傾覆之虞，故說正位凝命。

且鼎（火風）而之蠱（山風），剛上柔下，周天行先甲後甲，終則有始之卦。當有事於「振民育德」於斯世也。何王者之不作，僅區區以五霸競長當之？

鼎九四爻變為山風蠱，剛上柔下。蠱，上卦艮、下卦巽，艮為陽，巽為陰。陽剛陰柔，故說蠱剛上柔下。來氏知德（明四川人）說「蠱為物久敗壞而蟲生」之意。梁人伏曼容謂，蠱、惑亂也，萬事從惑而起，故以蠱為事；《禮》謂蠱為「損壞之名」；《左傳》說：「女惑男，風落山，謂之蠱。」女惑男，男敗；風落山，山敗。是各家皆釋蠱為惑、為事。

何以說蠱，周天行，先甲後甲，終則有始？蠱初爻變，則下卦為乾，乾為天，三四五爻互震。震為行，故說天行。

蠱卦辭謂：「蠱，利涉大川，先甲三日，後甲三日。」解者各述己見。

子夏易傳謂：辛、壬、癸，居十天干之八、九、十位，在二甲之前，為先甲；乙、丙、丁，居十天干之二、三、四位、為後甲。

馬融說，甲在東方，艮在東北，故說先甲；巽在東南，故說後甲。又謂，所以十日之中獨稱甲者，因甲為十日之首，蠱為造事之端，所以用甲來說明造事之始末。為什麼說三日？一個律令之實施，必須有準備的時間，故說先三日、後三日。

集氏亦說（其人未詳，見房審權《周易義海》）：「先甲三日，殷勤告誡；後甲三日，叮嚀宣布。」

朱子原則同意子夏之說，但取辛、丁二位，謂先甲三日為辛；後甲三日為丁。

何以說「終則有始」？蠱為亂之極，又何以說元亨？

天下之治亂，其不移之理，則是「治久必亂，亂久必治」，即所謂「終則有始」。無論家庭、社會、國家，皆不外於「終必有始」之原則。蠱為亂之終，亦為治之始，故說終則有始。亂為治之始，故說元亨。所以蠱《彖》說：「蠱，元亨，而天下治也。」

惟是孔子素王，生於靈王庚戌歲，蓋直姤（天風）之鼎（火風），分鼎之蠱（山風），所生之年，卦又直履（天澤），一身備皇之道、帝之德、王之功，而又並伯之力，而進退功罪之故，春秋之世，雖多書伯事，直振蠱而反之治，而為三才鼎峙，萬物咸章之宇也。

邵子〈觀五伯吟〉曰：

刻意尊名名愈虧，人人奔命不勝疲；
生靈劍戟林中活，公道貨財心裡歸。
雖則餼羊能愛禮，奈何鳴鳳未來儀；
東周五百餘年內，歎息惟聞一仲尼。

又〈仲尼吟〉曰：

仲尼生魯在吾先，去聖千餘五百年；
今日誰能知此道，當時人自比於天。
皇王帝伯中原主，父子君臣萬世權；
河不出圖吾已矣！修經意思豈徒然？

何謂王？古人造字，三畫而連其中為王，三畫者即天地與人，而連其中者，即通其道之意，取天地人之中道，以為貫而參（三）通之，非大德之王者，孰能當是？孔子貫通天地人之道，可當王者，以其有德而無土，故後人遂以孔子為素王。

孔子生於周靈王庚戌，直姤之鼎（姤五爻變火風鼎）、分鼎（火風）之蠱（山風）（鼎九四爻變為山風蠱），其年卦直履（天澤）。姤《象》謂：「後以施命誥四方。」乾為君後之象，施命者，即布命於天下之意；姤變鼎（火風），鼎《象》謂：「聖人亨，以享上帝，而大亨以養聖賢。」又《象》謂：「君子以正位凝命。」分鼎（火風）之蠱（山風），蠱《象》謂：「蠱，君子以振民育德。」其年卦直履（天澤），履《彖》謂：「剛中正，履帝位而不疚。」合乎剛健中正之德，故完美而無所疚憾。履《象》說：「君子以正位、凝命。」有眾志成城，而無散漫紛歧之情事。能正其位，故能凝命。此四者於皇道、帝德、王功，伯力皆俱，進退功罪於《春秋》一書，後人稱孔子素王者以此。

邵子對五伯的總評見〈觀五伯吟〉。邵子說：春秋五伯，人人好名、求名，如晉之六卿（范氏、知氏、中行氏、與韓、趙、魏三家，合為六卿），互相爭伐，並入於韓、趙、魏三家。後三家篡晉，便向周天子威烈王，請求為諸侯。威烈王不但不討伐其篡竊之罪，竟然答應三家不義之求。司馬光慨歎周天子自毀綱常！更有甚者，諸侯之大夫，把搶奪來的寶器財物，獻給周天子，便可獲得周天子的認可證書，如曲沃武公滅晉，獻寶器于周，釐王即命其為晉侯，豈非天子賣官？楚、吳之君，竟自家封王，稱寡道孤。天下蒼生，則求生、活命之不及，苟延殘喘於刀劍之餘，能言其人民痛苦者，惟《春秋》一書，惟一仲尼而已！當時雖然一些古禮尚存，奈何已非鳳鳴於岐之時，代之而來的是西狩獲麟，仲尼之歎，豈不令識者為天下蒼生悲？

〈仲尼吟〉一首，非孔子之歎，乃邵子之歎也！皇王帝伯皆中原之主，除爭名攘利而外，有誰尚存父子君臣萬世不易之大道啊？權，為尺度，為裁量之標準，亦即萬世不易之典則社會之保障。孔子歎說：「鳳鳥不至，河不出圖，吾已矣夫！」我已經盡瘁心力了，除了修經、立說以寄望於來者，再沒有更好的辦法了，修經意思豈徒然哉？邵子《皇極》之作，亦豈徒然？

按：孔子相魯之時，有神鳳集遊，至哀公之末，不復來翔。故云：「鳳鳥不至，可為悲矣！」（見王子年《拾遺記》）

〈接輿歌〉：「鳳兮鳳兮！何德之衰也！來世不可待，往世不可追也。天下有道，聖人成焉，天下無道，聖人生焉……」（見《莊子》）言聖人徙生於世，而無所用。

王氏植論平王東遷說：

愚按平王東遷，遂不復振。蘇東坡比之富家子孫，一敗而鬻田宅者。後世若晉之東徙，宋之南渡，皆平王之緒也。經世於帝堯首書肇位平陽；于禹書都安邑，餘列國及僭據，亦或書其都邑，然不盡詳也，而〈內篇〉之六，論戰國及秦，亦以燕處北陸、秦遷岐山為言，意可見矣！

說朝代建都之重要，關係國家的強弱。世有建都不當，而致力不振者，史所常見。劉邦得天下，以西京殘破，惟洛陽宮殿完好，欲建都洛陽。張良諫說洛陽四戰之地，不宜建都，劉邦從諫如流，乃都長安。後平王東遷洛陽，終歸不振。

竊考歷代建都之地，而以今之輿地按之，帝堯都平陽，即今山西平陽府；舜都蒲板，即今山西蒲州府；禹都安邑，今山西解州安邑縣；商都亳，今河南府偃師縣；周都鎬、今陝西西安府地；至平王東遷洛邑，今河南府洛陽縣也；自後都洛陽者，漢高帝初年、後漢曹魏氏、晉、北魏，元氏、唐昭宗皆然。

秦都咸陽，今陝西西安府咸陽縣；漢初都洛陽，後遷長安，今西安府長安縣也。自後都長安者，西魏周宇文氏；隋、唐初至僖宗皆然。

漢都成都，漢之益州，今四川成都府；吳都武昌，今湖北武昌府，後遷建業，今江南江寧府，亦曰建康也。自後都建康者，東晉、南朝宋、齊、梁、陳及明初皆然。

梁孝元帝及後梁居江陵，今湖北荊州府江陵縣。北朝魏初至獻文帝居雲中，今山西大同府、懷仁縣東。

魏孝靜帝，由洛陽遷鄴，今河南彰德也，北齊高氏亦然。

五代梁、唐、晉、漢、周及宋，俱都汴，今河南開封府。

南宋都臨安，今浙江杭州府。

元都大都，今順天府，時至上都，今宣府外地也。

明永樂間，由江寧遷都北平，即順天府，因以江寧為南京，而順天、江寧、汴梁、長安，為古今四大名都矣！

列國及僭據之地，周季大國七，齊都臨淄，今山東青州府臨淄縣；秦都咸陽；楚都郢，即江陵縣；燕都古北平，今順天之永平府；韓都野王，今河南府懷慶河內縣，趙都晉陽，今山西太原府太原縣，後徙邯鄲，今直隸廣平府邯鄲縣；魏初都安邑，後徙大梁，故魏又梁也；楚至霸王都彭城，即今之徐州矣！

兩晉十六國：蜀李特據廣漢，今成都府漢州；前趙劉淵據平陽；後趙石勒據襄國，今直隸順德府；前燕慕容廆據鄴；後燕慕容垂據中山，今直隸定州；南燕慕容德據廣固，今山東青州府地；北燕馮跋所據，即垂之故地也；前秦符洪據長安，後秦姚萇所據，即洪之故都也；西秦乞伏國仁據金城，今陝西蘭州府狄道州；前涼張茂據涼，今陝西涼州府；後涼呂光據姑臧，漢之武威郡，今涼州府西地；南涼禿烏孤據廣武，古之湟中，今陝西西寧府；北涼段業據張掖，今甘州府張掖縣；西涼李暠據燉煌，今肅州安西廳地，蓋漢武帝置河西五郡，曰武威、張掖、燉煌、金城、酒泉，而西秦、後涼、北涼、西涼，分據其地，酒泉亦西涼所據也。

夏赫連勃勃據朔方，秦之上郡，今甘肅地，其統萬都城，即延安府也。

又：唐末及五代時，岐李茂貞據鳳翔，今陝西鳳翔府；蜀王建、後蜀孟知祥，前皆據成都；吳楊行密，南唐徐知誥，前後皆據淮南，今江南揚州府；吳越錢鏐據吳，亦即杭州府；閩王審知據福州，今福建福州府；楚馬殷據湖南，今湖南之地；南平高季昌據荊南，今湖北之地；南漢劉隱據嶺南，今廣東廣州府及廣西地；北漢劉崇據晉陽，大小十一國，至宋而天下定於一矣！

皇極經世書今說——觀物篇補結（第三冊）

建議售價・2000元（四冊不分售）

輯　　說・閆修篆
編輯整理・林金郎　徐錦淳
校　　對・林金郎
出版發行・南懷瑾文化事業有限公司
網址：www.nhjce.com
代理經銷・白象文化事業有限公司
412台中市大里區科技路1號8樓之2（台中軟體園區）
出版專線：（04）2496-5995　　傳真：（04）2496-9901
401台中市東區和平街228巷44號（經銷部）
購書專線：（04）2220-8589　　傳真：（04）2220-8505
印　　刷・基盛印刷工場
版　　次・2020年6月初版一刷
2023年11月初版二刷

設計編印　白象文化
www.ElephantWhite.com.tw
press.store@msa.hinet.net
總監：張輝潭　專案主編：陳逸儒

國家圖書館出版品預行編目資料

皇極經世書今說——觀物篇補結／閆修篆著. --
初版.—臺北市：南懷瑾文化，2020.6
面：　公分
ISBN 978-986-96137-8-1（平裝）
1.皇極經世 2.注釋
290.1　　109002784